Unheiliger Krieg im Heiligen Land

Jörg Bremer

Unheiliger Krieg im Heiligen Land

Meine Jahre in Jerusalem

nicolai

Meiner Frau Christiane,
die in diesen wechselvollen Jahren in Jerusalem
für Stetigkeit und Heimat sorgte

© 2010 Nicolaische Verlagsbuchhandlung GmbH, Berlin

Lektorat: Diethelm Kaiser, Berlin
Gestaltung: Marta Cyrocki, Berlin
Satz: typegerecht berlin
Repro: Bild1Druck GmbH, Berlin
Druck und Bindung: Mercedes Druck, Berlin

ISBN 978-3-89479-559-7

Hat Ihnen dieses Buch gefallen? Dann besuchen Sie uns
im Internet unter www.nicolai-verlag.de! Bewerten Sie unsere
Publikationen und abonnieren Sie unseren Newsletter.

Inhalt

Geleitworte

Jörg Bremer vertieft und bereichert unser Verständnis des wahrhaft tragischen Nahostkonflikts. Er tut dies im vollen Bewusstsein der historischen Verantwortung der Deutschen für Israel. Eindringlich geschilderte persönliche Erfahrungen, verbunden mit einer historisch fundierten, einfühlsam differenzierten Analyse, münden in den Appell an Israelis und Palästinenser, gemeinsam füreinander Verantwortung zu übernehmen. Der Autor meint zu Recht, dass es keinen Frieden ohne Kompromisse geben könne, und schreibt: »Es gibt kein Beispiel in der Geschichte, wo es nicht genutzt hätte, den Feind kennenzulernen. Das könnte womöglich auch den Feind ändern.«

In der Tat: Der Frieden im Nahen Osten kann nicht durch militärische Gewalt, sondern auf Dauer nur durch Vertrauensbildung und Kooperation, durch Dialog und Verhandlungen erreicht und gesichert werden. Dazu kann und muss deutsche Außenpolitik auch in Zukunft maßgeblich beitragen!

Hans-Dietrich Genscher (Bundesaußenminister 1982–1992)
Bonn, im Oktober 2010

Politiker, Wissenschaftler und Journalisten, das Fernsehpublikum in aller Welt und Besucher im Heiligen Land versuchen seit geraumer Zeit, den Nahostkonflikt zu verstehen, einen Konflikt, der schon so lange schwelt wie nur wenige im Laufe der Geschichte. Man versucht zu verstehen, wie es sein kann, dass zwei Völker, die hautnah nebeneinander leben und sogar gelegentlich zusammenarbeiten, in so vollkommenem gegenseitigem Unverständnis und völliger Unkenntnis voneinander existieren, als lägen Lichtjahre zwischen ihnen. Auch versucht man vergeblich, das Phänomen der neuen israelischen Nation zu verstehen, einer Nation aus Zuwanderern aus allen erdenklichen Kulturen und Traditionen, die innerhalb von fünfzig Jahren von einer halben Million auf fünf Millionen Menschen angewachsen ist. Was haben diese Menschen gemeinsam und was unterscheidet sie voneinander? Und welchen Einfluss hat das einzigartige und seltsame Kunterbunt dieser Nation auf die Region und darüber hinaus auf die Welt? Man versucht, ein Land zu verstehen, mit dem nicht nur die vor Ort lebenden Menschen verbunden sind, sondern mit dem auch historische Erinnerungen verknüpft sind, ein Land, dem Emotionen und ein Interesse von vielen Kulturen und Religionen rund um den Globus entgegengebracht werden.

Jörg Bremer war als Auslandskorrespondent der *FAZ* in der jüdisch-christlich-moslemischen Stadt Jerusalem stationiert. Im Verlauf von achtzehn Jahren leidenschaftlicher Beobachtung des Geschehens im Nahen Osten und mit dem größten Einfühlungsvermögen ist es ihm wie kaum jemand anderem gelungen, die verwickelten und widersprüchlichen Aspekte dieser Region zu verstehen. Was er gelernt, verstanden und gefühlt hat, vermittelt er nun dem Leser in diesem faszinierenden Buch.

Man kann nur wünschen, dass zahlreiche Angehörige aller miteinander im Widerspruch stehenden Nationen, Gruppierungen und Religionen dieser Region die Gelegenheit haben werden, dieses Buch zu lesen. Auf diese Weise könnte es zu einem beachtlichen Beitrag werden zur Umsetzung eines bis heute unerreichbar scheinenden friedlichen Miteinanders.

Avi Primor (Botschafter Israels in Deutschland 1993–1999)
Tel Aviv, im September 2010

Unmöglicher Abschied

Mehr als ein Jahr liegt meine Abreise aus Israel zurück. Durch das Fenster meines neuen Arbeitszimmers sehe ich auf die Piazza del Parlamento, schaue mir das emsige Treiben auf dem Corso an – und doch will es mir manchmal so scheinen, als sei ich in Rom noch nicht angekommen. Zu quälend sind die Nachrichten aus jenem Land, in dem ich fast zwei Jahrzehnte nicht nur gearbeitet, sondern auch gelebt habe und wo heute schon die zweite Regierung von Benjamin Netanjahu unter dem Druck der Siedler zu wenig für den Frieden tut. Dabei könnte der Ministerpräsident viel für seine Nation erreichen und endlich die notwendigen »schmerzlichen Schritte« gehen, von denen er immer wieder spricht. Jetzt hat der amerikanische Präsident die Israelis und Palästinenser immerhin dazu gebracht, sich regelmäßig zu treffen. Es gibt erstmals seit zwei Jahren wieder einen direkten Dialog. Mit großem Medienaufwand wurde die Nachricht verkauft, innerhalb eines Jahres würden beide Seiten zu einem Ausgleich finden können. Doch können sich die Palästinenser tatsächlich untereinander auf einen Kurs einigen? Kann Netanjahu einen Konsens auf israelischer Seite erreichen und vor allem die Fortsetzung eines Baustopps in den Siedlungen durchsetzen, um die Verhandlungsmasse für einen Frieden zu wahren? Es mag sein, dass sich heute niemand mehr traut, mit dem Blick auf den Nahen Osten optimistisch zu sein. Aber wenn eine Region Frieden will, dann müssen Regierung und Gesellschaften dafür eintreten und darum ringen. Doch das ist nicht der Fall. Die Siedler, allen voran Außenminister Avigdor Lieberman, wollen die Zwei-Staaten-Lösung im Nahen Osten endgültig zerstören. Auch Israels Bürger sprechen nicht mehr vom Frieden, sie drängen Netanjahu nicht mehr. Die Mehrheit der Israelis scheint sich von der Politik verabschiedet zu haben. Die vielen so unterschiedlichen jüdischen Organisationen weltweit sind meist mit sich selbst befasst, interessieren sich wenig für das Schicksal Israels. Ihre Solidaritätsbesuche beschränken sich meist auf ein paar offiziöse Treffen und ein Bankett in einem israelischen Nobelhotel wie dem »King David« in Jerusalem.

Lähmung, Gewöhnung an den Status quo und Desinteresse an der nationalen Zukunft prägen aber nicht nur die israelische Öffentlichkeit. Die amerikanische Politik ahndet israelische Politikverweigerung nicht mit Restriktionen, und die Europäer verstecken sich, ohne Fantasie für eine eigene neue Initiative aufzubringen, hinter dem großen Bruder in Washington. Auch die arabischen Staaten sind passiv. Mit wem aber sollte Israel auch Frieden schließen? Mit den Palästinensern, deren Führung in eine säkulare Fatah im Westjordanland und eine islamistische Hamas im Gazastreifen gespalten ist? Wem aber nützt die israelische These, ein Dialog mit der Hamas würde die Islamisten stärken und Israel schwächen? Ist es nicht umgekehrt? Israel wertete die Hamas mit seiner Verweigerung eines Dialogs auf, lähmte sich selbst und ließ die Errichtung von Hamastan im Gazastreifen zu. Düstere Gedanken drängen sich auf. Könnte die Armee überhaupt noch einen demokratischen Beschluss der Knesset umsetzen und widerspenstige Siedler aus dem Westjordanland herausholen? Oder drohte dann ein Bürgerkrieg? Ist es heute überhaupt noch vorstellbar, dass ein Land sich in zwei Staaten aufteilen lässt? Oder ist die Chance längst vertan?

Könnte es dann wenigstens Frieden mit Syrien geben, wenn der mit den Palästinensern in die Ferne rückt? Längst sind die meisten sunnitischen Staaten zum Ausgleich mit Israel bereit, weil ihnen ein neuer gemeinsamer Feind, die Schiiten im Iran, gefährlich wird. Und dennoch rührt sich auch im arabischen Lager nichts. Kann aber ein Israel überleben, mit einer demokratischen Gesellschaft und in seiner Identität gesichert, wenn es keinen Frieden mit seinen Nachbarn findet? Ich habe große Zweifel. Warum nimmt Israel seine Realität nicht an, schüttelt seine selbst verursachte Lähmung ab und betreibt eine aktive Politik, um endlich seine Heimat in der Region zu finden?

Unterwegs mit historischem Gepäck

Achtzehn Jahre in Jerusalem haben so tiefe Spuren in meiner Seele hinterlassen, dass ich zwar abreisen konnte – doch ein Abschied war das nicht. Alle Probleme, die an jenem Konfliktherd ungelöst sind, reisten mit mir nach Rom. Sie wollen weiter besprochen und erörtert werden.

So ist das mit Israel. Und erst recht für einen Deutschen. Israel ist Teil seines historischen Gepäcks, das jede Generation an die nächste weiterreicht. Dafür gibt es gewichtige Gründe jenseits der Aktualität: Zum einen gehört die deutsch-jüdische Beziehung zur kulturellen Identität eines jeden Deutschen und eines jeden aus dem deutschen Sprachraum stammenden Juden. So wie die deutsche Sprache ein Teil der zionistischen Geschichte ist – nicht nur Theodor Herzls *Judenstaat* wurde auf Deutsch geschrieben, auch die Protokolle der ersten zionistischen Kongresse –, so ist auch der jüdische Beitrag nicht aus der deutschen Geistesgeschichte wegzudenken. Denkt man an Deutschland, fallen einem auch Heinrich Heine ein und weitere Namen, Karl Marx, Felix Mendelssohn-Bartholdy oder Else Lasker-Schüler.

Zum zweiten kann ein Deutscher sich schon deshalb nie von Israel verabschieden, weil er die Schoah, einen der Grundpfeiler der Geschichte des Staates Israel und der deutschen Geschichte, im geistigen Rucksack mit sich trägt; ganz egal, wo er ist und wohin er geht, ein Leben lang. Die Erinnerung daran soll und darf ihn nicht zum Opfer machen, das sich unter ihrer Last duckt; die Aufgabe ist vielmehr, diese Erinnerung anzunehmen, um an ihr zu wachsen. Schon in meiner Schulzeit Ende der sechziger Jahre war die Schoah in zwei Klassen Unterrichtsthema gewesen. Später als Student in Heidelberg wählte ich mir den Sozialhistoriker Werner Conze zum Doktorvater, der 1934 noch bei dem jüdischen Historiker Hans Rothfels in Königsberg promoviert worden war. Wir durften Rothfels, den »verdienten Offizier aus dem Ersten Weltkrieg«, nach seinem amerikanischen Exil im Hause Conze kennenlernen. Er war 1950 zurückgekehrt und lehrte in Tübingen. Conze verehrte Rothfels. Aber wie gingen die Vertreter der deutschen Geschichtsschreibung insgesamt mit dem Schicksal ihrer ins Exil getriebenen Kollegen und mit der Schoah um? Mitte der siebziger Jahre untersuchten wir in einem Hauptseminar die Vorlesungsverzeichnisse der historischen Fakultäten in Deutschland direkt vor der Schließung der Universitäten im Krieg und unmittelbar nach ihrer Wiedereröffnung. Das Ergebnis war für uns unbegreiflich.

Für die meisten Kollegen von Conze war die Schoah offenbar ein Ereignis gewesen, das nicht einschneidend genug gewesen war, um sie zu veranlassen, ihren Lehrplan daran anzupassen. Viele, die vor der

Schließung der Universitäten zum Beispiel mit der »Einführung in die neueste Geschichte« begonnen und über die Bildung der Nationalstaaten gelesen hatten, setzten nach 1945 ihre Vorlesung genau dort fort und beschäftigten sich, als sei nichts geschehen, weiter mit der europäischen Nationalstaatenpolitik: mit der »Einführung zweiter Teil«. Wir waren uns mit Conze einig, dass die Historikerzunft versagt hatte. Der Nationalsozialismus und der Zweite Weltkrieg hätten Ende der vierziger Jahre unverzüglich Thema sein müssen. Für uns war dreißig Jahre danach kaum zu begreifen, dass die Lehrer und Studenten die Schoah, dieses unfassbare Ereignis, das nach Erklärungsversuchen schrie, zunächst, von wenigen Ausnahmen abgesehen, nicht thematisiert hatten. Zu den Ausnahmen gehörte übrigens der Politikwissenschaftler Eugen Kogon. Der Widerständler trat schon 1946 mit einem wissenschaftlichen Buch über den SS-Staat hervor.

Die langen politischen Schatten der Vergangenheit hatte ich schon gespürt, als ich von 1981 bis 1986 Korrespondent meiner *Frankfurter Allgemeinen Zeitung* in Polen war. Dort konnte ich erfahren, wie viele Polen den Deutschen weiterhin mit Misstrauen begegneten. Zugleich lernte ich den schwelenden Antisemitismus in Polen kennen und erlebte mit, dass viele Juden es erst Ende der achtziger Jahre wagten, sich wieder offen zu ihrer Religion zu bekennen. Nicht zuletzt war ich in den Konzentrations- und Vernichtungslagern der Nazis von Auschwitz bis Sobibor gewesen. Auch das war Teil meines Gepäcks, als ich Anfang 1991 in Israel meine Arbeit aufnahm. Achtzehn Jahre später, Anfang 2009, konnte ich zwar mit Erleichterung beim Abflug resümieren, dass die Großzügigkeit vieler Israelis mir dabei geholfen hatte, dieses Gepäck erträglich zu machen, aber einen endgültigen Abschied von Israel kann es auch ein gutes Jahr später nicht geben.

Meine Gedanken kreisen weiter um dieses Land, und dabei oft um Jerusalem. Nicht nur, weil Israel mit Blick auf seine Geschichte diese Stadt als Hauptstadt beansprucht; nicht nur, weil mit Jerusalem eine viele Jahrhunderte alte Hoffnung, eine im Exil genährte Sehnsucht des jüdischen Volkes verbunden ist, sondern auch, weil dieses Jerusalem der Kern eines Konflikts ist, der die gesamte Region und zuweilen die Welt in Atem hält. Auch die Palästinenser beanspruchen aufgrund ihrer Geschichte al Quds, wie sie dieses Jerusalem nennen, als politisches, wirtschaftliches und kulturelles Zentrum eines künftigen unabhängigen palästinensischen Staates. Für alle Muslime ist al Quds der dritte heilige Ort nach Mekka und Medina. Auch wenn heute die Israelis behaupten, sie herrschten ganz über die »auf ewig ungeteilte israelische Hauptstadt«, so reicht ein kurzer Besuch in den arabischen Vierteln, um das Gegenteil festzustellen: Jerusalem ist geteilt, nicht nur im Hinblick auf Stromnetz und Wasserversorgung. Beide Bevölkerungsteile leben zwar Straße an Straße, aber zugleich Welten voneinander entfernt. Und die Stadt leidet darunter.

Besonders beklemmend ist für mich dabei immer gewesen zu sehen, wie die Christen im Heiligen Land zwischen mehrheitlich jüdischen Israelis und mehrheitlich muslimischen Arabern zerrieben werden. Manchmal fürchte ich, schon in einem Jahrzehnt werden die Kirchen und Klöster nur noch als Museen dienen und die örtliche christliche Bevölkerung vollends emigriert sein, obwohl sie hier seit rund 2000 Jahren lebte, seit der Zeit, als Jesus seine Jünger um sich sammelte und seine Nachfolger zur Kirche wurden. Jerusalem ist schließlich der Schnittpunkt von drei Religionen: Israeliten, die Juden von heute, sehen in dieser Stadt den Fels, von dem Gott zu ihnen spricht. Die Muslime erbten diese Vorstellung. Und auch die Christen haben ihre Heimat in Jerusalem, wo der jüdische Messias Jesus Christus seine Beschneidung erfuhr, seine Lehren predigte, die Passion erlitt und wo seine Himmelfahrt stattfand. Die Kirche der Welt nahm nach christlicher Überlieferung mit der Ausschüttung des Heiligen Geistes zu Pfingsten in Jerusalem ihren Anfang.

Alle Schmerzen, alle Qualen, alle Hoffnungen für die Region verbinden sich so mit dieser Stadt. Selbst die Sehnsucht nach einer besseren Zukunft der Palästinenser im tristen Lager von Dschenin oder der Israelis in Sderot, die ständig mit dem Einschlag von Raketen rechnen müssen, bleibt daran gebunden, dass die Konflikte in und um Jerusalem eines Tages eine Lösung finden. Vielleicht wird al Quds oder Zion dann wieder Schalem, die »Stadt des Friedens und der Ordnung«, wie sie vor mehr als 3000 Jahren genannt wurde und nach den messianischen Hoffnungen der Juden und Christen dereinst wieder heißen soll.

Manchmal, wenn von Jerusalem die Rede ist, ist mir unklar, ob der tatsächliche Ort gemeint ist oder diese Hoffnung auf einen paradiesischen Platz. Mich hat diese Stadt immer wieder verwirrt. Sie hat mich in die Gräuel der terroristischen Anschläge gestoßen und zugleich in das himmlische Licht gehüllt, das einst Moses geblendet haben muss, als er seinen Gott beim Empfang der Zehn Gebote nicht sehen durfte. Im Sonnenlicht putzt sich Jerusalem mit seinen weißen Steinen heraus; im Dunkel riecht man den Verfall. Es ist ein Luxus, in Jerusalem leben zu dürfen. Zugleich ist es eine Qual. Jerusalem war immer eine »schwierige Adresse«, wie es in einem Buchtitel heißt. Man mag hier der Verheißung des Himmels näher sein, doch zugleich lastet die blutige Geschichte dieser Stadt auf jedem ihrer Bewohner – Heil und Unheil sind eng beieinander, hier tobt ein unheiliger Krieg im Heiligen Land. Alles ist in Jerusalem irgendwie anders. Die Verkehrsampeln und die Müllabfuhr werden genauso in das jenseitige Licht getaucht wie Hochzeiten und Festtage. Jeder Straßenkehrer in Jerusalem kann der Messias sein, jeder Polizist ein Prophet. Aber den Frieden hat noch keiner gebracht.

Rom, im September 2010

Eine Adresse in Himmel und Hölle: Jerusalem

Vor allem eines ist mir aus meinen ersten Tagen in Jerusalem in Erinnerung: das Licht über dieser Stadt. Es war Mitte Januar und relativ kühl. Dennoch wärmte die winterliche Sonne von außen wie von innen und verbreitete einen besonderen Glanz. Das Eintauchen in dieses klare Licht schien mir wie eine Taufe zu sein, wie der Schritt in ein höheres Geheimnis. Mit den Zeitungen des Tages konnte ich mich friedlich auf einer Bank im Park bei meinem Hotel niederlassen. Mein erstes Jerusalemer Büro.

Hier hatte ich alles im Blick: Zu meiner Linken konnte ich die Mauern der Altstadt von Jerusalem sehen. Vor mir im Tal lag die deutsche Kolonie, in die ich einige Wochen später ziehen sollte. Neben mir rauschte der Straßenverkehr. Noch ahnte ich bei der Vorbeifahrt eines Busses der Linie 18 nicht, dass auf dieser Strecke eines Tages der Tod mitfahren würde, als Terroristen die Busse, die von arabischen Stadtteilen in jüdische fahren, zum Ziel ihrer Anschläge machten. Nein, allein auf meiner Bank hatte ich damals die Gewissheit, irgendwie in der Ewigkeit zu sitzen. Denn die Bank stand auf den Resten eines Steinbruchs, der auf eine 3000 Jahre alte Geschichte verweisen konnte und vielleicht schon Baumaterial für den ersten Tempel von König Salomon geliefert hatte.

Ich war vorzeitig nach Israel gekommen, vor dem geplanten Antritt meiner neuen Korrespondentenstelle. Denn mit dem 18. Januar 1991 lief ein Ultimatum aus. Der erste Irakkrieg drohte auszubrechen. Meine Frau Christiane hatte ich damit beruhigt, dass sicher alles ruhig bleiben und ich vor einem möglichen Krieg zurück sein würde. Wahrscheinlich ahnten wir beide, dass das Gegenteil richtig war. Aber sie hinderte mich nicht an meiner Abreise; mit ihr ließ ich auch unseren erst ein Dreivierteljahr alten Sohn Johann-Philipp in Hannover zurück. Beim Abflug in Deutschland hatte es geregnet; in Jerusalem begrüßte mich das Licht des Winters.

Willkommen im Schutzraum

Mich empfingen zudem ein fast leeres Hotel und die Anweisung des Personals, vor allem in der Nacht auf die Sirene zu achten. Bei einem möglichen Schlag der Iraker sollte ich mich mit den wenigen verbliebenen Hotelgästen in einen geschützten Raum zurückziehen. Ich war noch keine 24 Stunden in Jerusalem, und schon hatte mich die Wirklichkeit der Region eingeholt. Der himmlische Winterfriede Jerusalems entpuppte sich als Täuschung. Der Krieg kam. Gegen zwei Uhr in der Nacht heulten die Sirenen. Ich schreckte hoch und wollte in den besagten Schutzraum eilen, als der Alarm vom Klingeln meines Zimmertelefons noch übertönt wurde. »Komm sofort rüber. Es geht los. Wir erwarten dich.«

Ich hatte in den ersten Stunden meines Aufenthalts in Jerusalem nur die Familie von Professor Yehuda Blum besucht. Von dort kam jetzt der Anruf. Ich hatte Blum im Rahmen einer Informationsreise der Konrad-Adenauer-Stiftung in den achtziger Jahren in Jerusalem kennengelernt und ihn bei einem ersten Besuch in meinem neuen Arbeitsland im Oktober 1990 wieder getroffen. Er war zwischen 1978 und 1984 Botschafter Israels bei den Vereinten Nationen gewesen. Der Völkerrechtler hatte sich vor allem als israelischer Interpret der UN-Resolutionen 242 und 338 zum Kriegsende und zum Ausgleich mit den Palästinensern nach dem Sechstagekrieg von 1967 einen Namen gemacht.

Ich lief, rasch angekleidet, im Dunkel der Nacht zur nahe gelegenen Wohnung der Familie. Blum und seine Frau, drei Kinder und die Großmutter saßen schon im versiegelten Raum. Die Fenster waren verklebt, denn es gab die Befürchtung, die Iraker könnten Raketen mit Giftgas auf Israel abfeuern. Nun durfte auch ich noch mit in das kleine Zimmer, die Schutzburg für die nächsten Tage. Dann verriegelte der Vater hinter mir die Tür. Sohn Ariel schloss mit einem nassen Lappen die Ritze zwischen Boden und Tür. Die Großmutter gab mir einen Keks, um mich willkommen zu heißen und zur Beruhigung.

In dem kleinen Raum lief der Fernsehapparat. Zum ersten Mal sah ich den damaligen Militärsprecher Nahman Schai. Der junge Offizier sprach mit ruhiger und gelassener Stimme. Er beschrieb noch einmal den idealen Schutzraum – aber dann wurde er schon unterbrochen:

16

Über Tel Aviv war die erste Rakete niedergegangen. Auch nach diesem Einschlag, der den Kriegsbeginn markierte, zeigte seine Stimme kein Anzeichen von Aufregung. Schai verstand es, die Zuschauer sachlich mit vielen Informationen zu versorgen, ohne dem Feind Entscheidendes preiszugeben. So machte er nie genaue Angaben über den Ort eines Einschlags, um den Irakern das Zielen nicht zu erleichtern. »Im Norden von Tel Aviv« hieß es, und das musste reichen.

In der Blum-Burg gab es neben Keksen auch Saft und Wasser und als letzte Verbindung zur Außenwelt einen Radioapparat. Zur Not hätte man sich auf Matratzen ausstrecken können. Aber in der Regel heulte nach etwa zwei Stunden neuerlich die Sirene, dann aber zur Entwarnung. In der ersten Nacht ging ich, begleitet vom morgendlichen Gezwitscher der Vögel, den kurzen Weg zurück ins Hotel an der nahen Hauptstraße. Die gerade erst gesehenen Fernsehbilder aus Tel Aviv von weinenden Menschen und zerstörten Wohnungen passten nicht zu der würzig klaren Luft in Jerusalem. Zum ersten Mal merkte ich, wie weit Tel Aviv von Jerusalem entfernt lag. Nach ein paar Stunden Schlaf fuhr ich mit dem Wagen die Autobahn von meinem Berg hinunter zum Ort des Schreckens und schrieb meinen Bericht.

Von der folgenden Nacht an durfte ich bei Blums bleiben. Ich erhielt ein Sofa im Wohnzimmer und fühlte mich geborgen. Etwa alle zwei Tage gab es Alarm. Aber die Wohnung der Familie war mein sicherer Hort. Dabei war diese Herzlichkeit der Familie gegenüber einem Deutschen keine Selbstverständlichkeit. Die Eltern von Yehuda Blum waren 1940 vor den Nationalsozialisten von Bratislava nach Budapest geflohen. 1944 wurde die Familie von der SS in das Konzentrationslager Bergen-Belsen deportiert, wo Yehuda seine jüdische Konfirmation, die Bar Mitzwah, beging. Durch glückliche Umstände kam die Familie Ende 1944 in die Schweiz und im Sommer 1945 nach Palästina. Zwar war das eigene Leben gerettet worden, aber Yehuda Blum und seine Frau Moriah hatten viele Angehörige in Europa verloren. Deutsche Nazis hatten seine Familie ausrotten wollen; jetzt gewährte diese Familie einem Deutschen Schutz.

Auch beim Essen saß ich mit am Familientisch und lernte so die Gesetze einer koscheren Küche kennen, in der zwischen milchigen und fleischigen Gerichten unterschieden wird, zwischen milchigem und fleischigem Besteck und Geschirr. Ich lernte die jüdischen Gebete kennen und sang bald mit bei den Lobesliedern für Gott und seine Speisen. Obwohl Christ, trug ich dabei die Kippa eines frommen Juden auf dem Kopf. Themen für Gespräche gab es genug, von der allgemeinen Geschichte bis zum Krieg jener Tage. Die Vorstellung, der Irak könnte Giftgas aus deutscher Produktion abschießen, erweckte in mir ein klammes Gefühl.

Blum war kein Berufsdiplomat. Er lehrte vielmehr als Professor für Internationales Recht in Jerusalem und legte bei mir den Grundstock für das Verständnis israelischer Politik. Der Professor war keine Friedenstaube, wie sich in den folgenden Jahren bei den Verhandlungen zwischen Israel und den Palästinensern zeigte. Er war voller Misstrauen gegenüber PLO-Chef Arafat. In der PLO – dem Dachverband aller säkularen palästinensischen Gruppen einschließlich ihrer stärksten Vereinigung, der Fatah – sah Blum keinen Partner. Es gebe keine gemeinsame Basis für einen Ausgleich mit den Palästinensern, meinte er. Als Sympathisant der nationalreligiösen Partei war für ihn dieses Land Eretz Israel von Gott für immer seinem Volk gegeben. Aber Blum stammte noch aus der alten nationalreligiösen Bewegung, die einerseits Religion und Nation vereinen wollte, andererseits in der Wirtschaftspolitik sozialdemokratisch orientiert war. Eine rare Spezies heutzutage in dieser Partei, die inzwischen größtenteils in anderen Gruppen aufgegangen ist und nur noch ein nationalistisches, religiös untermauertes Siedlungsprogramm verfolgt.

Blum war auch ein kritischer Beobachter der israelischen Innenpolitik. Den späteren Ministerpräsidenten Benjamin Netanjahu empfand er als ein »charakterliches Leichtgewicht«. Blum mokierte sich darüber, wie dieser Mann nur durch die Gunst seines Mentors, des späteren Verteidigungsministers Mosche Arens, Karriere machen konnte, »von einem Möbelverkäufer in Amerika zum israelischen Botschafter« aufstieg. Damit spielte Blum auf Netanjahus Tätigkeit als Diplomat in Washington und New York an. Für ihn war Bibi, wie Netanjahu im Volk genannt wurde und wird, nicht mehr ein Zionist mit politisch-ideologischen Zielen, sondern ein opportunistischer Machtpolitiker. Diese Beurteilung Netanjahus traf ich später auch bei der israelischen Linken wieder an. Bis heute gilt Netanjahu als ein Politiker, der immerzu geschoben werden muss und, bedrängt einerseits von einem kritischen amerikanischen Präsidenten Obama und andererseits der Siedlerlobby daheim, kostbare Zeit vergehen lässt.

Politik entzweit

Einige Monate später nahm die Familie Blum auch meine Frau und meinen Sohn herzlich auf. Christiane und Philipp stießen im Mai 1991 zu mir, nachdem wir eine schöne Bleibe in der deutschen Kolonie gefunden hatten. Der Krieg war längst vorbei. Fast jeden Samstag kamen wir zu dritt zur Familie Blum. Wir durften am Schabat-Kiddusch teilnehmen, dem gesellschaftlichen und offenen Treffen nach dem Besuch der Synagoge, und lernten bei Wein und Kuchen viele Führer der amerikanisch-jüdischen Gemeinden und Organisationen und auch ihre unterschiedlichen politischen Auffassungen kennen. Schnell begriff ich: Eine einheitliche jüdische Lobby in Amerika gab es gar nicht. Bis heute sind in der amerikanischen jüdischen Gemeinschaft alle Flügel vertreten, die es auch in Israel gibt. Und dort zankt man sich genauso, wie man es in Israel tut.

Als uns meine Eltern 1992 das erste Mal in Jerusalem besuchten, war ein gemeinsames Essen mit meinen »Ersatzeltern« selbstverständlich. Aber so familiär die Treffen auch immer waren, insbesondere Christiane litt von Anfang an darunter, dass Yehuda Blum seine politische Meinung geradezu unerbittlich ausfocht, stets scharf und direkt. Der kleine Professor mit den großen Augen und buschigen Augenbrauen hinter der Brille war ein gewandter Redner. Anfangs hörte ich nur zu. Allmählich aber sammelte ich eigene Eindrücke und wagte Gegenargumente. Und als es dann ab 1993 um die Gespräche in Oslo und die Ergebnisse der schließlich getroffenen Vereinbarung ging, zeigte sich, dass er in den Verträgen einen Fehler sah, während ich daraus einige Hoffnung schöpfte.

Wir stritten uns. Ich wollte die Politik von Ministerpräsident Rabin würdigen, während Blum den früheren Generalstabschef als einen schwachen Charakter beschrieb, der zu alkoholischen Exzessen neige. Jede Parteinahme für die Palästinenser kritisierte mein Gastgeber heftig, und schließlich schlug er mir nach dem Abschluss des Grundlagenvertrages von 1995 zwischen Israel und der PLO vor, ich solle doch aus Israel wegziehen und nach Bethlehem gehen – dort passe ich wohl besser hin. Er glaubte offenbar, dass ich seine Gastfreundschaft nicht mehr schätzte. Aber das war falsch. Im Gespräch stellte er mich als politisch blind dar und trieb mich in eine Israel-feindliche Ecke, in die ich nicht gehörte. Und während die anderen Gäste am Tisch meistens schweigend zuhörten, während seine Frau Moriah versuchte, mit noch einem Stück Kuchen oder einer weiteren Tasse Tee die Wogen zu glätten, redeten wir uns auseinander.

Das Kidduschtreffen zum Schabat wurde zum Schauplatz eines Meinungskriegs. Mir war die Freundschaft zur Familie Blum viel wert. Ich pflegte die Erinnerungen und war voller Dankbarkeit; aber ich sah bald keine Möglichkeit mehr, die ursprüngliche Intensität dieser Freundschaft aufrechtzuerhalten. Wir besuchten Yehuda Blum nur noch jeden dritten Schabat. Bald entschuldigten wir uns ganz bei seiner Frau Moriah. Das war immerhin Ende 1995 – so lange hatte die Vertrautheit bestanden. Zwei Jahre zuvor war unser zweiter Sohn Friedrich Konrad geboren worden, dann im Oktober 1995 Anna Charlotte zur Welt gekommen. Zu ihrer Geburt schenkte uns Moriah Blum einen farbenfrohen Babyschlafsack. Ich nahm ihn mit leichter Wehmut entgegen, als letzte Gabe einer Freundschaft, die sich aufgelöst hatte. Mein erstes Zuhause in Israel gab es für mich nicht mehr.

Das war nicht das letzte Mal, dass politischer Streit eine freundschaftliche Beziehung zerstörte. Ganz ähnlich erging es auch meiner Frau. Sie verlor für einige Jahre fast jeden Kontakt zu einem guten Freund, einem Arzt, mit dem sie oft Tennis gespielt hatte. Der Streit zwischen ihnen entbrannte, nachdem er bei einem Selbstmordanschlag in Jerusalem seine Tochter verloren hatte. Für die Eltern ein grausames, schier unerträgliches Ereignis, und leider auch kein einmaliges: Ähnliches mussten wir bei Freunden und Bekannten immer wieder miterleben. Wir trauerten mit der Familie des Arztes, und Christiane verteidigte selbstverständlich in keinster Weise den Terror gegen Zivilisten. Doch noch der kleinste Hinweis von ihr auf die bedrängte Lage der Palästinenser wurde von ihrem Freund fortan als Sympathiebekundung für die Mörder seiner Tochter und als Angriff auf ihn selbst missverstanden. Es dauerte einige Jahre, bis die beiden diese Kluft wieder überwinden konnten.

20

Angesichts dieser neuen Erfahrungen mussten Christiane und ich an unseren polnischen Freund Andrzej Szczypiorski denken. Wir waren auch nach unserer Abreise aus Polen in Kontakt mit ihm geblieben. Ich hatte ihm wohl 1985 dabei geholfen, sein Romanmanuskript *Die schöne Frau Seidenmann* nach Deutschland zu bringen, wo nach meiner Erinnerung Marcel Reich-Ranicki dem Vorabdruck des Romans in der *FAZ* bereits zugestimmt hatte, bevor Andrzej in seinem Manuskript die letzten Korrekturen eingefügt hatte. Allerdings reagierte die Zeitung dann doch nicht so schnell, wie wir uns das erhofft hatten. Ich besitze noch einen Brief von Andrzej, in dem er bittet: »Ich wäre sehr dankbar, wenn Sie in der FAZ fragen könnten, was mit meinen Texten geschehen ist. Ich habe keine Nachricht.« Seine Frau war krank, ihr Aufenthalt in Wien musste bezahlt werden, und daher brauchte Szczypiorski Geld. Ich erinnere mich vor allem an seinen Besuch in Hannover, zwei Jahre nachdem wir aus Warschau 1986 dorthin gewechselt waren. Dort stellte er in unserer Wohnung vor vielen Gästen *Die schöne Frau Seidenmann* vor, die längst ein Bestseller geworden war. Beim Gespräch danach meinte er zu Christiane und mir: »Ihr werdet euch in Israel genauso wohl fühlen wie früher bei uns. Israelis sind genauso verrückt wie wir Polen.« Den Satz habe ich nie vergessen. Einmal sahen wir uns noch in Israel; dann starb Andrzej im Jahre 2000.

Dieser Satz soll freilich nicht dazu verleiten, Israelis und Polen gleichzusetzen. Die Herzlichkeit und Offenheit der Israelis gegenüber uns Deutschen war jedenfalls für mich ein Wunder. Es schien, als berge gerade die schwierige gemeinsame Geschichte das Potenzial zu einer engeren und besseren Beziehung. Wie damals in Warschau lernten wir in Israel rasch, dass Politik nicht ein heikles Thema ist, das man besser meidet, sondern sogar im Smalltalk seinen Platz findet. Schnell kann man dann freilich auch in heftige Streitereien verwickelt sein.

Ein besonderes Haus in der deutschen Kolonie

Als meine Frau mir im Mai 1991 nach Jerusalem folgte, galt es, für die Familie ein Zuhause zu finden. Es gab in der Stadt zwar mehrere gute Wohngegenden, doch wir hatten beschlossen, in die deutsche Kolonie zu ziehen, die zu Beginn der neunziger Jahre noch nicht zu den teuersten Wohnvierteln der Stadt gehörte. Der Name des Viertels geht auf die württembergischen Templer, eine christlich-reformatorische Religionsgemeinschaft zurück, die sich dort in der zweiten Hälfte des 19. Jahrhunderts niedergelassen hatte. Die Templer wohnten in Häusern aus weißem Hebron- oder Jerusalem-Stein mit grünen Fensterläden und roten Ziegeldächern und entwickelten das moderne Jerusalem, sie bauten Straßen, legten Leitungen und führten in der Stadt das moderne Handwerk ein. Nach dem Zweiten Weltkrieg waren die Württemberger in Jerusalem nicht mehr erwünscht. Zunächst hatten die Briten die deutschen Siedler nur interniert. Bald nach dem Krieg und noch vor der Gründung Israels aber wurden sie vor die Alternative gestellt, entweder in die kriegszerstörte Heimat in Deutschland zurückzukehren oder nach Australien auszuwandern. Die meisten Templer wohnen heute in Down Under.

Als wir Anfang der neunziger Jahre in dieses Viertel zogen, lebten dort noch in der Mehrzahl Einwanderer aus arabischen Ländern. Ihnen hatte man den Wohnraum nach der Vertreibung der Templer zugewiesen. Doch allmählich setzte eine neue Vertreibung ein, ausgelöst durch verlockende Kaufangebote. Ein besonders schönes Haus hatte sich die Familie des Arztes Yossi Margulies hergerichtet. Die alte Bausubstanz stand unter Denkmalschutz und durfte nicht angetastet werden. So genossen die Bewohner bunt bemalte Fensterscheiben, die traditionell grünen Fensterläden und einen Boden aus buntem Steinmosaik aus einer wohl längst vergangenen Werkstatt in Hebron.

Um das Geld für den Kauf und die Restaurierung dieses zweistöckigen Hauses mit einer alten Zisterne im Keller in der Cremieux-Straße zusammenzubekommen, hatte die Familie wie die meisten Neubesitzer den großen Nutzgarten, der zu den Häusern der Templer gehörte, weiterverkauft. Auf diesem Areal entstand wie auch auf den meisten anderen Grundstücken dicht neben dem alten Gebäude ein zweites Haus. An den Anbau von Kartoffeln und Obst wie in alten Tagen war in den verbliebenen kleinen Gärten nicht mehr zu denken; in sehr vielen aber steht noch heute ein Pfefferbaum, der so typisch für die deutschen Kolonien in Israel ist und der sich mit seinen sanft grünen Blättern reizvoll von den dunklen Nadeln der Jerusalem-Zypressen abhebt.

Aber die Arztfamilie Margulies hielt es nicht in Jerusalem. Sie wollte nach dem ersten Irakkrieg ihren Kindern in Amerika eine friedlichere Zukunft bieten, und so suchte man über Sotheby's einen Käufer für die Villa. In jener unruhigen Zeit fand sich jedoch niemand, und so konnten wir das Haus mieten, das eine ganz besondere Geschichte besaß. Wie man auf einem alten Foto in dem Prospekt von Sotheby's sehen konnte, hatte hier einst der deutsche Orientmaler Gustav Bauernfeind aus Sulz am Neckar gewohnt. Dieser kauzige Künstler mit Vollbart hatte eine Templerin geheiratet. Erst mit ihrem Geld hatte er sich in das Haus einmieten können. Viele seiner Stadtansichten, auf den Straßen in naturgetreuen Skizzen eingefangen, waren hier gemalt worden.

Zeit seines Lebens litt dieser Gustav Bauernfeind. Oft war er herzkrank, selten hatte er Geld. Das Interesse an seinen Bildern war gering. Sein tragischer Tod »unter dem halb geschmückten Weihnachtsbaum« am 24. Dezember 1904 bewegte uns an jedem Heiligabend von Neuem. Sein Grab findet man auf dem Friedhof der Templer, allerdings an dessen Rand, gleich rechts hinter dem Eingang an der Hauptstraße der deutschen Kolonie. Bauernfeind hatte hier nirgendwo richtig dazugehört, so blieb er auch im Tod ein Außenseiter. Die Straße durch die deutsche Kolonie, früher Hauptstraße genannt, heißt heute Emek Refaim, Tal der Geister, nach einer Bezeichnung im alttestamentarischen Buch Josua. Der Name wurde gewählt, weil hier einst Dämonen und Geister miteinander gekämpft haben sollen. Geister des Terrors kehrten in unserer Zeit in Jerusalem in diese Straße zurück.

Schon in Hannover hatte ich von der deutschen Kolonie gehört. Während meiner Vorbereitungen auf Israel war ich dann wieder auf die Geschichte der deutschen Templer gestoßen und in diesem Zusammenhang auf den Namen Alex Carmel. Dieser israelische Historiker, der die Geschichte der Templer erforschte, stammte eigentlich aus Berlin. Ich wollte ihn möglichst bald kennenlernen. Kaum waren unsere Möbel am rechten Platz und die Gardinen aufgehängt, luden wir unsere Nachbarn zu einem Empfang ein. Dazu sollte Carmel sprechen. Kurz entschlossen rief ich ihn in Haifa an und bat: »Können Sie nicht zu uns nach Jerusalem kommen und einen Vortrag über Gustav Bauernfeind halten?« Auf der anderen Seite der Telefonleitung folgte ein langes Schweigen. Als ich noch einmal ansetzte und den Wunsch wiederholte, reagierte

Carmel ungehalten: »Wie komme ich denn dazu, ich kenne Sie doch gar nicht!« Ich sei der neue Jerusalem-Korrespondent der *Frankfurter Allgemeinen Zeitung*, gab ich selbstbewusst zu verstehen. Auch das fand Carmel nicht beeindruckend. Erst als ich darauf hinwies, dass ich der Mieter des Hauses sei, in dem einst Bauernfeind gewohnt hatte, meinte er trocken: »Das hätten Sie auch gleich sagen können. Wann soll denn der Vortrag sein?«

So begann unsere Freundschaft mit Alex Carmel, seiner Frau Sarah und ihren drei Kindern. Politischen Streit gab es zwischen uns nie. Der frühere Sicherheitsoffizier war der beste Kenner der Geschichte der protestantischen Einwanderung im 19. und beginnenden 20. Jahrhundert. Carmel kannte in der deutschen Kolonie jedes Haus und hatte wohl auch schon mit jedem seiner Bewohner Kontakt gehabt. Wenn er aus Haifa nach Jerusalem kam, durfte ich ihn bisweilen zu der einen oder anderen Adresse begleiten, wo er nur seinen Namen nennen musste, um eingelassen zu werden. Meist ging es darum, alte Böden oder überkommene Einrichtungsgegenstände zu begutachten. Bisweilen wollten ausgewanderte Templer wissen, wer nun in ihren alten Häusern wohnte, und suchten Kontakt. Zu Carmel hatten auch die neuen Bewohner Vertrauen.

Er pflegte weiterhin auch viele freundschaftliche Verbindungen nach Deutschland. Nicht zuletzt zum Kaiserenkel Prinz Louis Ferdinand von Preußen, der ihm eines Tages in Bremen das *Kaiseralbum* schenkte, eben jene Sammlung von Aquarellen, die Bauernfeind im Auftrag der Templer zum Empfang von Kaiser Wilhelm II. 1898 gemalt hatte. Die Templer waren damals stolz gewesen auf jenes dicke, in braunes Leder gebundene Album. Sie hatten Bauernfeind jedoch nicht erlaubt, an dem Empfang der kaiserlichen Hoheiten teilzunehmen. Auch das *Kaiseralbum* verhalf Bauernfeind nicht zu Ruhm. Seine Witwe musste Bilder verkaufen, um die Beerdigung bezahlen zu können. Erst Jahrzehnte nach seinem Tod gab es erste Erfolge. So hatte der jordanische König Hussein zwei meterhohe Leinwände erworben, auf denen zwei Eingänge zum muslimischen Tempelberg, dem Haram as Scharif mit seiner al Aqsa-Moschee, abgebildet waren.

Erst als Alex Carmel 1990 ein grundlegendes Werk über den Maler veröffentlichte, stieg der Marktwert der Bilder Bauernfeinds beträchtlich. Bei einer Auktion versuchten wir einmal, eine kleine Skizze des Malers zu ersteigern, aber mit den gebotenen Preisen konnten wir nicht mithalten. Wie zum Trost ließ Carmel einige Wochen später das *Kaiseralbum* für einige Zeit bei uns. Wir hüteten es, zeigten es unseren Gästen und bestaunten es selbst ein ums andere Mal. Immer wieder kam Carmel nach Jerusalem und erklärte uns das deutsche Erbe in dieser Stadt. Prinz Georg von Preußen, den Chef des Hauses Hohenzollern, brachte er auch einmal mit, zusammen mit dem Filmemacher Peter von Zahn. Der drehte mit dem Prinzen und Carmel einen Fernsehbericht über den Besuch des Kaisers in Jerusalem im Jahr 1898. Doch manchmal kam Alex auch nur vorbei, um uns Walnüsse aus seinem Garten in Haifa zu bringen. Die Schale aus braunem Steingut, die er beim letzten Mal dafür benutzte, ist nun mit nach Rom umgezogen. An einem kalten Wintermorgen Anfang 2002 mussten wir Alex Carmel bei Sturm und Regen in Haifa beerdigen.

Der weise Rabbi hilft

Fünf Jahre nach unserem Einzug sollte das Bauernfeind-Haus 1996 für nahezu zweieinhalb Millionen Dollar verkauft werden. Mit der damals bestehenden, aus heutiger Sicht freilich trügerischen Aussicht auf einen Ausgleich mit den Palästinensern waren solche Preise realistisch geworden. Zudem hatte sich die deutsche Kolonie zur bevorzugten Adresse des jüdischen Geldadels aus Europa und den Vereinigten Staaten gemausert. Die Grundstückspreise dort unterliegen seither kaum noch größeren Schwankungen. Der Markt war klein. Aber mit Hilfe von Massimo Torrefranca Acanfore, einem zum Judentum konvertierten sizilianischen Adligen, und seiner Frau Simonetta Della Seta fanden wir nur zwei Gassen weiter in der Wedgwood-Straße ein neues Zuhause, eine Wohnung zu ebener Erde in einem Triplet, das gerade gebaut wurde.

Wir hatten den Musikwissenschaftler Massimo und die Journalistin bald nach unserer Ankunft in Israel 1991 kennengelernt. Sie hatten uns spontan eingeladen, nachdem ich Simonetta bei einer Pressekonferenz begegnet war. Bei ihnen erlebten wir Italien in Jerusalem: Musik und Pasta, dazu die besten Gespräche. Und das immer wieder. Massimo wurde Patenonkel unseres zweiten Sohnes Friedrich. Dadurch lernte Fritzi später viele jüdische Regeln und Gebräuche kennen. In der Synagoge durfte Fritzi mit seinem Onkel einmal beim Gottesdienst gemeinsam zum Thoraschrein. Auch der reformierte jüdische Kindergarten, den unsere Kinder besuchten, brachte uns näher zusammen. Der älteste Sohn von Massimo und Simonetta, Gad, und unser Philipp wurden dort Freunde. Ihre Hanna war im selben Alter wie unser Fritzi. Simonetta brachte einige Jahre lang auch ihre Eltern mit, wenn die zu Weihnachten aus Rom zu Besuch gekommen waren, um gemeinsam mit uns jüdisch-christlich zu feiern.

Diese Familie ist für mich ein besonderes Beispiel für jüdisch-europäische Offenheit. Simonettas Wurzeln lassen sich bis in die römische Antike zurückverfolgen, einer ihrer Ahnen soll nach der Familienüberlieferung auf dem Triumphbogen des Titus auf dem Forum Romanum abgebildet sein. Der römische Kaiser hatte mit diesem Bauwerk sich und seinen Sieg über Jerusalem im Jahr 70 n. Chr. feiern lassen. Der Bogen zeigt jüdische Sklaven in römischer Gefangenschaft, eine reiche Beute aus dem Tempel von Jerusalem. Für die römischen Juden ist ihr Judentum über die Jahrhunderte hinweg selbstverständlich gewesen. Juden waren in Italien offenbar fester in der Gesellschaft verankert, als das in Deutschland je möglich war. So jedenfalls vermittelte mir Simonetta die Geschichte ihrer Familie. Deswegen ist es vielleicht für sie und Massimo auch leichter gewesen, uns Deutsche als Freunde in ihre Familie aufzunehmen. Simonetta arbeitete lange als italienische Journalistin in Israel, bis sie die Politik nicht mehr ertrug. Die Familie kehrte für einige Jahre nach Rom zurück. Danach leitete Simonetta das italienische Kulturinstitut in Tel Aviv, heute berät sie den jeweiligen italienischen Botschafter, und ihr Mann lehrt an der Universität.

Über diese Freunde lernten wir auch den Gelehrten Rabbi Adin Steinsaltz kennen, der in den Verhandlungen für unsere zweite Wohnung eine besondere Rolle spielen sollte. Der 1937 geborene Rabbi gilt als einer der frommen Weisen im Land. Seit Jahren übersetzt er das Sammelwerk jüdisch-religiöser Weisheit, den Talmud, ins Englische. Simonetta nahm mich einmal zu einem Gespräch mit ihm mit. Wir trafen den weißhaarigen Mann mit dem langen weißen Bart und der dicken Brille in seinem Büro und unterhielten uns bei einem guten Tee über die jüdische Philosophie. Ich stellte fest, dass es Ebenen gibt, in denen sich die beiden konkurrierenden Religionen Christentum und Judentum – das sogenannte Neue Testament entstand zeitgleich, wenn nicht im Wettbewerb mit dem Talmud – doch theologisch näher kommen können; vor allem bei dem Verständnis von Begriffen wie Recht, Barmherzigkeit oder Caritas. So hatte Steinsaltz auch deutliches Interesse an der katholischen Kirche. Als ihm vor Jahren eine Audienz bei Papst Johannes Paul II. angeboten wurde, antwortete er, wenn ihm die Wahl bliebe, würde er lieber um ein Gespräch mit dem Chef der Glaubenskongregation, Kardinal Josef Ratzinger, bitten. Jenes dann tatsächlich zustande gekommene Treffen markierte den Beginn engerer vertrauter Kontakte, die mit Hilfe von weiteren religiösen Würdenträgern – vor allem von Rabbi David Rosen – ausgebaut wurden und die katholische Kirche und die Juden in Israel einander näherbrachten. Sie waren der Anfang eines heute durch Papst Benedikt XVI. geförderten Dialoges.

In Israel ist es bisweilen von Vorteil, wenn man einen Rabbiner kennt. Für den Kauf unserer zweiten Wohnung war das sogar entscheidend. Wir hatten mit dem religiösen Eigentümer des Hauses, der die Nachbarwohnung beziehen wollte, und dem Bauunternehmer eine mündliche Vereinbarung über den Kaufpreis erzielt, als der Eigentümer, von einem mehr bietenden religiösen jüdischen Interessenten bestürmt, den Preis erhöhen wollte. Eigentlich wollte er uns deutsche Christen gar nicht mehr als Nachbarn und schon gar nicht zum alten Preis. Der säkulare Bauunternehmer aber sah sich an den mündlichen Vertrag mit uns gebunden. Und wir? Zum Entsetzen des religiösen Eigentümers baten wir Rabbi Steinsaltz um Hilfe. Dessen Autorität wurde auch von dem Eigentümer rückhaltlos anerkannt. Einen Rechtsspruch von ihm musste er akzeptieren. Und tatsächlich entschied Steinsaltz, dass ein Handschlag bindende Rechtskraft haben könne. Daraufhin konnten wir das Haus zum ursprünglich festgesetzten Preis erwerben. Der schriftliche Vertrag wurde ein paar Tage später vom Notar beglaubigt.

Der Eigentümer mit seiner Familie und wir wurden auch noch gute Nachbarn. Bisweilen tranken wir einen Whiskey zusammen. Und vor Pessach, wenn fromme Juden alle unkoscheren, weil gesäuerten Produkte nicht mehr im Haus haben dürfen, »verkaufte« die Nachbarin ihren Whiskey, ihr Mehl und viele andere Nahrungsmittel für einen symbolischen Preis an uns, verhängte ihre Regale und versiegelte die Küchenschränke. Nach der Pessachwoche »kaufte« sie ihre Waren wieder zurück. Auch wenn bei den Nachbarn am Schabat das Licht zu früh ausging, weil die Zeituhr nicht richtig eingestellt war, kamen die Nachbarskinder und baten mich als »Schabbesgoi« um Hilfe. Ich stellte Klimaanlagen wieder an oder den Kühlschrank. Da man auch einen Nichtjuden nicht dazu verleiten darf, die Schabatgesetze zu brechen, mussten die Nachbarn für meine Hilfe folgende Formel verwenden: »Wir wissen, dass es auch für Dich eine Sünde ist, am Schabat elektrische Kontakte zu schließen, aber vielleicht kannst Du das eher tun als wir. Darum bitten wir Dich, schnell rüberzukommen. Das Eis tropft aus dem Kühlschrank.«

Da wir auch im neuen Haus wieder nur ein kleines Gärtchen hatten – aber immerhin einen Basketballkorb, dem unsere Kinder nach unserem nächsten Umzug noch lange nachtrauerten –, waren wir froh über unsere Freundschaft mit den einzigen noch verbliebenen deutschen Nachbarn in der deutschen Kolonie, die nach dem Krieg nicht ausgewiesen worden waren und die einen riesigen Garten besaßen. Es handelte sich um die Schwestern vom Deutschen Hospiz, einem Gästehaus. Die Kongregation des Hl. Carlo Borromeo aus dem Mailand des 16. Jahrhunderts hat im Nahen Osten noch heute einen guten Klang. In Ägypten, im Libanon und auch im Heiligen Land entfaltete der Orden eine rege Lehrtätigkeit. Als wir 1991 nach Jerusalem kamen, gab es im Deutschen Hospiz auch noch eine Schule. Doch sehr bald wurde es für arabische Kinder unmöglich, aus Bethlehem und Umgebung über die stets undurchlässiger werdende Grenze nach Jerusalem zu kommen. Die Schule schrumpfte zum Kindergarten, und die bayerische Schwesteroberin Xaveria konzentrierte sich auf das Gästehaus. Mit Hilfe von vielen, vor allem aus Siebenbürgen stammenden Schwestern, die sich aufopferungsvoll um ihre Gäste bemühen, ist das Hospiz eine beliebte Adresse geworden. Wir brachten dort viele unserer Besucher unter und fühlten uns dort auch selbst wie zu Hause. Und heute sind wir gerne zu Gast im Hospiz.

Von Jitzchak Schamir zu Jitzchak Rabin

Zu meinem ersten Gespräch mit einem israelischen Ministerpräsidenten erschien ich nicht mit Krawatte und im Anzug. Nicht etwa aus Nachlässigkeit, sondern mit Bedacht. Ich war gerade ein paar Monate im Land, als sich mir Jitzchak Schamir im Frühsommer 1991 für ein Gespräch zur Verfügung stellte – und er trat mir, wie erwartet, in offenem Hemd entgegen, so wie man ihn aus dem Fernsehen kannte. Ich kam mir wie ein Riese vor gegenüber dieser kleinen drahtigen Gestalt. Seine Hand war zierlich, aber der Händedruck fest. Lebhaft zwinkerten mir seine Augen zu. Das war also der Mann, der von seinen Kritikern als »Giftzwerg« bezeichnet wurde. Ich wollte ihn kennenlernen.

Aus heutiger Sicht ist Schamir stets ein Falke gewesen. Dabei machte auch der 1915 in dem weißrussischen Dorf Ruzinoy geborene Politiker, der ursprünglich den für die meisten in der neuen »palästinensischen« Heimat unaussprechlichen Namen Jitzchak Jaziernicki trug, eine Veränderung durch. Er wandelte sich vom fanatischen Terroristen zum zögerlichen Pragmatiker. 1935 war Schamir nach Palästina eingewandert. Er kam in ein Land in Aufruhr. Die Briten versuchten, zwischen der alteingesessenen arabischen Bevölkerung und den einwandernden Juden zu vermitteln; zugleich ging es ihnen darum, ihre koloniale Rolle als Mandatsherren ganz auszuspielen. Dabei stellte sich die Regierung in London mehr auf die Seite der jüdischen Einwanderer, während die örtliche Militärregierung sich vergeblich bemühte, ein ehrlicher Mittler zu sein. Eine allgemeine Frontstellung zwischen Juden und Arabern gab es damals noch nicht, denn für die Araber waren die eigentlichen Gegner die Neueinwanderer, nicht aber die »palästinensischen Juden«, die schon immer im Land gelebt hatten. Das änderte sich erst mit den Pogromen von 1929, als – auf Betreiben des Großmuftis von Jerusalem, Amin al Husseini – vor allem in Hebron und Safed Mitglieder der jüdischen Gemeinden getötet wurden. Gleichwohl wurde noch 1991, als ich nach Israel kam, bisweilen der Begriff der »jüdischen Palästinenser« verwandt. Damit war jene Gruppe meist frommer Juden gemeint, die von jeher vor allem in Jerusalem, Safed, Tiberias, Jaffo und Hebron gelebt hatte.

Die Neueinwanderer sahen in diesen jüdischen Palästinensern lästige Schwächlinge, die sich nicht am Aufbau eines jüdischen Staates beteiligen wollten; denn sie lebten in ihren Gettos, lasen die Bibel und führten ein in sich gekehrtes Leben. Sie galten als schwach, weil sie sich der muslimischen Mehrheit politisch unterordneten. Ihnen waren Macht und Politik nicht wichtig. Sie lebten nach den Geboten der jüdischen Orthodoxie. Schamir und die Neueinwanderer wollten hingegen ihre Gettovergangenheit in der früheren Heimat hinter sich lassen und endlich Herr im eigenen Haus werden. Schamir wollte einen jüdischen Staat, er wollte ihn schnell und ohne Kompromisse. Er engagierte sich in der politischen Rechten, in der 1931 gegründeten militanten Nationalen Militärorganisation Irgun. Abraham Stern hatte dort eine besonders radikale Fraktion, die Stern-Gruppe, ins Leben gerufen, um den Arabern das Leben zur Hölle zu machen. Ihr schloss sich Schamir an. Während die bürgerliche Hagana, aus der später die israelische Armee hervorging, bei ihren militärischen Operationen vorsichtig taktierte, war Schamirs Truppe so ziemlich jedes Mittel recht. Sie handelten wie Terroristen und nahmen zudem, anders als andere Irgun-Kader, auch den direkten Kampf gegen die Briten auf. Es gab Attentate auf britische Gesandte und Soldaten. Zeit seines Lebens wartete auf Schamir in Großbritannien ein Haftbefehl.

Israelischer Terror

Im Spätsommer 2008 wurde der Jerusalemer Historiker und Faschismusforscher Zeev Sternhell, ein Mann der Bürgerbewegung »Frieden Jetzt«, von einer Rohrbombe verletzt, als er spät am Abend die Gartenpforte seines Hauses in Tel Aviv schließen wollte. Die Polizei legte diesen Anschlag Rechtsextremisten aus dem Siedlermilieu zur Last. Die Erinnerung an die Attentate der Stern-Gruppe wurde wieder wach. Am folgenden Tag erklärte Sternhell in einem Radiogespräch im Krankenhaus, die Demokratie müsse verteidigt werden und dürfe sich keine Milde gegenüber politisch motivierten Rechtsbrechern erlauben. Mit Blick auf die Geschichte Israels fuhr er fort: »Die israelische Gesellschaft reagiert nicht so, wie sie sollte. Manche sehen über den jüngsten Vorfall hinweg und vergeben; manche stimmen dem Anschlag klammheimlich zu. Andere sagen, man könne nichts tun.« Und dann zitierte Sternhell einen Satz Schamirs, um deutlich zu machen, dass viele Israelis in seinen Augen heute das Vorgehen der Stern-Gruppe wieder für gerechtfertigt halten: »Besonders schlimm war und bleibt, dass Jitzchak Schamir einst über den jüdischen Untergrund sagte, das seien ausgezeichnete junge Leute gewesen.«

Tatsächlich hat sich die israelische Geschichtsschreibung genauso wenig wie die israelische Gesellschaft jemals von den alten Politikern distanziert, für die der Terror eine erlaubte Methode war auf dem Weg zum eigenen Staat. Plätze und Straßen wurden und werden nach ihnen benannt, heute sogar häufiger als früher. Natürlich drängt sich eine Überlegung auf: Hätte es ohne diese Terroristen womöglich kein Israel gegeben? 1991, in meinem ersten Interview, wagte ich nicht, Jitzchak Schamir diese Frage zu stellen. Wohl aber debattierte die israelische Presse zu Beginn der neunziger Jahre den Umstand, dass jener israelische Terror geradezu Vorbildcharakter für die palästinensischen Extremisten haben musste. In Ramallah oder in Hebron heißt es bis heute, man sehe ja an der zionistischen Bewegung, dass »ein eigener Staat aus Blut und Gewalt wachsen muss«. Mag auch die alte Garde in der palästinensischen Fatah-Bewegung mittlerweile der Gewalt müde sein – bei der ersten Generalkonferenz seit zwanzig Jahren im August 2009 in Bethlehem bestand sie nicht mehr auf dem militärischen Kampf gegen den jüdischen Staat. Doch die jungen Fatah-Anhänger werden nach mehr als fünfzehn Jahren des vergeblichen Dialogs mit Israel allmählich ungeduldig und reklamieren für sich das Recht, jederzeit zum »Widerstand mit der Waffe« zurückkehren zu können. Das sei auch völkerrechtlich legitim und »kann sich zudem auf die zionistische Bewegung berufen«, hieß es in einer Erklärung.

In den ersten dreißig Jahren des israelischen Staates war freilich der Einfluss der rechten Revisionisten um Schamir oder seinen Gefährten Menachem Begin eher gering. Die bürgerliche Linke und die Arbeiterbewegung aus der Hagana-Tradition hatten Israel bis 1977 fest im Griff. Politiker wie Schimon Peres, Jitzchak Rabin oder Golda Meir waren sich der Vormachtstellung ihrer Partei offensichtlich so sicher, dass sie gar nicht bemerkten, wie die Einwanderer aus arabischen Ländern allmählich die alten Eliten aus Europa an den Rand drängten. Vor allem die in Massen ins Land strömenden Einwanderer aus Marokko sahen sich in ihren Integrationschancen diskriminiert und stellten den Linken 1977 die Quittung aus. Sie wählten die Arbeiterbewegung ab und Menachem Begin ins Amt des Premiers, jenen ehemaligen Chef des rechten Irgun, dem nicht zuletzt der gegen die Briten gerichtete Anschlag auf das »King David Hotel« in Jerusalem im Juli 1946 zur Last gelegt wurde. Begin war angeblich auch in Planungen verwickelt, Bundeskanzler Konrad Adenauer mit einer Briefbombe zu töten, um die sich seinerzeit anbahnende Annäherung zwischen dem deutschen Politiker und Premier David Ben-Gurion zu verhindern.

Jitzchak Schamir tauchte nach der Staatsgründung Israels zunächst als Mitarbeiter des Geheimdienstes Mossad ab. 1973 wurde er erstmals für die Herut-Partei, die Vorgängerin des Likud, in die Knesset gewählt. 1980 übernahm er das Außenministerium, 1983 als Nachfolger Begins das Amt des Premiers. Bei den Friedensgesprächen mit Ägypten erwies sich Schamir als Pragmatiker. Die israelische Rechte wollte zwar den gesamten Sinai für Israel gewahrt wissen, die Mehrheit der israelischen Bevölkerung aber sympathisierte mit dem damaligen ägyptischen Präsidenten Anwar al-Sadat, der die israelische Nation im Dezember 1977 mit seiner historischen Rede in der Knesset im Sturm erobert hatte. Dieser Stimmung beugte sich Schamir. Und auch im ersten Irakkrieg 1991, als Israels Verteidigungsminister Arens drängte, mit militärischen Mitteln auf die irakischen Raketenangriffe zu antworten, verhielt sich Schamir pragmatisch. Aus eigener Überzeugung – und nicht nur wegen des Vetos aus Washington – sprach er sich gegen jede militärische Operation aus. »Es muss deutlich sein, wer der Aggressor und wer das Opfer ist«, erklärte er.

Mit der Ära Schamir ist auch der Beginn der millionenfachen Einwanderung von Juden aus dem zusammenbrechenden sowjetischen Reich verbunden. Der in der Vergangenheit als unerbittlicher Terrorist bekannte Mann gab sich nun als der Vater einer wachsenden Nation. Seine Partei, die einst mit Erfolg die Marokkaner umworben hatte, buhlte jetzt um die Gunst der neuen Einwanderer aus Russland. Bei den beginnenden Verhandlungen mit den Palästinensern blieb er freilich ohne Vision. Nur auf amerikanischen Druck hin – gedrängt und gestoßen von Außenminister James Baker – nahm seine Regierung an den Friedensgesprächen Ende 1991 in Madrid teil. Schamir wäre bereit gewesen, »einhundert Jahre« ohne Ergebnis mit den Palästinensern zu verhandeln, gab er Jahre später zu. Dazu passte, dass er – wie alle seine Nachfolger außer Rabin – den Siedlungsbau in den besetzten Gebieten vorantrieb.

Aus meinem etwa eine Stunde dauernden Gespräch mit Jitzchak Schamir ist mir noch ein weiterer Aspekt in Erinnerung geblieben. Der Ministerpräsident reagierte viel gelassener als von mir angenommen auf den Prozess der Wiedervereinigung in Deutschland. Bis dahin hatte die Rechte in der Likud-Partei jede Annäherung der israelischen Regierung an Deutschland kritisiert. Nun aber sagte Schamir, das neue demokratische Deutschland habe nichts mit dem »Reich« der Vergangenheit zu tun. Die Wiedervereinigung sei »ein organisches Zusammenwachsen« des Westens mit dem Osten. Schamir änderte damit die Position und die Sprachregelung des Likud gegenüber Deutschland. Er vollzog nach, was schon Staatsgründer David Ben-Gurion 1957 für die Arbeiterpartei mit Bezug auf das damalige Westdeutschland geäußert hatte: »Das Deutschland von heute ist nicht das Deutschland von gestern.« Sinngemäß hieß es weiter, die Schoah sei als ewige Warnung an die Menschheit zu begreifen, aber nicht als Grund für eine unversöhnliche Haltung gegen die deutsche Bevölkerung und auch nicht als andauernde Forderung an jede neue Generation nach mehr Geld oder immer neuer Buße. Nach Schamir, der längst von der politischen Bühne verschwunden ist und schon seit 2004 unter traurigen Verhältnissen in einer Pflegestation lebt, behielten auch Benjamin Netanjahu und Ariel Scharon diesen Deutschlandkurs bei.

Politische Lehrstunden in Jerusalem

Gerade wenn man neu in einem Lande ist, braucht man Gesprächspartner für den politischen Diskurs. Zunächst gewährte mir Yehuda Blum wertvolle Einsichten. Aber mich interessierten auch andere Perspektiven, und so suchte ich die Bekanntschaft von Amos Elon. Ich hatte seine Kommentare in der Tageszeitung *Haaretz* schätzen gelernt und wusste zudem, dass er auch ein Kenner Deutschlands war. Schließlich hatte er Mitte der sechziger Jahre als Korrespondent seiner Zeitung in Bonn die Bundesrepublik und die DDR kennengelernt und später sein Buch *In einem heimgesuchten Land – Berichte aus beiden Deutschland* veröffentlicht. Der körperlich kleine Mann, 1926 in Wien geboren, war für mich der große Kollege. In seinen Jahren als Korrespondent in Washington, Paris und Bonn hatte er sich einen Namen gemacht. Zugleich war Elon, wie auch ich, Historiker und hatte unter anderem eine Biografie des Zionistenführers Theodor Herzl veröffentlicht.

Amos Elon empfing mich freundlich in seiner mit Licht durchfluteten Wohnung in der nahen griechischen Kolonie. Wir tranken in seinem Wohnzimmer Tee; von dort hatten wir einen Blick auf einen lebensgroßen Pferdekopf aus Gips auf dem Balkon, den er von seinem Zweitwohnsitz bei Arezzo in der Toskana nach Israel mitgebracht hatte. Anfangs versuchte ich mich im Hebräischen, dann wechselten wir ins Englische und beendeten schließlich unser Gespräch in dem für uns beide vertrauten Deutsch; seines hatte eine wienerische Färbung. Es blieb nicht die einzige Begegnung. Ich besuchte Amos Elon nun regelmäßig, um an seinem politischen Wissen teilzuhaben und von ihm zu lernen. Später gingen wir bisweilen auch auf der Haas-Promenade unterhalb unserer dritten Wohnung im nahen Vorort Talpiot spazieren. Der Weg bietet einen überwältigenden Blick auf die Altstadt Jerusalems, auf die arabischen Viertel Abu Dis und Bethanien sowie ins ferne Jordantal.

Elon malte die Lage meist schwarz. Er lächelte wohl insgeheim über meinen Optimismus in Bezug auf die Verhandlungen mit den Palästinensern. Während ich die kleinen Schwingungen im politischen Geschehen notierte, schaute er auf den großen Prozess. Das machte ihn genauso pessimistisch wie Professor Blum. Auch er traute Arafat nicht. Zugleich aber, und das unterschied ihn von Blum, vermisste Elon in Israel den Mut zum Kompromiss. Die Kräfte der Beharrung wie etwa die Lobby der Siedler seien zu stark, meinte er. Es fehle der Mut zur inneren Auseinandersetzung. So sagte er schon vor dem neuen Millennium voraus, dass es der israelischen Regierung schwer fallen werde, den Siedlungsbau zu stoppen. Leider behielt er recht. Ich kann mich daran erinnern, dass er Netanjahus Rückkehr an die Macht voraussah: »Das braucht er; und allein schon wegen seines Charismas bekommt er die Macht auch wieder – zu Israels Schaden«, sagte Elon einmal.

Aus den anfänglichen Verabredungen entwickelte sich langsam eine Freundschaft, in die auch unsere Frauen einbezogen wurden. Amos war mit der Amerikanerin Beth verheiratet, einer tatkräftigen Verlegerin und begnadeten Köchin. Einmal brauchte Christiane, meine Frau, ihre Hilfe. Wir hatten Altbundespräsident Richard von Weizsäcker und seine Frau Marianne zum Abendessen eingeladen, zudem Amos und Beth sowie den wichtigen *Haaretz*-Publizisten Tom Segev. Die Vorbereitungen waren schon weit gediehen, nur das Lamm wollte nicht saftig werden. Also musste Beth schon früher kommen und Hand anlegen. Christiane, die Gastgeberin, sah zu, wie der Gast ohne Umschweife in der Küche die Regie übernahm. Bei dem Abendessen spielte dann das Lamm keine Rolle mehr. Aber ich kann mich noch erinnern, wie Weizsäcker unseren beiden israelischen Gästen gespannt zuhörte. Da wurde ein Stück europäischer Gesprächskultur wieder wach, in der Zuhören und Nachfragen genauso wichtig sind wie die eigene Meinung. Die gemeinsame Sorge um Israels Zukunft bewegte uns alle.

Mit der Zeit verspürte Amos Elon immer weniger Lust, sich als politischer Kommentator zu betätigen. Er wollte nur noch Historiker sein. Einen Gutteil seines Buches *Zu einer anderen Zeit*, das die Geschichte jüdischer Intellektueller in Deutschland zwischen 1743 und 1933 behandelt, schrieb er in jenem Haus bei Arezzo, das sich das Paar Jahrzehnte zuvor gekauft hatte. Nichts konnte schöner sein, als im Garten vor diesem Haus im Schutz von Olivenbäumen und mit dem Blick über das grüne Tal ein einfaches und doch wunderbares Essen von Beth zu genießen. Elon blieb immer länger in der Toskana. »Ich habe in Israel alles geschrieben und alles gesagt. Mir fällt zur Politik nichts mehr ein«, gestand er uns bei einem seiner gelegentlichen Besuche in Jerusalem. Nun lebte er »wie im Exil« in Italien. Die Wohnung in Jerusalem wurde verkauft. Ich hatte von Rom aus auf neue Treffen mit ihm gehofft. Aber im Mai 2009 starb unser Freund.

Rabin: nervöser General und zögerlicher Politiker

Für Elon war ein Mann wie Schamir eine unerträgliche Erscheinung. Sympathie hingegen hegte er für Jitzchak Rabin. Ich sah Rabin zu Beginn meiner israelischen Dienstzeit das erste Mal während eines Flugs von New York nach Tel Aviv. Ich saß zwei Reihen vor ihm und registrierte – offenbar konnte er in jener Nacht genauso wenig schlafen wie ich –, dass er sich bei der Stewardess immer wieder ein neues Glas Whiskey erbat. In seiner Zeit als UN-Botschafter zwischen 1968 und 1973 hatte Rabin augenscheinlich an diesem Getränk Geschmack gefunden, das in Israel zunächst verpönt war. Im Israel der Gründergeneration rauchte »man« auch keine Zigarre, denn die galt wie der Whiskey als westlich dekadent, als kapitalistisch. Ich wusste nicht viel von Rabin, erkannte in ihm aber einen nervösen Geist in einer hart erscheinenden Schale. Als 1967 der Sechstagekrieg ausbrach, erlitt Rabin einen Nervenzusammenbruch. Das wurde dem hoch dekorierten General später oft zur Last gelegt. Der Mann im Flugzeug wirkte auf mich auch einsam. Später bei einem Empfang im Verteidigungsministerium sahen Christiane und ich ihn einmal, wie er als Chef des Hauses lange Zeit allein in der Ecke des Saales an einem Bartisch stand. Er blickte in die Weite, trank sein Glas, rauchte eine Zigarette. So als wollte er nicht angesprochen werden.

Andererseits war Rabin ein weltläufiger Herr auf dem diplomatischen Parkett, gewandter als Schamir und mit einer attraktiven Frau an seiner Seite. Anders als Schamir und später Ariel Scharon stammte Rabin aus einer Familie, die den sozialistischen Anfang Israels verkörperte. Rabin war 1922 als Sohn zweier Pioniere aus der dritten Alija (wörtlich »Aufstieg« nach Jerusalem), der dritten Einwanderungswelle, geboren worden. Die erste Welle hatte zwischen 1882 und 1903 Juden ins Land gebracht, die vor Pogromen in Russland flohen; mit der zweiten Welle strömten nach den blutigen Zusammenstößen 1903 in Kischinew noch einmal etwa 40 000 Menschen nach Palästina. Die dritte Welle des »Aufstiegs« ins Gelobte Land wurde durch den Ersten Weltkrieg ausgelöst. Aus ihr entstand die Kibbuzbewegung, in der wiederum die israelische Arbeiterbewegung ihre Wurzeln hat. Rabin war der erste im Lande geborene Premier Israels.

Er machte, wie viele andere zu jener Zeit, zunächst eine militärische Karriere in der Hagana. Der zionistisch bürgerlich ausgerichtete paramilitärische Verband war anfangs der Gewerkschaft Histradut unterstellt, bevor er mit der Staatsgründung 1948 in die israelische Armee überführt wurde. Im Unabhängigkeitskrieg hatte Rabin militärische Operationen um Jerusalem kommandiert. 1964 wurde er Generalstabschef der Armee. Unter seinem Kommando gewann Israel, trotz seines anfänglichen Nervenzusammenbruchs, den Sechstagekrieg im Juni 1967. Danach vertrat Rabin Israel bei den Vereinten Nationen. 1974 folgte er Golda Meir im Amt des Ministerpräsidenten nach. In seiner Amtszeit fand auch die Operation Entebbe statt. Dabei befreite eine israelische Sondereinheit im Juli 1976 auf dem Flughafen in Uganda aus einer französischen Passagiermaschine Geiseln, mit denen palästinensische Terroristen freigepresst werden sollten. Bei der Operation kamen drei Geiseln und fünf israelische Soldaten ums Leben, darunter auch »Yoni« Netanjahu, der ältere Bruder des späteren Premiers.

Rabins erste Amtszeit endete 1977 mit einem Misstrauensvotum. Statt neuerlich für das Amt des Ministerpräsidenten zu kandidieren und den Posten des Parteichefs der Arbeiterpartei zu übernehmen, musste er vor den Wahlen zurücktreten. Rabin stolperte über ein Devisenkonto, das offiziell seiner Frau gehörte und in seiner Zeit als Botschafter bei den Vereinten Nationen in New York eingerichtet worden war. Auf dem Konto befanden sich wohl nur etwa eintausend Euro; aber ein Devisenkonto widersprach nun einmal den damaligen Gesetzen. Erst 1992 wählte ihn die Arbeiterpartei zu ihrem Vorsitzenden. Im Juni 1992 wurde er wieder Premier und übernahm zusätzlich das Amt des Verteidigungsministers. Er führte ernsthafte Verhandlungen mit den Palästinensern, wozu sich Schamir nicht so recht hatte entschließen können. Unter seiner Regierung ging mit dem Oslo-Abkommen von 1993 die erste »Intifada« zu Ende.

Rabin symbolisierte geradezu Anfang und Ende des ersten palästinensischen Aufstands. Das arabische Wort »Intifada« bedeutet »Abschütteln«. Für die palästinensische Führung im tunesischen Exil brach der Aufstand 1987 überraschend aus. Initiiert wurde er von den jungen Palästinensern in den besetzten Gebieten, die sich nicht länger der israelischen Militärpolitik beugen wollten. Die Intifada hatte zwei Aspekte:

Die örtlichen Führer der Palästinenser setzten sich für einen gewaltfreien Steuerboykott ein oder riefen dazu auf, keine israelischen Produkte mehr zu kaufen. Im Gegensatz zu ihrer Führung war die palästinensische Jugend gewaltbereit. Sie griff zu Steinen und bewarf damit Soldaten und Siedler. Israel bestrafte die Steuerhinterzieher mit Razzien und Verhaftungen; die Jugendlichen mit Militäraktionen. Anders als die zweite Intifada, die im Herbst 2000 begann, forderte der bis Ende 1990 dauernde erste Aufstand »nur« 609 palästinensische und 18 israelische Todesopfer.

Für die Israelis war die Intifada zunächst ein Schock. Verteidigungsminister Rabin forderte die Armee auf, mit »Macht, Kraft und Prügel« zu antworten. »Wenn die Truppen die Hand eines Steinewerfers brechen, kann er für achtzehn Monate keinen Stein mehr werfen«, wurde er zitiert. Rigoros bestraften die Israelis das Hissen der palästinensischen Fahne. Es kam zu Massenverhaftungen. Die Zeitungen berichteten über die brutale Misshandlung von Gefangenen. Allmählich zeigte sich aber, dass die Militärpolitik Rabins die Intifada nicht beenden konnte. In der israelischen Bevölkerung entwickelte sich sogar Sympathie für den »schwachen David mit der Steinschleuder«, den der »israelische Goliath« nicht zu besiegen in der Lage war. Mehr als der außenpolitische Druck, vor allem seitens der amerikanischen Regierung, zwang diese Stimmung im eigenen Land Israels Regierung zum Dialog mit den Palästinensern und Rabin in die Rolle des Friedensbringers.

Verkniffen wirkte sein Lächeln, als er PLO-Chef Arafat im September 1993 auf dem Rasen vor dem Weißen Haus die Hand reichte: Mit dem Oberkörper beugte er sich zwar dem kleineren Arafat entgegen, zugleich aber blieb er möglichst weit von ihm entfernt stehen. Diese Körpersprache Rabins verriet das Misstrauen gegenüber dem PLO-Chef. Ob er wirklich glaubte, was Arafat ihm in einem Brief Anfang September zugesichert hatte, dass nämlich die Palästinenser bereit wären, Israel anzuerkennen und auf Gewalt zu verzichten? Die israelische Gesellschaft war noch nicht so weit, an eine Zweistaatenlösung zu denken. Zunächst ging es nur um die Anerkennung der PLO als der legitimen Vertretung aller Palästinenser »zu Hause«, also in Israel, in den besetzten Gebieten und im Exil. Im Gegenzug erkannte die PLO Israel an. Immerhin beendete das Oslo-Abkommen die Intifada. Im »American Colony«, dem Nobelhotel in Jerusalems Osten, verfolgten wir die Zeremonie im Rosengarten am Bildschirm mit. Palästinensische Unterhändler, Reporter und einige Israelis waren dort versammelt, auch die in England geborene Eigentümerin des Hotels, Valentine Vester, hatte sich eingefunden. Nicht zufällig, denn in der Suite Nummer 16 dieses Hotels hatten sich im Jahr davor, 1992, ein norwegischer Diplomat, der israelische Abgeordnete Jossi Beilin und der palästinensische Unterhändler Faisal Husseini getroffen, um die Gespräche in Skandinavien vorzubereiten. Nun schien uns der Mond erobert. In fünf Jahren sollte das »Ende des Konflikts« besiegelt werden – eine naive Hoffnung, wie sich erweisen sollte.

Rabin blieb ein zögerlicher Politiker. Immer wieder musste er von seinem Rivalen und Vizepremier Peres zum Handeln gedrängt werden. Einem Konflikt mit den Siedlern wollte er aus dem Weg gehen. So vergab er im Februar 1994 eine große Chance. Der Arzt und Siedler Baruch Goldstein hatte am jüdischen Karnevalsfest Purim im traditionellen Grabhaus der Patriarchen in Hebron, der Machpela, in eine Gruppe von Muslimen geschossen. Dabei starben 29 Menschen sowie der Täter. 150 wurden verletzt. Es war der erste große Terroranschlag im so hoffnungsvoll begonnenen Friedensprozess. Rabin hatte offenbar zunächst beschlossen, die kleine Gruppe der etwa 350 militanten Siedler im Herzen der Stadt Hebron auszuweisen. Doch dann gab es so viele Einwände aus Sicherheitskreisen und der Politik, dass Rabins Zögerlichkeit wieder die Oberhand behielt. Die Opposition hätte ihn zerfetzt, auch wenn mir später der Likudpolitiker Ehud Olmert einmal sagte, Rabins Weigerung, die Siedler auszuweisen, sei ein »großer historischer Fehler« gewesen.

Es kann auch nicht gesagt werden, dass die Politik hartnäckig gegen diejenigen vorgegangen wäre, die kurz darauf aus dem getöteten Mörder einen Märtyrer, wenn nicht gar einen Messias machen wollten und am Eingang der nahe bei Hebron befindlichen Siedlung Kirjat Arba ein Memorialgrab anlegten, das monatelang zur Pilgerstätte für Goldsteins Anhänger wurde. Stattdessen wurden in Hebron die Araber bestraft. Ihre Bewegungsfreiheit wurde eingeschränkt. Der vor allem in der Zeit der Kreuzfahrer ausgebaute traditionelle Grabkomplex der Urväter Abraham und Isaak, ein burgartiges Gebäude, wurde zudem in einen jüdischen und einen muslimischen Teil unterteilt. Das Militär hatte nun in erster Linie die Aufgabe, die Siedler vor Angriffen seitens der Palästinenser zu schützen. Attacken der Siedler gegen die Palästinenser waren und sind hingegen ein Fall für die schwächere Polizei. Seit Jahren beschweren sich Soldaten der Gruppe »Breaking the Silence« über dieses Ungleichgewicht. Sie fühlen sich ausgenutzt. Im vertrauten Gespräch geben auch Generale zu, dass die Politik sie zwinge, Siedlern gegenüber Milde zu zeigen. Sie sprechen unumwunden von Ungerechtigkeit.

Die Siedler behaupten, sie hätten ein Recht darauf, im Stadtkern von Hebron zu leben. Dort, wo während der Unruhen von 1929 Juden von Arabern getötet oder vertrieben worden seien, setzten sie nur die traditionelle jüdische Präsenz fort. Ein Museum berichtet über den blutigen Pogrom von 1929 und die 67 damals ermordeten jüdischen Palästinenser. Es wird aber nichts darüber gesagt, dass viel mehr Juden von ihren arabischen Nachbarn geschützt und gerettet wurden. Diesen Teil der Geschichte kann man jedoch von den Nachfahren jener Juden aus Hebron erfahren. Zu diesen gehörte auch die Frau des früheren nationalreligiösen Ministers Josef Burg und Mutter des einstigen Chefs der Jewish Agency, Abraham Burg. Bei einem Abendessen Mitte der neunziger Jahre saß sie neben mir und kritisierte das herrische Gehabe und gewalttätige Vorgehen der Siedler von Hebron. »Ich und viele andere aus der Stadt, die wir wirklich von dort stammen, haben mit denen nichts zu tun.«

Josef Burg gehörte übrigens zu jenen Politikern, die eine Brücke zwischen den säkularen und religiösen Juden bauen wollten. Er war 1909 in Dresden geboren, 1933 in Leipzig promoviert worden und kam mit der nationalreligiösen Bewegung im Jahr nach der Kristallnacht 1939 nach Palästina. Burg plädierte für israelische Siedlungen in den besetzten Gebieten, trat aber zugleich für ein pragmatisches Vorgehen ein und verband mit den Siedlungen in Palästina keine messianischen Hoffnungen. Als ich ihn einmal fragte, ob er sich einen Abzug der Israelis aus den besetzten Gebieten vorstellen könnte, nickte er und meinte, »ja, wenn das dem Frieden dient«. Als Burg 1999 starb, kamen Politiker aus allen Lagern in sein Haus zu seiner Witwe und saßen dort mit seinem Sohn Abraham die sieben Tage der »Schiwa« (sieben). Ich gesellte mich zu den Trauernden und höre Abraham heute noch sagen: »Mein Vater wurde sehr alt, aber der jüngere Jitzchak Rabin ist schon fünf Jahre tot.« Fast klang das so, als hätte er das Leben seines Vaters hingeben wollen, wenn dafür Rabin ein längeres Leben gehabt hätte, um so mehr für den Frieden erreichen zu können.

Das Ende in der Stunde des Erfolgs

Im Nachhinein kann man sagen, dass sich Rabins Ermordung angekündigt hatte. So zögerlich wie die Sicherheitskräfte mit den Siedlern in den besetzten Gebieten umgingen, so blind war die Gesellschaft gegenüber den ätzenden Schmähungen aus dem nationalen Lager an die Adresse der Politiker von Oslo. Vor allem Rabin stand unter Beschuss. Er war schließlich General gewesen und zudem ein entschlossener Kämpfer gegen die Palästinenser am Beginn der ersten Intifada. Eigentlich »müsste es doch der Ex-Generalstabschef besser wissen«, wurde ihm vorgeworfen. Extremistische Rabbiner fällten sogar religiöse Todesurteile. Bei Demonstrationen des Likud wurde Rabin auf Plakaten in der nationalsozialistischen SS-Uniform oder als ein »Terrorist wie Arafat« dargestellt. Ich erinnere mich lebhaft daran, wie der Likudpolitiker Benjamin Netanjahu mit Schaum vor dem Mund gegen Rabin wetterte. Die Zeitungen waren voll davon. Aber später wollte natürlich niemand mehr von all den Schmähungen gewusst haben.

Am 4. November 1995 wurden aus den Parolen von Hass und Wut die vier Kugeln, mit denen ein vermeintlich religiöser, rechtsradikaler orthodoxer Jude, dessen Eltern aus dem Jemen stammten, den Ministerpräsidenten nach einer Kundgebung niederstreckte. Die politische Rechte hatte in den Tagen zuvor viele Menschen auf die Straßen gebracht, aber bei der Friedensdemonstration am 4. November in Tel Aviv waren es Tausende mehr gewesen. In den Rundfunkkommentaren sprach man von einem Erfolg für Rabin, seine Regierung und für das Oslo-Abkommen. Ich hatte an jenem Tag immer wieder das Radio eingeschaltet und erinnere mich noch, wie ich mit Freude zur Kenntnis nahm, dass Rabin plötzlich mit der Nation eins wurde, dass sich bei der Kundgebung Rabin und sein politischer Widersacher, Außenminister Peres, auf der Bühne in den Armen lagen. Ich höre noch den Balladensänger Aviv Geffen, einen der ersten Kriegsdienstverweigerer, der nun vor dem Exgeneral sang und dabei an einen gefallenen Freund und Soldaten im Himmel erinnerte. Wenig später sollte dieses Lied zum Symbol für den Verlust Rabins werden.

Diese Demonstration schien alle wieder zu Freunden gemacht zu haben, Groll, Neid und Missgunst waren vergessen und die politische Rechte – mit ihrer Orientierung an Schamir – war wie vor 1977 wieder an den Rand gedrängt. Dieselbe israelische Nation, die 1982 in Massen für ein Ende des Libanonkrieges demonstriert hatte, unterstützte nun Rabin. Längst hatte ich für meine Zeitung ein paar Zeilen über den unerwartet großen Erfolg dieser Demonstration geschrieben, längst hatte ich mich mit der Familie zum Abendbrot niedergesetzt, als plötzlich das Telefon klingelte. Vier Schüsse, teilte man mir mit, waren hinter der Bühne gefallen, als Rabin, unzureichend geschützt, in seinen Wagen steigen wollte. Man fuhr den schwer verletzten Ministerpräsidenten sofort in ein Krankenhaus.

Selten sind die Momente, in denen schlagartig deutlich wird, dass man ein historisches Ereignis miterlebt. Jene Demonstration des Jubels und die folgende Nacht der Trauer im Ichilov Krankenhaus von Tel Aviv sind für Israels Geschichte von einer solchen Bedeutung und die Bilder davon sind unvergessen. Ich sehe noch die Ärzte, die kühl den Tod eines Patienten mitteilten und dabei doch weinten. Die Familie und die Politiker im Flur des Hospitals – ratlos. Das war in der Nacht um zwei. Auch ich saß mit meiner Frau vor dem Fernseher. Der Schock, der sich nach wenigen Augenblicken in tiefe Trauer verwandelte, erreichte selbst uns Ausländer. Während manche gerade erst fröhlich von der Kundgebung in Tel Aviv nach Jerusalem zurückgekehrt waren und am Telefon noch ihre Freude loswerden wollten, legte sich über uns und das Land bereits eine Lähmung wie ein dichter Nebel, den auch die Trauerkerzen nicht durchdringen konnten. Noch in der Nacht wurde auf einer Sondersitzung des Kabinetts Vizepremier Peres bis zu Neuwahlen zu Rabins Nachfolger als amtierender Ministerpräsident bestimmt.

Ich hatte Rabin mehrfach getroffen, und nicht nur zu Interviews. Am liebsten erinnere ich mich an ein festliches Abendessen für Bundeskanzler Helmut Kohl in der Residenz des Ministerpräsidenten in Jerusalem. An diesem Abend traten Jitzchak Rabin und Leah, seine Frau, als eingespielte Gastgeber in Erscheinung. Beide strömten Wärme und Herzlichkeit aus. Rabin war kein Redner. Seine Stimme war tief, und die Worte kamen wie genuschelt. Was aber im Radio unverständlich klang, sorgte in dieser Runde für Vertraulichkeit. Das Paar ging von Tisch zu Tisch und unterhielt sich mit den Gästen. Leah Rabin, geborene Schlossberg, legte ihre Hand auf meine Schulter und erzählte in vorzüglichem Deutsch von ihren wenigen Erinnerungen an ihre Kindheit – »eine Mischung aus Licht und Kinderfreuden« – in Königsberg, wo sie 1928 geboren worden war. Schon 1933 war sie nach Palästina gekommen. In der Zeit, als sie in die 10. Klasse ging, hatte sie Jitzchak in einer Eisdiele in Tel Aviv kennengelernt. Im November 2002 starb sie krank und enttäuscht angesichts der zweiten Intifada, der neuerlichen Gewalt im Nahen Osten. Netanjahu hat sie die Ausfälle gegen ihren Mann nie verziehen.

An jenem Abend in der Residenz kam es auch zu einem kurzen Gespräch mit Rabin. Ich fühlte mich dort nicht unbedingt als Journalist, sondern eher als persönlicher Gast des Ehepaars. Dennoch wollte ich den Augenblick des Zusammentreffens für eine politische Frage nutzen. Meine Frage war auch nicht unbedingt höflich, aber die familiäre Atmosphäre jenes Abends, der mit dem gemeinsamen Singen einiger Lieder ausklang, gab mir Mut: »Warum haben Sie sich in Oslo eigentlich so beeilt, so viele Fehler riskiert?« Rabins Antwort schien mir damals weit hergeholt, heute kommt sie einer Prophetie gleich: »Wir haben keine Zeit. Heute ist der Konflikt zwischen Israelis und Palästinensern auf diesen kleinen Landstreifen begrenzt. Schnell aber werden die Islamisten stärker, und schon morgen kann aus dem Grenzstreit ein überregionaler und zugleich auch religiöser Konflikt werden.« Rabin behielt recht. Alle seine Nachfolger, von rechts wie links, verspielten sein Erbe.

Israels Geburt oder Seit wann existiert Jerusalem?

Für meinen Zahnarzt Ari Greenspan in Jerusalem war die Vor- und Frühgeschichte seines Volkes zweifelsfrei klar. Greenspan, der in der Siedlung Efrat südlich von Bethlehem lebte, war nicht nur ein guter Arzt; er war auch ein orthodoxer Jude. Seine Familie und er waren modern in ihrer Lebensführung; aber für ihn verbürgte die Bibel mehr oder weniger die historische Wahrheit. Über Politik haben wir nie gesprochen, umso mehr über die seit der Zerstörung des herodianischen Tempels verloren gegangene Kunst der Gewinnung des kostbaren Farbstoffs Blau aus der Purpurschnecke Murex. Mit diesem Blau färbte man bis 70 n. Chr. die vier Ecken des weißen Umhangs, des Tallit, ein. In diesen Tallit muss sich der fromme Jude bis heute zu jedem Morgengebet am Werktag hüllen. Von dem exklusiven Blau schwärmen die in Stein gehauenen überlieferten »Werbetexte« der Phönizier. Greenspan versuchte, diese Schnecken in einem Aquarium im Wartezimmer seiner Praxis in der deutschen Kolonie zu züchten. Aber das Blau konnte er nicht reproduzieren.

Wohl viele fromme Juden träumen davon, die Zeit Davids und Salomons wiedererstehen zu lassen, das alte Blau neu zu finden oder das rote Kalb zu züchten. Sie wollen den dritten Tempel, nach dem des Salomon und dem des Herodes. Die Geburt eines rostroten Kalbes soll die Ankunft des Messias begleiten, und dafür beten schließlich nicht nur die Juden, sondern auch die Christen. Lohnt sich da überhaupt ein Blick in die Geschichte, wie sie, nach einer Formulierung des Historikers Leopold von Ranke, »wirklich gewesen ist«? Für den Archäologen ist nicht von Belang, was der fromme Jude oder Christ gerne hören würde. Für ihn gibt es erst einen David oder ein salomonisches Königreich, wenn er dafür in Schrift und dinglichen Funden einen Nachweis in den Händen hält. Ich habe mich immer für Archäologie interessiert. Stets fesselte mich die Frage, ob die Bibel vielleicht doch recht hat. Die christliche Archäologie des 19. Jahrhunderts im Heiligen Land wollte genau dies beweisen. Sie schrieb die baulichen Reste auf den

Grabungshügeln von Tel Hatzor oder Megiddo in Galiläa Salomon zu, wie es im 1. Buch der Könige in der Bibel steht. Die jüdische Archäologie folgte nach der Gründung des Staates Israel diesem Modell und kümmerte sich wenig um die weitgehend protestantische Bibelkritik, die ebenfalls im 19. Jahrhundert mit Forschern wie Julius Wellhausen und Rudolf Smend in Göttingen begonnen hatte und dabei an Thesen des aus seiner jüdischen Gemeinde verbannten Baruch de Spinoza aus dem 17. Jahrhundert anknüpfen konnte.

Die Archäologie und die Bibel

Die Debatte zwischen Theologie und Archäologie geht bis heute weiter. Vor allem in Israel kreist sie stets auch um die Bedeutung der Stadt Jerusalem für das jüdische Volk. Wenn, wie im Juli 2010, eine etwa 3400 Jahre alte Tonscheibe eines kleinasiatischen Stadtobersten von Jerusalem mit akkadischen Schriftzeichen geborgen wird, verwirrt das die nationalistische Forschung. Warum lässt sich ein akkadisches Zeugnis der Geschichte sichern – aber keines aus davidischer Zeit? Der neue Fund belegt, dass es die Stadt Jerusalem bereits vor König David gegeben hatte und andere Herrscher dort residierten. Weniger wichtig als das Alter der Stadt aber ist in diesem Kontext zum Beispiel die Vorstellung des israelischen Archäologen Amihai Mazar, dass eine Steinstufenstruktur im Grabungsgebiet des ältesten Viertels von Jerusalem etwa 3000 Jahre alt sei und David zugesprochen werden müsse: »Die wuchtigen Mauern lassen keinen anderen Schluss zu. Jerusalem war im 10. Jahrhundert eine besonders wichtige Stadt.« Es geht um den treppenförmigen Unterbau einer Terrasse in dem Stadtviertel, das die Araber Silwan nennen. Es liegt unmittelbar südlich des Tempelbergs und wird von den Israelis als Stadt Davids bezeichnet, obwohl hier noch nie ein Archäologe einen direkten Hinweis auf diesen König gefunden hat. Gewiss aber liegt hier der älteste Kern der Stadt.

Amihai Mazar ist ein gewissenhafter Archäologe und kein Büttel der rechtsradikalen Nationalisten, die die Stadt Davids mit politischen Absichten ausgraben lassen. Diese Nationalisten wollen gar Davids königlichen Palast gefunden haben und damit die Wiege Israels. Dabei gefährden sie mit ihren Grabungen die höher gelegenen palästinensischen Häuser. Ihr Einsturz droht, was den Siedlern freilich nur recht wäre. Sie wollen selbst hier wohnen und so jüdische Kontinuität vortäuschen. Derzeit besteht eine unheilige Allianz zwischen einigen Archäologen und diesen Nationalisten. Letztere nutzen die Neugier der Forscher aus und bezahlen großzügig die Grabung. Aber natürlich wollen die Mäzene für ihr Geld auch ein ganz bestimmtes Ergebnis – und nur dieses.

Mazar jedoch beteuert: »Ich würde den Nationalisten nie nach dem Mund reden. Wir betreiben saubere Wissenschaft. Wer seine These nicht belegen kann, wird in der Diskussion zerpflückt.« So erging es in der Tat einer Archäologin, die ihre Funde in Silwan voreilig jenem König David zuschrieb und dann ihr Urteil in der anschließenden Debatte relativieren musste. Mein Gespräch mit Mazar im Herbst 2008 fand übrigens nicht in Silwan statt, sondern im Garten des Deutschen Evangelischen Instituts für die Altertumswissenschaft des Heiligen Landes auf dem Ölberg südlich der Altstadt. Es war Teil eines Symposions von Gelehrten aus Göttingen und Israel. Die von Kaiser Wilhelm II. vor mehr als einhundert Jahren mit ins Leben gerufene Institution stand schon mit ihrem ersten Direktor, Gustaf Dalman, für interdisziplinäre Forschung. Dalman arbeitete nach den Methoden der Archäologen und Geologen, kannte sich aber auch in Botanik und Soziologie aus. Auch der heutige Leiter Dieter Vieweger, Archäologe und Theologe zugleich, denkt fachübergreifend.

Aber zurück zu unserer Debatte. Mazar konnte bei seiner Datierung der Stützterrasse in Silwan auf Texte der Bibel verweisen, auf das Buch Samuel etwa oder das 1. Buch der Könige. Doch die Steine selbst ließen sich nicht genau datieren. Die in der Tat auffällige Terrassenstruktur sicherte gewiss ein wichtiges Gebäude gegen ein mögliches Abrutschen. Doch die Keramikreste, die bisher im untersten, dem ältesten Teil der Terrasse gefunden wurden, verwiesen nach Aussagen einer anderen Archäologenschule nicht auf das 10., sondern auf das 9. Jahrhundert v. Chr., auf einen Zeitraum also etwa drei Generationen nach David und Salomon. Mazar geht es aber gerade um den Beweis, dass diese berühmten Könige wirklich existiert haben. Und so fahndeten er und andere Wissenschaftler weiter nach archäologischen Beweisstücken aus dem richtigen Jahrhundert.

Die Kritiker dieser Theorie hielten dem bei unserem Gespräch auf dem Ölberg entgegen, Jerusalem sei im 10. Jahrhundert nur ein unbedeutendes Städtchen mit wenigen hundert Einwohnern gewesen; mit nur einer einzigen Quelle am Rande der Wüste, jenseits der wichtigen Straßen. Sie argumentierten in etwa so: Hätte man nicht längst einen viel eindeutigeren Beleg für eine bedeutende Stadt und für bedeutende Könige finden müssen, wenn es sie wirklich gab? Gefunden wurde jedoch nur eine weit jüngere zerbrochene Stele eines aramäischen Königs. Und das nicht einmal in Jerusalem, sondern auf dem Tel Dan, einem Naturreservat an der libanesischen Grenze. Das halbwegs lesbare Teilstück war in einer zweiten Verwendung als Pflasterstein einer Straße verbaut worden. Die Inschrift spricht von einem Haus David, ohne deutlich zu machen, ob es sich um jenen König von Jerusalem handelt. Aber das liegt nahe.

Wie kann es sein, fragten die Kritiker weiter, dass die mächtigen Nachbarn im Zweistromland und in Ägypten diese Könige von Juda, dem Südreich, nirgends erwähnten, obwohl in ihren Ländern reichlich Quellen aus dem 10. Jahrhundert gefunden wurden? Warum war, wenn man in jener fernen Zeit über die Region schrieb, nur vom Norden um Sichem, dem heutigen Nablus, und den israelitischen Königen dort die Rede?

Das Thema beherrscht seit Jahren jede Debatte über den Anfang der Geschichte der Stadt Jerusalem, über jenes Ir Schalem, die Stadt des Friedens, beziehungsweise jenes Jebus, Stadt der Hurriter und Jebusiter, der Fremden. Unser Gespräch zwischen Israelis und Deutschen, zwischen Theologen und Archäologen nach einer Exkursion in den Süden Israels erhielt gerade dadurch seinen besonderen Reiz, dass es den Organisatoren dieser Tagung, zwei jungen Göttinger Wissenschaftlern mit Jerusalem-Erfahrung, gelungen war, eben diese Forscher zusammenzubringen, die in der Regel nur in den Grenzen ihres jeweiligen Fachs diskutierten.

Um es noch deutlicher zu machen: Die beiden Göttinger Forscher Björn Corzelius und Tanja Pilger wollten im Expertenkreis in Jerusalem den seit Jahren bestehenden Konflikt zwischen den israelischen Minimalisten und Maximalisten besprechen, zwischen den Vertretern der »niedrigen« und der »hohen Chronologie«. Mazar vertrat in diesem

Streit die traditionelle Lesart und setzte die entsprechenden Funde von der Terrassenstruktur in Silwan bis zu den Fundamenten in Hatzor und Megiddo »hoch« in das 10. Jahrhundert v. Chr. So machte er aus König Salomon, Davids Nachfolger, einen Fürsten, der vom Bergland um Hebron über Jerusalem und bis über Sichem hinaus auch über die Jesreel-Ebene Galiläas und Tel Dor am Mittelmeer herrschte. Mazar formulierte diese Position freilich zurückhaltend. Der Hatzor-Ausgräber Amnon Ben-Tor dagegen ließ an dieser Chronologie auch nicht einen Gran an Zweifel zu. Er will eindeutig salomonische Mauern und darüber hinaus salomonische Pferdeställe gefunden haben. Ephraim Stern sah Salomon sogar als Herrscher von Tel Dor am Mittelmeer. Weil er dort aber nichts Salomonisches fand, kreierte er die für die Eisenzeit erstaunliche These, die Philister hätten Stadt und Hafen von Dor von Salomon »geleast«.

Gegen diese Auffassung meldete sich zum ersten Mal vor bald fünfzehn Jahren der Archäologe Israel Finkelstein von der Universität Tel Aviv mit einem Vortrag genau in jenem Institut der Auguste Victoria-Stiftung zu Wort, an dem nun sein Kollege Mazar die bibelnahe Lesart verteidigte. Finkelstein datierte die Funde, die bis dahin Salomon zugeschrieben worden waren, ein Jahrhundert später und ordnete sie den israelitischen Nordkönigen nach dem Zusammenbruch der Personalunion zwischen dem Norden (Israel) und dem Süden (Juda) zu: Omri und Ahab aus der Familie der Omriden. Er begründete dies nicht nur mit seiner Deutung der archäologischen Funde, sondern auch mit dem textkritischen Hinweis, die entsprechenden Bibelstellen, die von Salomon als dem Bauherrn sprechen, seien erst fünf Jahrhunderte nach dessen Zeit verfasst worden. Es gebe keinen Hinweis darauf, dass der südliche König von Juda zwischen Hebron, Bethlehem und Jerusalem eigene Schreiber und Archive gehabt hätte. Das Reich habe weder Städte noch königliche Verkaufsmonopole gekannt, befand er im Einklang mit den Minimalisten. Bei genaueren Vergleichen zwischen den verschiedenen Stadttoren, weiteren Bauten und der Keramik Jerusalems, Hatzors, Gezers oder Megiddos passten die Artefakte nur zusammen, wenn man sie in das 9. Jahrhundert, also »niedriger« setzte.

Mythen eines neuen Staates

Vor fünfzehn Jahren führte diese These zu Aufruhr. Es gab Streitgespräche im Fernsehen, Zeitungsdebatten, Leserbriefe. Damals gehörte die »hohe Chronologie« zum Gründungsmythos des Staates Israel. Es gab übrigens einen weiteren Mythos, der heute allerdings lediglich von Fremdenführern für bare Münze genommen wird. Kaum ein Wissenschaftler sieht heute noch die bei dem jüdisch-römischen Schriftsteller Flavius Josephus beschriebene Geschichte bestätigt, wonach sich viele Hundert vom römischen Heer auf dem Massada-Felsen am Toten Meer bedrängte Juden selbst umgebracht hätten, um nicht in Gefangenschaft zu geraten – und etwa als Sklaven durch den Titus-Bogen in Rom geführt zu werden. Den Wahrheitsgehalt dieser Überlieferung verteidigten noch Archäologen wie der Massada-Ausgräber Jigael Jadin, der am Ort des angeblichen Massenselbstmords einige Menschenknochen gefunden hatte. Sie wurden sogar während der Amtszeit von Premier Begin in einem feierlichen Staatsbegräbnis beerdigt. Jadin hatte aber unterschlagen, dass neben diesen menschlichen Überresten auch Schweineknochen gefunden worden waren. Also konnten die Toten keine frommen Juden gewesen sein. Alles deutete vielmehr auf einen Kult römischer Soldaten hin, die nach der Eroberung auf dem Felsen Wache schieben mussten. Bei dem Staatsbegräbnis waren so peinlicherweise Knochen römischer Besatzer beigesetzt worden.

Das junge Israel brauchte Mythen. Es schien gerade so, als würde es seine Lebensberechtigung verlieren, müsste es auf die Geschichte vom kollektiven Selbstmord von Massada verzichten oder auf die Legende von einem salomonischen Königreich, das sich weit über die historisch-archäologisch nachprüfbaren Grenzen hinaus erstreckte. Dabei ist schon sonderbar, dass sich der moderne Staat Israel noch heute auf judäische Herrscher wie David und Salomon aus dem Süden stützen will, während er seinen Namen vom reicheren und politisch bedeutenderen Nordreich übernahm – von einem Stamm allerdings, der mit den anderen zehn Nordstämmen seit der Eroberung Sichems durch die Assyrer im Jahre 722 v. Chr. als verschollen gilt. Was fehlt den Israeliten des Nordens, dass man sich nicht auf sie als legitime Vorfahren berufen kann?

Die Geschichte der nördlichen Könige wurde später in der Bibel von den Siegern aus dem Südreich umredigiert. Die Bibel nennt sie Abtrünnige Israels, weil sie auch in anderen Tempeln und vor anderen Göttern als Jachwe beteten. Solche Herrscher will man als rechtgläubiger Juden bis heute nicht als Vorfahren haben. Aber beschreibt die Bibel die Wirklichkeit? Ist es nicht sonderbar, dass eine säkulare Demokratie, die noch in ihrer Gründungsurkunde distanziert mit Religion umging, dazu neigt, die Bibel wie ein historisches Dokument zu lesen, dem ein höherer Wahrheitsgehalt zukomme als zum Beispiel der *Ilias*? Die Archäologie hat damit inzwischen aufgeräumt.

Andererseits ist der Streit zwischen Minimalisten und Maximalisten mittlerweile abgeflacht. Bei der Debatte in der Auguste Victoria-Stiftung weichten Mazar und Finkelstein ihre Chronologien auf und näherten ihre Positionen einander an. Mazar neigt heute dazu, den David der Bibel ins frühe 9. Jahrhundert v. Chr. zu datieren. Die entsprechende Epoche der Eisenzeit beginnt bei ihm um 980, bei Finkelstein um 925 v. Chr. Die Differenz ist gering geworden. Zwar werden die Väter der klassischen Archäologie wie Jigael Jadin, Johanan Aharoni oder Avraham Biran trotz ihrer wohl falschen Chronologie auch heute noch hoch geachtet, aber die Archäologie verlor insgesamt für die Nation und ihren Gründungsmythos an Gewicht. Früher begannen bedeutende Generäle wie Jadin nach ihrer Verabschiedung eine zweite Karriere als Archäologe. Daran hat der frühere Generalstabschef Ehud Barak, heute Minister der Verteidigung, nie gedacht. Er ging in die Beratungsindustrie und wurde Millionär. Früher war es einfach schick, Archäologe zu sein. Heute sind das lästige Leute, die die Altertumsbehörde zu einer zeit- und geldraubenden »Notgrabung« aussendet, wo doch eigentlich schnell eine Autobahn planiert werden oder ein Hochhaus wachsen soll.

In den frühen Jahren des Zionismus und der Staatsgründung brauchte Israel eine Rechtfertigung dafür, sich den Boden der Araber anzueignen. Denn im Selbstverständnis vieler Einwanderer waren sie in Jerusalem oder Haifa Fremde ohne Herkunft, eben »aus dem Meer geboren«, wie es im ersten Satz des israelischen Kultromans *Mit eigenen Händen* von Mosche Schamir 1952 heißt. Der säkulare und sozialistische Zionismus las die Bibel der Väter als Rechtfertigungsgeschichte für die eigene Politik. Mit Stolz verwies Israels Gründungsgeneration auf die klugen und gerissenen, lebensfrohen oder auch frömmelnden Personen im Geschichtenreigen der Bibel. Der Zionist verabschiedete sich von der Vergangenheit des verfolgten Juden in der Diaspora, gequält und zu Tode gebracht in den Gettos Europas, und entwarf stattdessen in der neuen alten Heimat nach der Bibel das Bild des Muskeljuden, der sich nicht mehr in die Gaskammer treiben lässt. Der neue Jude saß nicht in der Yeshiwa über dem Talmud, sondern arbeitete von der Sonne gebräunt auf dem Feld. Er trug weder Schläfenlocken noch Krawatte. Endlich konnte er Bauer sein, was ihm die Obrigkeit in Europa oft versagt hatte, endlich konnte er sein eigenes Land bestellen, als Nachfahre des tapferen David oder des weisen Salomon oder der um die Reinheit des Glaubens ringenden Makkabäer.

Jerusalem – Zentrum jüdischer Identität

Die Wissenschaftler beim Symposion auf der »Auguste« interessierte dieser Teil der Forschung weniger. Sie diskutierten noch ein anderes Thema, das etwas mehr in die Tiefe geht. Während ihrer Tagesexkursion hatten sie vor den zerstörten antiken Altären von Beerschewa und Arad in Israels Süden darüber gestritten, ob es denn die im 2. Buch der Chronik beschriebene Tempelreform des Jerusalemer Königs Hiskia zur Zentralisierung des Kults wirklich gegeben hatte. Dieser König regierte wohl von 725 bis 697 v. Chr. Er nahm die Flüchtlinge des Nordens auf, nachdem Sichem im Jahr 722 von den Assyrern unter Tigliat Pilesar III. zerstört worden war. Erst mit diesem König, und nicht früher, wurde Jerusalem eine – nach historischen Maßstäben – richtige Stadt. Der Ort mit einer zunehmenden Einwohnerzahl brauchte mehr und sicheres Wasser. Und so ließ Hiskia einen unterirdischen Wasserkanal bauen, der auch im 2. Buch der Chronik (32. 3, 4) erwähnt wird und bis heute eine Attraktion für Jerusalem-Besucher ist. Dalman hätte sich über den Streit zwischen Archäologen und Theologen um König Hiskia gefreut: Die Archäologen hatten entdeckt, dass die beiden Tempelanlagen von Beerschewa und Arad tatsächlich im 8. Jahrhundert zur Zeit Hiskias zerstört worden waren. Die Theologen andererseits trauten dem Bericht über Hiskia in der Bibel nicht recht.

Der Archäologe Zeev Herzog fand bei seinen Grabungen heraus, dass der Altar in Arad aus Feldsteinen gebaut und bei seiner Zerstörung nur mit Schutt überdeckt worden war. Dagegen war sein Pendant in Beerschewa aus fein ziselierten Steinen errichtet und mit vier Hörnern an seinen Ecken geschmückt worden. Diesen Altar hatte man etwa zur Zeit der Zerstörung des Tempels in Arad sorgfältig abgetragen. Die Hörner in Beerschewa wurden danach gut sichtbar beim Bau einer Mauer wiederverwendet. Die Heiligtümer an beiden Orten wurden »weniger zerstört als unbrauchbar gemacht und säkularisiert«, meinte Herzog während der Exkursion. Eine zeitliche Verbindung zwischen König Hiskia und den Ereignissen an den Fundorten liege nahe. Die Bibel könnte recht haben. Aber beweisen könne er das nicht.

Das gehe auch nicht, antwortete der Göttinger Theologe Reinhard Kratz. Die Zentralisierung der Kulte, wie sie die Bibel beschreibe, sei das literarische Produkt einer späteren Zeit. Kratz erinnerte an die vermutlich im Jahre 587 v. Chr., rund drei Generationen nach Hiskia erfolgte Zerstörung Jerusalems durch den Neubabylonier Nebukadnezar und an die traditionell damit verbundene Vertreibung der Eliten aus Jerusalem nach Babylon. Die Deuteronomisten – so nennt eine Schule der Bibelkritik die judäischen Bibelautoren im Exil, mit denen nach heutiger Ansicht der Beginn der Bibelkodifizierung verknüpft ist – hätten vor allem in den fünf Büchern Mose, beim Buch der Richter und beim Buch Samuel den jüdischen Monotheismus betonen wollen. Für sie habe nach dem Sturz der Neubabylonier durch den persischen König Kyros etwa 538 v. Chr. die Epoche von König Hiskia eine besondere Rolle gespielt, denn sie kennzeichne den Höhepunkt der Macht Jerusalems, meinte Kratz. Ihre Darstellung der Geschichte, die Konstruktion einer langen und reinen Tradition des jüdischen Monotheismus von Moses über die Richter, von David bis zu Hiskia, sei mithin mehr Fiktion als wirkliche Erinnerung gewesen.

Die Deuteronomisten lebten ein halbes Jahrtausend nach David und Salomon, eben im babylonischen Exil. Ihnen ging es nicht um Geschichte, wie sie gewesen war, sondern um die religiös-rechtliche Rechtfertigung ihres Kults, der nur noch in Jerusalem beheimatet sein sollte und keinen anderen Tempel mehr duldete, weder den in Beerschewa noch den in Arad und auch nicht den auf dem Gerezim der Samariter über dem alten Sichem und dem heutigen Nablus. Über diese Tempel sollte sich später auch Jesus abfällig äußern. Der Schritt zu einem einzigen Kult, zu *einem* Gott war für das Judentum von elementarer Bedeutung und beruhte auf Erfahrungen aus dem Exil im Zweistromland. Der Kult sollte die neue, von den Perserkönigen geliehene Macht kirchenrechtlich unterfüttern. Das ging nur mit Hilfe der konstruierten Ahnenlinie, die bis auf David und Salomon zurückging.

Der Göttinger Theologe Hermann Spieckermann verglich bei dem Kolloquium in Jerusalem die altorientalische Konzeption von Gott, Volk und König mit derjenigen in der Bibel. Mit der Zerstörung der Stadt Jerusalem im Jahr 587 v. Chr., also etwa zwei Jahrhunderte nach dem Ende des Nordreiches und der Regentschaft Hiskias, sei die »staatliche Einheit oder Integrität zwischen dem Volk, seinem König und seinem Gott verloren« gewesen. Die Deuteronomisten stellten deswegen nun David und Salomon ins Zentrum ihrer Kodexredaktion, um diesen Mangel auszugleichen. David wurde zum messianischen Sinnbild einer heilen Zukunft, die den historischen Schaden aus Zerstörung und Exil wieder aufheben konnte. Im prophetischen Buch Micha heißt es über Davids Heimatstadt: »Und Du Bethlehem Efrata, die Du klein bist unter den Städten Judas, aus Dir soll kommen, der in Israel Herr sei.« Wer diese Zukunft herbeisehnt, muss den David der Vergangenheit besonders herausheben – und wohnt eben heute gerne, wie mein Zahnarzt, in der Siedlung Efrat.

Aus den im Schutt der Jahrhunderte aufgefundenen, in Stein gemeißelten Steuerakten der israelitischen Handelshäuser Muraschi und Egibi in Babylon weiß man, dass viele an Euphrat und Tigris – unbekümmert um den einen Gott und das eine Volk – keinen Grund sahen, das Reichtum bringende Exil wieder gegen die arme Stadt am Rande der Wüste einzutauschen. Ihnen ging es wohl ähnlich gut wie den Ultraorthodoxen heute in Antwerpen oder New York. Die von König Kyros genehmigte Autonomie von Juda und die Wiedererrichtung des Tempels in Jerusalem fand darum wenig Widerhall. Es dauerte Generationen, bis der neue Tempel nur halbwegs so schön war wie der alte, der Salomon zugeschrieben wird. Die Deuteronomisten setzten derweilen alles daran, in ihren Schriften das nördliche Israel abzuwerten: Es sei Gott gegenüber ungehorsam gewesen. Die wirklichen Könige wie die Omriden kamen in ihrer Darstellung also deutlich schlechter weg als David und Salomon, die für die Identität mit Gott standen. Und das tun sie offenbar bis heute. Ein kleines Mauerstück von König Salomon auszugraben wäre allemal besser als einen gesamten Palast von Omri.

Über die herausragende Bedeutung Jerusalems habe ich auch oft mit meinem Kollegen und Freund Gil Yaron gesprochen, der 2007 einen historisch-politischen Stadtführer veröffentlichte. Es ist ein echtes Wagnis, auf nicht einmal 230 Seiten tief und kenntnisreich die Geschichte Jerusalems darstellen zu wollen. Für Gil aber war das kein Problem. Wir wurden nicht zuletzt über der Arbeit an seinem Buch Freunde. Gil war zwar 1973 in Haifa geboren worden, verbrachte aber seine Schulzeit in Düsseldorf. Um in der israelischen Armee zu dienen, kehrte er dann Deutschland für immer den Rücken. Gil wurde Arzt, doch bald schon auch freier Mitarbeiter verschiedener Zeitungen. Das Faible für Geschichte teilen wir. Aus seiner Sicht ergibt sich die Bedeutung Jerusalems auch dadurch, dass die Deuteronomisten in Babylon nicht daran vorbeikonnten, die aus Jerusalem deportierte königliche Familie auch im Bibelkodex prominent zu behandeln. Immerhin dürfte König Kyros die Exilaristokratie als rechtmäßige Erbin des Reiches Juda anerkannt haben; dieses Erbe aber verband sie mit dem Haus David. Nach Gil bedeutete mithin in persischer Zeit schon die Rekonstruktion der Geschichte auch eine Wiederherstellung ihrer Einheit – und selbstverständlich mit ihrem Anfang unter David. Für Kyros war das israelitische Nordreich, wie mächtig es auch einmal gewesen sein mochte, nur eine Fußnote der Geschichte.

Armes Juda, reiches Israel

Wie aber sah nun dieses Jerusalem zur Zeit König Davids im 10. Jahrhundert v. Chr. wirklich aus? Der Besucher sieht starke Mauern. Doch die Zweifel daran überwiegen, dass es sich um Mauern aus der Ära Davids handelt. Drang David mit seinen Soldaten durch einen Wasserschacht in jenes Jebus ein? So hieß der kleine Ort vor 3000 Jahren, weil Jebusiter, Fremde, dort wohnten, die sich von den Kanaanitern der Nachbarschaft unterschieden; sie waren womöglich kleinasiatischen

Ursprungs. Aus dem 2. Buch Samuel lässt sich eine militärische Eroberung ableiten, wiewohl es auch Darstellungen – im Buch der Richter oder bei Josua – gibt, wonach Jebus nie erobert wurde, sondern in Nachbarschaft zu den Israeliten weiter bestand: »Juda konnte sie nicht vertreiben« (Josua 15, 63). Der Archäologe Ronnie Reich von der Universität Haifa wies bei seinen Grabungen in den neunziger Jahren nach, dass die zur Stützung der Eroberungstheorie herbeigezogene Brunnenanlage viel älter ist, womöglich aus der mittelbronzezeitlichen Epoche zwischen 1900 und 1550 v. Chr. stammt und innerhalb der Stadtmauern Jerusalems lag. Es wäre David also gar nicht möglich gewesen, durch sie in die Stadt zu gelangen.

Reich gehört darum zu denen, die zu der Annahme neigen, die Stadt sei David nach einigen Jahren der Regentschaft über Juda kampflos zugefallen. Diese Theorie ist freilich den Nationalisten nicht geheuer. Gemeinhin wird in Israel stets von Eroberung gesprochen. Auch ein Hauptstadtmythos braucht offenbar die »reinigende Kraft« des Blutes. Davids Herrschaft über Jerusalem war in jedem Fall ein genialer Streich. Der Ort war ohne eine starke Unterstützung durch einen auswärtigen Herrscher – Kleinasiens und Ägyptens Könige waren in jener Phase mit sich selbst befasst. Jebus war weder Israel noch Juda. Von hier aus konnte David beide Reiche in Personalunion zusammenführen.

Auch der deutsche Archäologe Gunnar Lehmann von der Universität Beerschewa weiß natürlich nicht, wie Jerusalem zu Beginn der Eisenzeit vor etwa 3000 Jahren aussah. Aber im Geiste Dalmans verlässt der Archäologe sein Spezialgebiet und erklärt anhand einer Landkarte die landwirtschaftliche Nutzung dieser Region vom Anfang bis zum Ende der osmanischen Zeit, also für einen Zeitraum von 500 Jahren bis zum Ersten Weltkrieg. An der Küste und in Galiläa und selbst in den breiten Tälern von Nablus konnte stets Getreide geerntet werden. Es ließ sich sogar ein Überschuss erwirtschaften. Im Gebiet um Nablus, in den Ebenen und auf den Hängen, wuchsen zudem Wein und Oliven. Diese Region des Nordreiches war also besonders fruchtbar. Im Süden hingegen, in dem Areal von Beerschewa bis Jerusalem, gab es meist nur Wein und Oliven, manchmal auch nur Oliven. Vielleicht ist es gewagt, aus den Verhältnissen in der Neuzeit auf jene der Eisenzeit zu schließen, aber schon Dalman hatte gezeigt, dass sich in diesem Raum zwischen den Zeiten Jesu und dem Beginn des 20. Jahrhunderts bei der Bodenbeschaffenheit nur wenig verändert hatte. Lehmann geht ebenfalls davon aus, der Befund der vergangenen 500 Jahre werde im Großen und Ganzen auch für die Jahrtausende zuvor gelten, trotz der großen Umwälzungen durch die römischen Kriege, die Kreuzfahrer und die Vernachlässigung des Landes in osmanischer Zeit.

Je wohlhabender eine Kultur ist, desto besser kann sie sich entwickeln. Als der Nordstaat Israel schon mächtig und reich war, als die Könige dort Soldaten einkaufen und Schreiber halten konnten und auch über ein Archiv und das Monopol der Vermarktung von Getreide, Oliven und Wein verfügten, hinkte nach Auffassung von Archäologen wie Lehmann der Süden ein Jahrhundert hinterher. König Ahab im Norden war so vermögend und militärisch gut gerüstet, dass er die Philister besiegen, die Kornkammer der Jesreelebene erobern und mit der Festung Israel für sich sichern konnte. Nichts davon in Jerusalem. Es gab ein deutliches Kulturgefälle zwischen Israel und Juda. Sollte sich der reiche Norden Israel überhaupt David und Salomon untergeordnet haben, dürfte das aus dynastischen Gründen geschehen sein. Die Stämme des Nordens konnten sich vielleicht untereinander auf keinen König beziehungsweise Kriegsführer einigen. Da bot sich die Wahl des erfahrenen Soldaten David als Kompromiss an. Wer hätte ahnen können, dass aus David einmal der messianische König der Juden und Christen werden würde? Die Personalunion der Reiche zerbrach nach zwei Generationen wieder. Sie hatte nie dem tatsächlichen Machtgefüge zwischen Nord und Süd entsprochen.

Nach Lehmann gab es im armen Juda noch keine Städte: Hebron, Bethlehem und Jerusalem werden dörfliche Gemeinden gewesen sein. Nach seiner geografischen Ausdehnung war Jerusalem vielleicht ähnlich groß wie einige nördliche Orte. Aber wegen der knappen Wasserversorgung durch nur eine Quelle wurde die ausgedehnte Gartenwirtschaft vermutlich vor allem innerhalb der Stadtmauern betrieben. Lehmann spricht mit Blick auf die berühmten »zwölf Stämme« Israels von kleinen Allianzen zwischen je einigen hundert Menschen, sozusagen Bauernrepubliken, die sich erst Saul und später David und Salomon unterstellten. Es könnte auch eine ländliche Aristokratie und ländliche Heiligtümer gegeben haben, aus denen allmählich, über ein nördliches und judäisches Exil, das nur *eine* Haus Gottes in Jerusalem als Zentrum des gesamten Judentums und der Christenheit entstand. Der Monotheismus entwickelte sich über Jahrhunderte hinweg, auch wenn die Bibel, am Ende dieser Entwicklung kodifiziert, einen anderen Eindruck vermitteln möchte. Wir leben in jener christlich-jüdischen Tradition der Bibelwelt, die das kleine Jerusalem von der Peripherie der viel weiter entwickelten Staaten zwischen Nil und Zweistromland in ihr Zentrum gerückt wissen will. Den historischen Tatsachen aber entspricht das nicht.

Nicht zuletzt bei diesem Thema war Gunnar Lehmann mein bester Gesprächspartner in Israel. Er war kurz nach uns im Jahr 1993 nach Israel gekommen und weckte in mir die verloren gegangene Begeisterung für die Archäologie neu. Im Hause meiner Großeltern in Göttingen hatte der Archäologe Herbert Jankuhn zur Miete gelebt. Ich kann mich daran erinnern, wie er mir von seinen Grabungen zur Schlacht am Teutoburger Wald vorschwärmte, vom Krieg zwischen Römern und Germanen. Als Kind habe ich ihn nicht fragen können, wie er seine wissenschaftliche Neugier mit seinen rassistischen Ambitionen in SA und SS in Einklang bringen konnte. Ich wusste damals nichts davon. Als ich erwachsen wurde, hatten wir keinen Kontakt mehr. Nun endlich hatte ich in Israel wieder einen Archäologen zum Freund.

Einen ersten eindrucksvollen Nachmittag erlebte ich mit dem 1955 in Cuxhaven geborenen Lehmann bei einem kurzen Ausflug mit unseren älteren Kindern Philipp und Fritzi vor die Mauern von Jerusalem. Der Archäologe ließ die Kleinen auf relativ nacktem Terrain ausschwärmen und Keramik suchen. Sie kamen mit vielen Stücken zurück, und Lehmann fand von einem bronzezeitlichen Tellerrand bis zu einer Glasscherbe aus jüngster Zeit alles, was zum Nachweis einer durch viele Epochen besiedelten Landschaft dienen konnte.

Lehmann wäre der perfekte Direktor für das Deutsche Evangelische Institut auf dem Ölberg gewesen, das er zeitweilig in Vertretung leitete. Aber die Evangelische Kirche in Deutschland wollte ihn nicht. Hielt sie ihn für zu jung? Zu unabhängig? Schon zu sehr in Israel zu Hause? Lehmann arbeitet heute als Dozent an der der Ben-Gurion-Universität in Beerschewa. Es gibt wohl kaum einen Archäologen, der aus seiner Kenntnis der Literatur – nicht zuletzt der Bibel – sowie aus dem konkreten Wissen um die dinglichen Überreste vergangener Kulturen das Leben jener schon vor langer Zeit gestorbenen Menschen so anschaulich und spannend schildern kann. Um die Debatte der Datierung vermeintlich davidischer oder salomonischer Funde hat sich Lehmann nie gedrückt. Er gehört zu den Kritikern derjenigen, die zu wissen vorgeben, wo Davids Palast in Jerusalem gestanden hat, und sagt: »Wir haben davon noch nicht einmal ein Scherbchen gefunden.«

Das deutsche Erbe in Jerusalem

Aber genau für dieses Jerusalem brach in Europa Ende des 19. Jahrhunderts eine enthusiastische Begeisterung aus. Das Heilige Land war wieder erreichbar. Die schwachen Osmanen verwehrten sich nicht mehr dem Westen. Auch wenn vielfach gesagt wird, das Heilige Land sei damals nur ein weiterer Kampfplatz der um die Hegemonie ringenden europäischen Staaten gewesen, die Hinwendung des preußischen Königs Friedrich Wilhelm IV. entsprang auch seiner frommen Natur. Das galt nach Auffassung des israelischen Historikers Alex Carmel ebenso für den königlichen Großneffen, den Imperialisten Wilhelm II. Ein kleines Indiz dafür: Der Kaiser brachte 1898 den Zweig eines Olivenbaumes vom Ölberg mit zurück nach Berlin. Er ließ den Zweig rahmen und stellte ihn auf seinen Schreibtisch. Zwei Jahrzehnte später war ihm das Andenken noch immer so wichtig, dass er den Zweig in das kleine Haus Doorn in den Niederlanden mitnahm, in das er sich nach seiner Absetzung 1918 zurückzog. Die Heilige Stadt war ihm wichtig gewesen. Auf den Kaiser gehen drei zentrale Bauten in Jerusalem zurück, die Erlöserkirche in der Altstadt, die Benediktinerabtei auf dem Zionsberg und die Himmelfahrtkirche der Auguste Victoria-Stiftung auf dem Ölberg. Als die letztgenannte Kirche, heruntergekommen durch die britischen Besatzungstruppen und zudem in Mitleidenschaft gezogen durch das Erdbeben von 1927, in den achtziger Jahren vollends zu verfallen drohte, griff Jerusalems berühmter Bürgermeister Teddy Kollek ein.

1978 war Kronprinz Louis Ferdinand von Preußen, der Enkel des Kaisers, zum achtzigjährigen Jubiläum der Erlöserkirche nach Jerusalem gekommen. Gemeinsam mit Alex Carmel besuchte er Kollek. Das

Gespräch begann herzlich, berichtete mir Carmel Jahre später. Dann aber soll der Bürgermeister seine Stimme erhoben haben: »Wenn Sie als Kaiserenkel nicht für den Wiederaufbau der Kirche sorgen wollen, dann will ich das als kleiner wienerischer Jude für Sie tun. Diese Kirche darf nicht aus der Silhouette der Stadt Jerusalem verschwinden.« Ich kann mir gut vorstellen, wie Kollek in einer Mischung aus gespielter Strenge und tiefem Ernst den Prinzen ansprach. Er verstand es ausgezeichnet, allen Menschen in der Welt das Gefühl zu geben, auch ihnen gehöre ein kleiner Teil seiner Stadt. Das war seine Art, Geld für die Stadt zu akquirieren. Ich kann mich noch an einen gemütlichen Tee bei dem Ehepaar Kollek in ihrer kleinen Wohnung erinnern, wo mich der Bürgermeister zu Beginn meiner Zeit in Jerusalem empfing. Tamar, seine Frau, goss selbst den Tee nach. Beide sprachen in ihrem weichen Österreichisch.

Kolleks Jerusalem hatte für die gesamte Welt Platz, wenn auch nicht immer aus Zuneigung oder Begeisterung. Der Publizist Tom Segev zitiert ihn einmal mit den Worten: »Ich würde die Stadt gerne frei von Arabern sehen, aber da sie nun mal hier sind, müssen wir uns um sie kümmern. Behandeln wir sie schlecht, werden sie uns umso mehr hassen.« Heute hat man nicht den Eindruck, als würde sich die jüdische Mehrheit der Stadt noch um die Araber oder gar die Christen kümmern. Die Straßenbahn zum Beispiel, die die nördlichen Stadtteile in den besetzten Gebieten mit dem Zentrum verbinden soll, hält kaum in den arabischen Vierteln dazwischen. Als der säkulare Geschäftsmann Nir Barkat Anfang 2009 seine Einführungsrede als Bürgermeister hielt, kamen darin die Christen in der Stadt nur noch als Touristen vor. Dass es seit Jesu Geburt in Jerusalem auch immer Christen gegeben hatte, war Barkat offenbar entfallen.

Seinerzeit konnte übrigens der Prinz selbst wenig ausrichten. Aber er brachte die Evangelische Kirche Deutschlands dazu, den kaiserlichen Bau der Himmelfahrtkirche wieder instand zu setzen. Die Erneuerung war 1990 abgeschlossen. Der Kaisersaal, in dem 1910 die Einweihung mit einem festlichen Essen gefeiert wurde, wurde allerdings erst jetzt restauriert. Dazu trugen finanziell nicht zuletzt der Enkel von Louis Ferdinand, der heutige Chef des Hauses Preußen, Prinz Georg Friedrich, bei, der im Frühling 2010 bei der Einweihung des prachtvollen Saales anwesend war, sowie der Johanniterorden unter seinem Herrenmeister Oskar von Preußen, der den Ordensstatthalter Ruprecht Graf von Castell-Rüdenhausen nach Jerusalem schickte. Beide Prinzen fühlen sich dabei nicht nur dem Erbe verpflichtet, sondern sie nehmen Teddy Kolleks Worte ernst: Jerusalem ist eine magische Stadt, in der auch wir Europäer ein Stück Heimat haben und für die Zukunft bewahren sollen. Wir können uns unserer Mitverantwortung für Jerusalem und der Pflicht, es mit zu gestalten, nicht entziehen.

1978 galt das deutsche Erbe in Jerusalem noch wenig. Gewiss, die großen Kirchen waren eine Ausnahme, aber den vielen anderen Bauten deutschen Ursprungs drohte der Verfall. Als der Historiker Yehoshua Ben-Arieh und sein Schüler Alex Carmel vor etwa drei Jahrzehnten damit begannen, das deutsche Erbe im modernen Israel zu pflegen, waren sie allein. Als Carmel zum Beispiel das Kaiserdenkmal oberhalb von Haifa neu aufstellen ließ, einen Stein, mit dem an den Besuch des kaiserlichen Paares auf der dortigen Promenade im Jahr 1898 erinnert werden sollte, hielt ganz Israel ihn für einen Spinner – und viele in Deutschland auch. Und als die frühere Kolonie der Templer, jener messianischen evangelikalen Gruppe aus Süddeutschland, in Haifa zerstört werden sollte, lief Carmel Sturm und initiierte Debatten in Rundfunk und Presse. Heute ist Haifa stolz auf das wiederhergestellte Viertel, das untrennbar mit dem Namen Carmels verbunden ist. Auch wenn dort noch eine Plakette für ihn fehlt.

Mittlerweile ist, wie schon erzählt, Alex Carmel gestorben, aber gemeinsam mit anderen führt Haim Goren die Arbeit fort. Er leitete 2007 eine erste Tagung zum deutschen Erbe in Jerusalem, die zu einem großen Erfolg wurde. Nicht nur aus Deutschland stammende Juden, auch die israelischen Jekkes kamen, und die Jugend fühlte sich ebenfalls angesprochen. Der große Saal in der Mischkenot Schaananim, dem Kongresszentrum und Gästehaus zwischen Altstadt und Deutscher Kolonie, konnte die Besucher kaum fassen. Deutsche und Israelis haben ein gemeinsames Forschungsfeld gefunden.

Die einseitige Konzentration auf das kaiserliche Erbe, auf die Erlöserkirche, die Auguste Victoria oder auf die württembergischen Templer ist überwunden. Mittlerweile werden auch andere Aspekte berücksichtigt. Goren ist Spezialist für die Geschichte der deutschen Katholiken des 19. und frühen 20. Jahrhunderts im Heiligen Land und schrieb darüber ein grundlegendes Werk: *Echt katholisch und gut deutsch*. Goren interessiert sich aber nicht nur für die Dormitio Abtei der deutschen Benediktiner, sondern auch für den katholischen Verein vom Heiligen Land. Verstärkt rückt der Beginn des deutschen Engagements in Palästina in den Vordergrund und damit das preußisch-anglikanische Erbe. Das Interesse westlicher Kirchen begann nach 1820 mit der London Society for Promoting Christianity amongst the Jews, die zunächst deutsche Missionare ins Heilige Land schickte. 1841 schlossen sich die preußische Kirche unter ihrem König und die anglikanische Hochkirche Ihrer Majestät zu einem gemeinsamen Bistum zusammen, das erst 1886 von Berlin wieder aufgelöst wurde, um den Deutschen in Jerusalem mehr Eigenständigkeit zu geben. Der eigene Weg führte zum Bau der Erlöserkirche, die der Kaiser dann 1898 einweihte.

Anders als frühere Historiker heben nach Carmel auch sein Schüler Ejal Jakob Eisler oder der deutsche Kunsthistoriker Jürgen Krüger hervor, dass sich das Interesse des Kaisers am Heiligen Lande vor allem seiner Frömmigkeit verdankte und weniger seinen machtpolitischen Zielsetzungen. Sie erinnern daran, dass er die Öffnung des Jaffa-Tors durch die osmanischen Autoritäten, wodurch sein Einzug in die Stadt triumphaler wirken sollte, eine Schande nannte. Der Kaiser wollte pilgern. Deswegen ging er in Haifa an Land und nicht in Jaffa, von wo doch die Weiterreise nach Jerusalem viel bequemer und kürzer gewesen wäre. Ihre kaiserlichen Majestäten seien sehr strapaziert gewesen; vor allem die Kaiserin habe unter der Hitze gelitten und auch ihrem Unwillen über den langen Weg zu Pferde Ausdruck verliehen, heißt es in einem der zahllosen Reiseberichte.

Der israelische Architekt Gil Gordon erinnerte bei jener Tagung in Jerusalem daran, dass das deutsche Erbe aus israelischer Sicht anders bewertet wird als aus arabischem Blickwinkel. Mit dem Schneller'schen Waisenhaus der heute noch in Jordanien und Libanon aktiven Missionarsfamilie, mit der evangelischen Mädchenschule Talitha Kumi oder dem katholischen Schmidt College am Damaskus Tor zeige sich aus arabischer Perspektive, dass die Missionare vor allem mit sozialen Absichten ins Land gekommen waren. Einzigartig war die Initiative der Pommer'schen Adelsfamilie Keffenbrinck-Ascheraden aus Neringen, die 1867 unweit der Kolonie der deutschen Templer das Aussätzigenasyl »Jesus Hilfe« gründete. Das Gebäude und sein Park stehen heute in einem der Nobelviertel von Westjerusalem, nicht weit vom Theater. Doch es droht zu verfallen. Dabei wäre das Areal bestens dafür geeignet, die zukünftige deutsche Botschaft in Israel und die Residenz des Botschafters aufzunehmen. Völkerrechtlich wird Jerusalem heute noch nicht als Israels Hauptstadt anerkannt, aber einmal wird es so weit sein, und bis dahin sollte man nicht warten. Die Filetstücke des deutschen Erbes werden sonst anderswie verteilt sein.

Aus israelischer Sicht sind vor allem die Bauwerke von Interesse. So beschäftigen sich Kunsthistoriker mit der Bauästhetik der deutschen Templer. Die von ihnen errichteten Häuser sind bis heute stabil und nutzbar, wir haben das selbst feststellen können. Architekten lassen sich von ihnen anregen, wie man sparsam bauen und dabei Luft und Sonne nutzen kann. Alle Templerviertel in Israel stehen heute unter Denkmalschutz. In Tel Aviv, wo in der deutschen Kolonie der Templer das Verteidigungsministerium auf viele Gebäude verteilt ist, wurden die Häuser wegen der notwendigen Verbreiterung einer Hauptstraße eigens versetzt. Das heutige Israel ist stolz auf dieses alte deutsche Erbe.

Die württembergischen Templer, über die wir schon einiges erfahren haben, wanderten seit 1868 ein, nachdem sie in Istanbul eine Genehmigung, einen Ferman, für eine feste Ansiedlung erhalten hatten. Sie kamen damit etliche Ernten vor der ersten jüdischen Einwanderung ins Land, die erst 1882 begann. Die Templer führten die moderne Landwirtschaft ein. Ihre Erfahrungen machte sich die jüdische Alija nicht zuletzt in der von Templern gebauten Landwirtschaftsschule Miqwe Israel bei Jaffa zunutze. Die Templer bauten Straßen, auf denen erstmals in der Geschichte des Landes Kutschen rollten. Sie holten das moderne Handwerk mit seinen Maschinen ins Land. Und plötzlich gab es hier ein Hotel und dort ein Kino. Das moderne Bankwesen brachte der Basler Missionar und Bankier Johannes Frutiger ein, dessen Geld später den Bau der Eisenbahn von Jaffa nach Jerusalem möglich machte.

Als sie 1892 eingeweiht wurde, war Frutiger schon geistig krank. Er konnte die Feiern zwar miterleben, aber ob er begriff, dass ihn sein Mitarbeiter Josef Navon beim Bau und bei der Lizenz betrogen hatte? Jakob Eisler meint in seiner Biografie des Bankiers, Frutiger habe das geahnt, sei aber wohl zu schwach gewesen, um noch einen Rechtsstreit zu beginnen. Nach dem osmanischen Recht konnte nur ein türkischer Untertan die Konzession für die Errichtung eines Gebäudes oder eben auch den Bau einer Eisenbahnlinie erlangen. Dafür hatte Frutiger jenen Navon aus Jerusalem gewonnen. Ihn schickte er zu den Konzessionsverhandlungen nach Istanbul. Später aber verkaufte Navon in Paris die Konzession hinter Frutigers Rücken. Navon, ein Onkel des späteren israelischen Präsidenten Jitzchak Navon, strich viel von dem Geld und dem Ruhm ein, der Frutiger für seine Investitionen und seine Risikobereitschaft gebührt hätte. Heute erinnert nichts an Frutiger. Der Platz vor dem Bahnhof von Jerusalem trägt vielmehr den Namen Navons. Offenbar hatte Frutiger nicht dieselbe Menschenkenntnis gehabt wie Zionistenführer Theodor Herzl. Der schrieb in sein Tagebuch, er halte Navon für einen »schleichenden Gauner« mit einem »Raubvogelgesicht«. Als ich einmal die *Jerusalem Post* in einem Leserbrief darauf hinwies, es wäre wohl besser, den Bahnhofsplatz nach Frutiger als nach Navon zu benennen, bekam ich keine Antwort von der Redaktion, und der Brief wurde nicht abgedruckt.

Natürlich steht das deutsche Erbe in Israel unter dem Verdacht, durch den Nationalsozialismus belastet zu sein. So fanden die frommen Christen der ersten Templergeneration in der neuen Heimat nie ihre innere Ruhe. Sie zerstritten sich, und große Teile der dritten Generation verfielen den Parolen Hitlers. Bis in die jüngste Zeit wurden in den Häusern auf verwaisten Dachböden Fahnen mit nationalsozialistischen Symbolen oder Uniformteile gefunden. Aber es gibt auch das Beispiel jenes Templers, der sein Kino an einen jüdischen Partner verpachtete und gegenüber der Naziführung in der Stadt Jerusalem nicht klein beigab. Dieses Kino existiert noch immer. Es liegt in der heutigen Smadar-Straße, in derselben Gasse wie das Deutsche Hospiz der Borromäerinnen, und ist nach dieser Straße benannt. Dort gingen wir gerne hin, sahen meist Programmfilme ausgesuchter Qualität, genossen aber auch das dazugehörende Bistro, ein Sammelplatz des liberalen säkularen Bürgertums und der Studenten von Jerusalem.

Im Zentrum des Interesses der israelischen Forschung steht heute die Blütezeit des *Kulturellen Wandels in Palästina im frühen 20. Jahrhundert*, wie ein Hauptwerk von Jakob Eisler überschrieben ist. Mit diesem Interesse wächst auch das Bedauern über die Verluste, die bei jenem Erbe immer wieder zu beklagen sind. Ehrwürdige Bauten wie das Gebäude der Mädchenschule der Kaiserswerther Diakonissen Talitha Kumi in der Jerusalemer Innenstadt wurden abgerissen und in den siebziger Jahren durch gesichtslose moderne Zweckbauten ersetzt. Der gesamte Komplex des Schneller'schen Waisenhauses, einst größer als die Altstadt und einmal das größte Waisenhaus im Nahen Osten, ist ohne Aussicht auf eine würdige Zukunft. Der größte Teil des Areals wird wohl zum Wohngebiet der Ultraorthodoxen, die aus ihrem angrenzenden Stadtviertel Mea Shearim (»Hundert Tore«) auf das Gelände drängen. Die beiden Haupthäuser des Komplexes – in einem davon ist in der ersten Etage eine Kirche untergebracht – verfallen, nachdem die Armee vor einigen Monaten endgültig das Grundstück verließ. Immerhin konnte Propst Uwe Gräbe Anfang 2010 den alten hölzernen Altar aus jener Kirche bergen und für die deutsche Gemeinde zurückgewinnen.

Es sind übrigens meist nicht die deutschen, sondern israelische Gruppen, die sich gegen diesen Verfall stemmen und nach Rettung rufen. Seit etlichen Jahren gibt es Pläne, das alte Krankenhaus der Kaiserswerther Diakonissen an der Propheten Straße zu modernisieren. Zweifellos ist dieser Bau schön, aber als moderne Klinik kaum zu nutzen. Eine Modernisierung wird wohl nicht reichen. Aber abreißen? Bei der Konferenz von Haim Goren zum deutschen Erbe wurde deutlich, dass sich die Israelis der Geschichte stellen wollen. Aber sie verlangen das auch von den Deutschen. Sie setzen wie einst Teddy Kollek darauf, dass wir Deutschen ebenso das Interesse an unserer Geschichte in Jerusalem wachhalten. Es handele sich schließlich um ein gemeinsames Erbe, heißt es immer wieder.

Arafat kommt nach Jericho

Jassir Arafat hatte es nicht eilig, seine Herrschaft in den besetzten Gebieten anzutreten. Er lebte seit seiner Vertreibung aus dem Libanon 1982 in Tunis und schien aus der Ferne alle Fäden in der Hand zu halten. Doch der palästinensische Aufstand von 1987, die erste Intifada, hatte Abu Amar – so nannten ihn die Kampfgefährten der Fatah – vor Augen geführt, dass es nicht nur einen Widerstand im Exil gab. Plötzlich machten die Kämpfer in den besetzten Gebieten, die unter der alltäglichen Präsenz der Israelis litten, von sich reden. Ihre Versuche, die Okkupation »abzuschütteln«, richteten sich zum einen gegen die ungerechte Besteuerung, vor allem aber gegen die Siedler, die ihre Wohngebiete in den arabischen Bezirken ständig ausdehnten. Kaum einer dieser Kämpfer in den besetzten Gebieten gehörte zur Führungsriege der Befreiungsgruppen. Die meisten Politiker von Arafats 1959 gegründeter Guerillaorganisation Fatah und von der 1964 in Jerusalem ins Leben gerufenen PLO, der Dachorganisation der größeren säkularen palästinensischen Befreiungsgruppen, saßen im Ausland, in großen Residenzen in Bagdad, Damaskus, Kairo oder eben Tunis. Warum sollte Arafat nun in eine Wüstenoase kommen?

Noch bis zum Sommer 1994 hatte der PLO-Chef gezögert; dabei wartete die Heimat auf ihn, und Jericho wollte ihm einen triumphalen Empfang bereiten. Die älteste und am tiefsten gelegene Stadt der Welt im Jordangraben hatte sich für den neuen Machthaber geschmückt und war gefüllt mit Menschen, die mit Abu Amar das Ende der Besatzung feiern wollten. Wie immer, wenn es um Arafat ging, waren sie im Ungewissen gelassen worden. Würde er wirklich an diesem Tag mit seinem Helikopter in Jericho landen? Kam er aus Amman oder Kairo? Man richtete sich auf längeres Warten ein.

Ich war schon einen Tag zuvor hier eingetroffen und hatte mir am Stadtrand in einem Haus am Weg zum historischen Tel, der aus der ältesten Phase der Besiedlung in der Bronzezeit stammt, einen Schlafplatz inklusive Matratze und Decke gesucht. Machte zusammen einhundert Dollar. Der Schlafplatz befand sich auf dem Dach des Hauses, die Matratze war so alt wie durchgelegen und die Decke erwies sich als überflüssig.

Ein wahrhaft biblischer Ort

Jericho gilt auch als die heißeste Stadt der Welt, und diesen Ruf wollte sie offenbar in jenen Tagen bestätigen. Die Hitze ließ selbst in der Nacht nicht nach. Es war stickig und trocken, sodass die Zunge am Gaumen klebte. An Schlaf war nicht zu denken, auch die Fliegen und Moskitos begaben sich nicht zur Ruhe. Zudem spannte sich über Jericho ein atemberaubend tiefblauer Sternenhimmel, in dem alle Vergangenheit und Zukunft geborgen zu sein schien. Da lag ich nun also auf einem Dach in der Stadt, in der nach der biblischen Überlieferung die »Landnahme« der Israeliten begonnen hatte. Nach dem Buch Josua war Jericho die erste Ortschaft im gelobten Land Kanaan, die die Israeliten nach der Flucht aus Ägypten, nach vierzig Jahren in der Wüste und nach Moses' Tod am Berg Nebo erobert hatten. Eine Hure soll Spione der Israeliten in der Stadt geschützt haben. Und die Trompeten der israelitischen Belagerer sollen die Mauern zu Fall gebracht haben. Tatsächlich aber war Jericho wohl in der entsprechenden Zeit um 1200 v. Chr. längst von anderen zerstört worden und bestenfalls eine unbedeutende Siedlung ohne Stadtmauer.

Und ob es wirklich ein ganzes Volk gewesen sein konnte, das da durch die Wüste gekommen war, um Kanaan zu erobern? Immer wieder zogen Clans aus dem südlichen Bergland, vor allem aus der Region zwischen Hebron und Beerschewa, in Perioden der Trockenheit über mehrere Jahre zu den Fleischtöpfen und Getreidekammern Ägyptens im stets fruchtbaren Nildelta. Viele blieben und integrierten sich. Moses gehörte der Überlieferung nach zu einer mosaischen, also israelitischen Familie. Sein Name könnte auf eine althebräische Wurzel zurückzuführen sein, aber auch eine ägyptische oder koptische Sprachwurzel ist denkbar, die den Namen Mosche mit den Konsonanten M und S in eine Verwandtschaft mit Namen wie Ramses, Thutmose oder Ramose rücken würde. Damit würde sein Name auf eine hochgestellte Persönlichkeit hinweisen. Vielleicht war er ein Prinz oder wurde als solcher erzogen, diente vielleicht als Befehlshaber in der ägyptischen Armee, bevor ihn sein israelitischer Ursprung zum Revolutionär gegen die überkommene Ordnung machte und schließlich zum Flüchtling. Auch Josef hatte sich der Bibel nach als Regionalfürst in Ägypten heimisch eingerichtet und war seinen Brüdern aus der judäischen Wüste fast zum Fremden geworden, als sie vor seinem Thron um Wasser und Nahrung bettelten. Nach den Jahren der Trockenheit, in besseren Zeiten mit mehr Regen, kehrten viele dieser Wanderer und Gastarbeiter von ihren Baustellen an den Pyramiden oder aus den Steinbrüchen in das Bergland Judäas zurück. Doch ein ganzes Volk? Manche Wissenschaftler sagen heute, es habe sich wohl bei dem in der Bibel erwähnten Volk nur um den Clan des Benjamin gehandelt, der mit der Bundeslade ein bewegliches, auch für Wüstenwanderungen geeignetes Heiligtum entwickelt hatte, das im Fall einer raschen Flucht nicht zurückgelassen werden musste. David soll es sich dann später für Zion zu eigen gemacht haben.

Die Oase Jericho steht aber noch für mehr. Vielleicht war sie einer der ersten Orte im Mittelmeerraum, an denen ein Teil der Bevölkerung sesshaft geworden war. Aufgrund des Wasserreichtums mitten in der Wüste wurde an der Quelle schon vor 10 000 Jahren ein Kultplatz angelegt und das Areal mit einem Turm gegen Räuber gesichert. Während die Nomaden als Sammler und Jäger gemeinhin nur so lange an einem Ort rasteten, wie ihnen die Natur dort Nahrung bot, also Getreide, Früchte und Wild, blieben sie in Jericho dauerhaft. Vielleicht waren zufällig einmal Getreidekörner auf eine feuchte Stelle gefallen. Wenig später konnten die Sammler entdecken, wie die Saat aufging. Sie lernten zu säen und zu ernten. Dieser damals entdeckte natürliche Rhythmus sichert uns noch heute das Überleben. Hier in Jericho könnten die Jäger das erste Mal gesehen haben, wie Jungtiere bei ihrem verletzten Muttertier blieben. Sie nahmen das Jungtier, vielleicht ein Schaf, mit, paarten es mit einem anderen Schaf und bauten ein Gatter zur Aufzucht um die »erste Herde der Menschheit«.

Erst als die Herden zu groß wurden und nicht mehr im Ort gehalten werden konnten, schickten die Stadtbewohner einen der ihren als Schäfer wieder auf die Weiden vor dem Ort. Es gab nun Städter und Hirten. Der Abraham der Bibel, wohl eher allgemeiner Typus denn konkrete historische Person, war beides: ein Herr großer Herden auf Wanderschaft und doch auch sesshaft nach einem Vertrag mit dem Stadtkönig von Beerschewa.

Und nun sollte Jericho, das arabische Aricha, »die Wohlriechende«, mit Arafats Ankunft Sitz des palästinensischen Verwaltungsrates werden und die Regierung der Autonomiebehörde aufnehmen? Ein Städtchen mit gerade einmal 15 000 Einwohnern als Hauptstadt? Gewiss, die reiche, gut bezeugte Geschichte sprach für Jericho: der bronzezeitliche Tel mit seinen verschiedenen Ablagerungsschichten, die Epochen in der Stadtentwicklung vom Anfang der Geschichte an markieren; die zwei Jahrtausende alten hasmonäischen und herodianischen Palastanlagen im Wadi Quelt, in denen wohl mit den zahlreichen Schwimmbädern die Thermenkultur weiterentwickelt wurde; byzantinische Klöster wie Quarantal über der Stadt, die an die Versuchungen Jesu in der Wüste erinnern, oder das Kloster des byzantinisches Einsiedlers Gerasimos, der Löwe und Esel zu Freunden machte; der prachtvolle Hisham's-Palast, das einzige bedeutende Denkmal omaijadischer Wüstenkultur diesseits des Jordan aus dem 7. Jahrhundert; schließlich die Urlaubsoase der britischen Mandatszeit mit ihrem zerfallenen Casino an der Ausfallstraße und den einst »eleganten Gartenrestaurants«, wie in alten Reiseführern zu lesen ist.

Eine karge Bühne für die Autonomie

Im Zentrum der osmanisch geprägten Stadt lag das »moderne« »Hisham's Palace Hotel«. Dort habe der Palästinensische Rundfunkrat ein Büro eröffnet, das Presseausweise für das Ereignis »Arafat kommt« ausstelle und Informationen gebe, hieß es. Bei meinem ersten Besuch in dem Haus deutete allerdings nichts darauf hin. Bis zur Eroberung Jerichos durch die Israelis im Sechstagekrieg soll das Hotel, in den letzten Jahren der Mandatszeit gebaut, das beste Haus am Platz gewesen sein. Jetzt drohte dem Foyer mit seinem nackten Boden und den alten Möbeln der Verfall. Vielleicht hatte es vor Wochen in irgendeinem der Räume noch einmal ein Fest gegeben. Irgendwer hatte auch Gardinen aufgehängt, kalte Zigarettenasche stank in einem Aschenbecher, daneben standen ein paar Kaffeetassen auf dem Tisch. Mehr gab es nicht zu sehen. Man beginne gerade mit der Renovierung des »Palace«. Arafat werde viele Gäste nach Jericho bringen, wurde mir gesagt.

Bei meinem zweiten Versuch klappte es dann mit dem Presseausweis, ein Kärtchen mit falsch geschriebenem Namen ohne Foto. Bis zu 6000 Journalisten würden erwartet, sagte Adnan Hammad, der das »Medienzentrum« leitete. Was für Hoffnungen! Hammad kündigte die Bereitstellung von Telefonen – es gab noch keine Mobiltelefone – und TV-Sendeeinrichtungen an; auch Faxgeräte sollte es geben. Er und andere glaubten damals, Jericho werde zum politischen Zentrum heranwachsen und auf längere Sicht Journalisten an sich binden können. Nicht weit von dem Hotel entfernt öffnete auch bald ein Informationsbüro, in dem ein gut Englisch sprechender Bürger der Stadt seine Serviceleistungen anbot: Übersetzungen, Führungen und Hilfestellungen für Fernsehteams. Mehr aus Mitleid habe ich ihn damals ein paarmal um seine Dienste gebeten.

Tatsächlich bezogen später einige ausländische Missionen Häuser am Rande der Stadt und richteten provisorische Vertretungen bei der palästinensischen Autonomiebehörde ein. Auch die Deutschen mieteten ein solches Gebäude, nicht größer als ein Einfamilienhaus, wo als erster ständiger Vertreter Martin Kobler einzog und versuchte, nicht nur eine Botschaft aufzubauen, sondern zugleich auch jene palästinensische Regierung, deren Partner diese Botschaft sein sollte. Mehrere Staaten beteiligten sich an der finanziellen und organisatorischen Unterstützung: Sie entwarfen die Personalstrukturen von Ministerien, setzten Berater ein und boten nicht zuletzt ihre eigenen Gesetze an als Orientierung für die Ordnung, die den neuen Staat vorbereiten sollte. Das palästinensische Wahlrecht basiert zum Beispiel auf dem Landeswahlgesetz von Schleswig-Holstein. Lange bemühte sich Berlin darum, in den palästinensischen Ministerien Vizeminister einzusetzen. Aber in Ramallah waren viele Chefs nicht darauf erpicht, einen Vize an ihrer Seite zu dulden.

Kurz vor dem Millenniumswechsel wurde in Jericho sogar ein Casino eröffnet. Das »Oasis« gehörte zu einem Fünf-Sterne-Hotel, das ein jüdischer Geschäftsmann aus Österreich gemeinsam mit israelischen und palästinensischen Partnern errichtet hatte – eine eigentümliche Kooperation zur Bereicherung einer sonderbaren Interessengemeinschaft. Zur Einweihung erhielten wir Journalisten ein kostbares Holzetui mit Füller und Kugelschreiber, das ich heute wie einen Schatz und als Erinnerung an die Zeit der Friedenshoffnung hüte. Freilich war dieses »internationale Konsortium« nur von kurzer Dauer, denn die Vorbeter der Moschee von Jericho hetzten bald gegen die »Spieler und Trinker« im Casino. Schon in den ersten Tagen der zweiten Intifada, die im Herbst 2000 begann, wurde rund um das Hotel geschossen. Seither verstaubt das Casino. Reiche Bürger aus Jerusalem kommen bisweilen zu einem Badetag in das Schwimmbad des Hotels. Manchmal empfängt der palästinensische Präsident Abbas einen ausländischen Gast in den sonst leeren Sälen.

Anfang 2009 bin ich, wie zum Abschied, noch einmal in das »Hisham's Palace« gegangen. Was schon 1994 angekündigt worden war, geschah noch immer: Es wurde renoviert. Von Zimmer zu Zimmer arbeitete sich die Familie von Salech Abdo vor, mit eigenen Händen und der Unterstützung von nur wenigen Gelegenheitsarbeitern. Mehr als siebzig Zimmer sind es. Kann ihr Hotel mit der herrschaftlichen Halle so wie in britischer Zeit wieder das erste Haus am Platz werden? Am Eingang sind zwei Hauptmotive der Stadt als Wandmalereien zu sehen, rechts der omaijadische Wüstenpalast, der wirkliche Hisham's Palast aus dem 7. Jahrhundert, links das Kloster der Versuchung, Quarantal. Aus den Fenstern des Hotels blickt der Hotelgast in den Garten mit seinen Palmen aus vergangenen, fruchtbareren Jahren; auch ein Baum voller Zitronen lockt. Wenn man über die Mauer und die nächsten Häuser hinweg schaut, glaubt man irgendwo im Osten den Jordan zu ahnen und dahinter die jordanischen Berge bei der Stadt Salt, einst Hauptstadt der Region und die nächste Etappe auf dem Weg von Jerusalem über Jericho nach Amman und gar Bagdad. Tatsächlich aber schieben sich die Flutlichtanlagen eines Stadions ins Bild, das einmal Schauplatz internationaler Fußballspiele werden sollte. Aber auch dieser Ort liegt dem palästinensischen Herzen heute so fern wie Jericho selbst. Das erste von der Fifa anerkannte Fußballspiel »Palästinas« – der Gegner war Jordanien – fand im Herbst 2008 bei Ramallah statt, nicht in Jericho.

Aber zurück in das Jahr 1994. Der Moment des Jubels kam um die Mittagszeit kurz nach elf Uhr. Der Helikopter landete tatsächlich. Arafat stieg aus. Zufällig stand ich neben der Besitzerin des »American Colony Hotel« in Jerusalem, Frau Valentine Vester, mit der wir Journalisten ein paar Monate zuvor auf der Terrasse des Hotels die feierliche Zeremonie zum Oslo-Vertrag vor dem Weißen Haus auf der großen Fernsehleinwand verfolgt hatten. Frau Vester und ich glaubten, den Anfang einer Friedensphase zu erleben – und wurden wie alle betrogen. Stattdessen stand weiteres Blutvergießen bevor. Arafat wurde bejubelt, auf Händen getragen. Die palästinensischen Fahnen wehten, und niemand musste fürchten, israelische Soldaten würden ihm seine Fahne aus den Händen reißen und ihn verhaften. Der Landeplatz wurde später dank finanzieller Unterstützung der Deutschen zu besagtem Fußballfeld.

Lange bevor der von mir hoch verehrte Rote-Kreuz-Arzt und palästinensische Chefunterhändler Haider Abdel-Schafi im Jahr 2007 alt, krank und verbittert in Gaza starb, berichtete er mir einmal von dem, was er den Betrug Arafats an seiner Nation nannte. Abu Amar sei damals ungern nach Jericho gekommen. Er wollte nicht »Muchtar von Aricha« werden, also der Dorfvorsteher der »Wohlriechenden«. Für Arafat seien die Oslo-Verhandlungen und die Autonomie nur ein Mittel gewesen, um vom Zuschauer im Exil wieder zum Akteur auf der politischen Bühne zu werden; es sei ihm nicht um den Weg zu Frieden und Wohlstand der eigenen Nation gegangen. Die Familie Abdel-Schafi ist für mich ein typisches Beispiel für das palästinensische Bürgertum, das auf eine lange Familientradition in der Region zurückblicken kann und über finanzielle Unabhängigkeit verfügt. Solche Familien, aufgrund ihrer festen Verankerung in der Gesellschaft und ihrer gemäßigten Auffassungen eigentlich die besten Verhandlungspartner Israels, werden von den meisten Israelis überhaupt nicht wahrgenommen.

Für diese sind Palästinenser entweder städtische Arbeitssklaven oder bäuerliche Tölpel. Dann gibt es für viele Israelis noch ein paar reiche, korrupte palästinensische Aristokraten und am anderen Ende der Skala die Masse der Terroristen. Ein verheerendes Bild vom eigenen Nachbarn, mit dem sich schon deswegen schlecht Frieden schließen lässt, weil man die vielfältigen Strukturen seiner Gesellschaft nie kennenlernen wollte. Eine Ausnahme ist für mich mein Freund Gabriel Motzkin, Philosoph und Politologe, der 1945 in Jerusalem in eine Zionistenfamilie hineingeboren wurde. Er ist Chef des interdisziplinären

Van-Leer-Instituts in Jerusalem. Diese Institution steht heute links vom israelischen Konsens. Motzkin versucht mit ihr, »den Grund für jenen Tag zu legen, an dem Israelis und Palästinenser begreifen, dass sie Verantwortung füreinander übernehmen müssen«. Er betont: »Wir teilen nicht nur Land, Wasser und Luft, sondern auch das Schicksal, das wir gemeinsam gestalten müssen.«

Verhandlungsspiele

Ähnlich hätte sich auch Haider Abdel-Schafi in Gaza ausgedrückt. Der Arzt, der niemals der Fatah, sondern einer linken palästinensischen Gruppe angehört hatte, war gewiss kein Zionist, vielmehr ein bürgerlicher pragmatischer Politiker, der stets wusste, dass sich die Palästinenser mit den Israelis arrangieren müssen. Schafi war nie ein Freund von Arafat gewesen. Aber weil Schafi hohes Ansehen in der palästinensischen Gesellschaft genoss und zugleich kein ambitionierter Machtpolitiker, mithin Konkurrent war, hatte ihn Arafat als Verhandlungsführer für die Palästinenser ausgewählt. Das war bald ein Jahr nach dem irakischen Raketenangriff im Januar 1991 auf Israel, als der amerikanische Außenminister James Baker endlich zum Ausklang jenes Jahres bei Ministerpräsident Schamir eine erste Verhandlungsrunde in Madrid durchgesetzt hatte. Die Israelis aber wollten nicht direkt mit den Palästinensern, schon gar nicht mit der PLO reden, sondern flüchteten sich in die Konstruktion einer jordanisch-palästinensischen Delegation, in der freilich der Palästinenser Abdel-Schafi der wichtigste Mann war. An seiner Seite stand der Politologe Saeb Erekat. Auch er kam aus den besetzten Gebieten, war 1955 in Ostjerusalem geboren und wohnte in Jericho. Erekat erschien am Verhandlungstisch von Madrid zum Ärger der Israelis mit der schwarz-weißen Keffijeh, dem traditionellen Tuch der Palästinenser, um den Hals. Bis heute ist Erekat einer der wichtigen Unterhändler geblieben. Seit dem Plenum der Fatah in Bethlehem im August 2009 gehört er auch zu ihrem Zentralkomitee. Seine Familie hat wie die Abdel-Schafis seit Generationen eine gesellschaftliche Führungsrolle inne. Kaiser Wilhelm II. hatte Erekats Ahnherrn in Jericho einmal ein Ehrenschwert überreicht.

Die Verhandlungen von Madrid wurden in Washington fortgesetzt. Ich kann mich gut an jene kalten vorweihnachtlichen Wintertage von 1992 erinnern. Moderiert von amerikanischen Diplomaten, liefen die Gespräche mit den Israelis auf der einen, den Palästinensern und Jordaniern auf der anderen Seite. Die Verhandlungen zogen sich in die Länge. Ich kaufte amerikanischen Weihnachtsbaumschmuck, Stars und Stripes als Girlanden. Bisweilen gab es eine Pressekonferenz, bei der die Englisch-Professorin Hanan Aschrawi versuchte, irgendwelche Ergebnisse vom Konferenztisch mitzuteilen. Eine Neuigkeit war allerdings nur ihr Gesicht. Die Weltöffentlichkeit zeigte sich erfreut über jene gut aussehende christliche Palästinenserin aus Ramallah, die von da an mit ihren glänzenden Sprachkenntnissen und ihrer Schlagfertigkeit auf vielen Kanälen in Rundfunk und Fernsehen die palästinensische Sache gut vertrat, bis sie sich Jahre später wieder enttäuscht von der politischen Bühne verabschiedete. Offiziell durfte damals in Washington der palästinensische PLO-Chef Arafat keinen Einfluss nehmen. Zugleich aber wusste jeder und allen voran die israelische Regierung, dass Frau Aschrawi auf den Flügen von und nach Washington in Tunis zwischenlandete, um sich mit Arafat über den Verhandlungskurs zu besprechen.

Arafat hatte kein Interesse an Fortschritten bei diesen Verhandlungen, berichtete mir Abdel-Schafi später. »Ich wollte in manchen Fragen Flexibilität zeigen. Nur bei einem Punkt hatte ich mir vorgenommen, hartnäckig zu sein. Aber bei diesem gab sich nun wiederum Arafat flexibel. Die Durchsetzung eines Siedlungsstopps war meiner Meinung nach die entscheidende Voraussetzung für ein erfolgreiches Weiterverhandeln und ein gutes Ende. Das aber interessierte Arafat offensichtlich nicht.« Diese Forderung sollte Abdel-Schafi nach den Weisungen aus Tunis aufgeben. Er fügte sich. Das war vor zwanzig Jahren. Schon damals konnte man also erkennen, dass die Siedlungen in den besetzten Gebieten zu einem Haupthindernis bei der Bildung eines palästinensischen Staates werden würden. Zumindest Abdel-Schafi hatte das verstanden.

Für Arafat waren die Konsultationen in Washington nur Fassade. In ihrem Schatten eröffnete er einen zweiten Kanal des Dialogs mit den Israelis – in Oslo. Dort bot Arafat zu leichteren Bedingungen für die Israelis die Prinzipienerklärung der gegenseitigen Anerkennung zwischen

Israel und der PLO sowie einen Gewaltverzicht an. Er stimmte der israelischen Forderung zu, schwierige Fragen auf spätere Verhandlungen zu verschieben, Fragen, die einen künftigen palästinensischen Staat, die Grenzen oder eben den Siedlungsstopp betrafen. Es schlich sich bald die Formel ein, die Wirklichkeit in den besetzten Gebieten dürfe nicht einseitig so verändert werden, dass der Endzustand vorweggenommen würde. Doch seit der Unterschrift auf dem grünen Rasen des Weißen Hauses sind in den kargen Bergen Judäas weit mehr israelische Siedlungen entstanden als davor. Doppelt so viele Siedler wie 1993 wohnen heute dort. Mit dem Oslo-Vertrag sollte der Weg zur Zweistaatenlösung eröffnet werden – in Wahrheit wird er gerade seither verbaut. Für das Verhandlungsteam von Abdel-Schafi war der Oslo-Dialog ein Messerstich in den Rücken. Es hatte in gutem Glauben für die palästinensische Sache verhandelt. Es war überzeugt, Arafat sei auf seiner Seite. Stattdessen hatte Arafat das Team ausgenutzt. Selbst die Regierung in Washington erfuhr spät und nur zufällig vom Oslo-Prozess. Auch wenn später der jüngere Arafat dem älteren Abdel-Schafi in Gaza gelegentlich seine Reverenz erwies – Arafat war schließlich ein Meister des Jonglierens mit vielen Bällen –, Abdel-Schafi verachtete Abu Amar.

Auch seine zwei Söhne, die beide mit deutschen Frauen verheiratet sind und nach dem Tod ihres Vaters gelegentlich meine Gastgeber in Gaza waren, gehörten nicht zu Arafats Fatah. Wie aber erging es Fatah-Familien nach Arafats Rückkehr nach Palästina? Frau Rawya Schawa, deren Familie ich über die von Abdel-Schafi kennengelernt hatte, gehörte zur Fatah und zur PLO. Die Unternehmerin saß sogar im Autonomierat in Ramallah. Die Geschichte der Fatah in Gaza ist mit ihrer Familie eng verbunden. Sie lebt seit Generationen im Norden des palästinensischen Territoriums und besitzt Land bis zur israelischen Grenze. Bis heute ist ihr Farmhaus umgeben von Orangenplantagen. Im alten Gesellschaftssystem der osmanischen Zeit stellte diese Familie meist den Ortsältesten, den Muchtar, der zugleich als Richter wirken konnte. Dieses Amt gibt es heute nicht mehr. Unter israelischer Besatzung war Rashed Schawa, der Schwiegervater, Bürgermeister von Gaza. Das große Kulturzentrum der Stadt ist nach seiner Familie benannt. Eine Schwägerin von Rawya Schawa, die gebürtige Amerikanerin Geraldine, leitet in Gaza die Gehörloseneinrichtung »Atfaluna«, eine beeindruckende Institution, in der Gehörlose Möbel und andere Einrichtungsgegenstände von hohem Wert herstellen.

Trotz ihrer Zugehörigkeit zur Fatah litt die Familie Schawa besonders unter der Rückkehr von Arafat. Sie kann als Beispiel dafür gelten, wie er die bisherigen Verantwortungsträger, die als Partner der Israelis hätten wirken können, endgültig entmachtete. Frau Schawa zufolge brachte die Rückkehr Arafats den besetzten Gebieten »mehr Zerstörung als Nutzen«. Natürlich habe ihre Familie eine führende Rolle in der Gesellschaft gespielt, aber sie habe auch Verantwortung für die Menschen getragen. »Als 1948 die Nakba, die Katastrophe des Unabhängigkeitskriegs, eine Flüchtlingswelle aus dem heutigen Israel in unsere Region schwemmte und als dann nach dem Sechstagekrieg nochmals Flüchtlinge kamen, gaben wir Land und teilten.« Schon unter dem Ansturm der vielen Menschen sei die Gesellschaftsstruktur in Gaza erschüttert worden. »Aber den letzten Schlag brachte Arafats Einzug mit seinen Exilkameraden, den Abus«, erklärte Frau Schawa, also mit all jenen, die sich mit einem Kriegsnamen rufen ließen: Abu Ala, Vater von Ala, Abu Mazen, Vater von Mazen. »Abu Amar wollte die Führung ersetzen, und so landete mein Mann zunächst einmal im Gefängnis.« Die ehemaligen Exilanten hätten danach »die Macht übernommen – sich aber vor der Verantwortung gedrückt«. Meine Zeitung, die *Frankfurter Allgemeine*, nennt übrigens nie diese Kriegsnamen. Abu Mazen bleibt Mahmud Abbas. Ex-Premier Abu Ala, der sich durch Korruption besonders unbeliebt gemacht hatte und im August 2009 sein Amt im ZK der Fatah verlor, blieb Achmed Qurei.

Enttäuschte Hoffnungen

In einer der ersten Pressekonferenzen der neuen PLO-Regierung zeichnete der Heimkehrer Nabil Schaath, damals Planungsminister, aber auch Quasi-Außenminister, das Bild vom zukünftigen Gaza am Mittelmeer. Vor seinen Augen verwandelte sich die alte Strandpromenade in eine »Corniche« wie in Nizza, St. Tropez oder im Beirut zu seinen besten Zeiten: Hotels, Restaurants, luxuriöse Apartmenthäuser an einer Prachtstraße mit lauschig im Wind wedelnden Palmen. Auf einer Landkarte an der Wand malte Schaath – er lebt heute meist im Exil in Kairo – die Zukunft aus. Daraus wurde nichts. Immerhin kam es zunächst zu einem Bauboom, die bisher armen Besitzer kleiner Grundstücke an der Küstenstraße machten mit den Abus aus dem Exil ihr Geschäft. Sie verkauften ihre Grundstücke, auf denen unter anderem Apartmenthochhäuser entstanden, und erhielten dafür vielleicht eine Wohnung in dem neuen Komplex. Die reichen Gefährten Arafats machten sich zu den neuen Herren. Sie wurden Vermieter und Monopolisten der wenigen Güter, die der Küstenstreifen zu bieten hatte.

In den Augen der Welt ist die Stadt Gaza nur ein Kriegsschauplatz. Tatsächlich aber hat der Ort eine lange ruhmvolle Geschichte, die im Ersten Weltkrieg mit einer Katastrophe zu Ende ging, als er in den Kämpfen der Osmanen und Deutschen gegen die Briten weitgehend zerstört wurde. Seitdem gleicht die einstmals reiche Stadt am Ende der Weihrauchstraße einem gerupften Hahn ohne Federschmuck. Allerdings nicht ganz, denn gerade in den ersten hoffnungsvollen Jahren nach Gründung der palästinensischen Autonomiebehörde wurden dort mancherorts Grabungen durchgeführt und die Geschichte wieder sichtbar gemacht. Das alte Gaza liegt auf einem bronzezeitlichen Tel und könnte sich als eine große historische Schutthalde erweisen, gewiss größer als zum Beispiel Jerusalem, hätten nur die Archäologen eine Chance, weiter in dieser Stadt zu arbeiten. Die Funde würden von dem ehemaligen Reichtum des Ortes erzählen. Ich habe einige der Stichproben-Grabungen besucht: Mauern einer bronzezeitlichen ägyptischen Festung, reiche Mosaiken byzantinischer Klöster und Kirchen traten zu Tage und omaijadische Ruinen des frühen Islam. Die Hauptmoschee von Gaza war einst eine Kathedrale der Kreuzfahrer, die ihre Geschichte kaum verbrämt: Man sieht frühgotische Pfeiler, gotische Fenster. Unscheinbar wirkt dagegen die Ruine einer Villa, in der Napoleon geschlafen haben soll, als er 1799 zum Beginn der Neuzeit im osmanischen Nahen Osten versuchte, neben Ägypten auch die Levante für Frankreich zu erobern. Er zog noch im selben Jahr wieder ab, nachdem die Einnahme von Akko fehlgeschlagen war.

Überbevölkerung ist heute das Problem des Gazastreifens. Während die alten Familien noch Waisenhäuser oder Stiftungen zur Erziehung der Jugendlichen gründeten, riss die neue Fatah-Führung zwar alle Macht an sich, aber für die sozialen Probleme fehlte das Gespür. Da die meisten Kinder aus Flüchtlingsfamilien stammen, ist gemeinhin auch die Flüchtlingsorganisation der Vereinten Nationen für sie verantwortlich. So sieht es die Welt. Aber müsste nicht zuallererst die örtliche Obrigkeit aktiv werden? Freilich hatten es die Israelis schon zu Zeiten der Besetzung der Fatah schwer gemacht, selbst soziale Institutionen zu gründen. Stattdessen erlaubten sie vornehmlich der islamistischen Bewegung der Muslimbruderschaft, aus der Ende der achtziger Jahre die Hamas entstand, sozial tätig zu werden, weil sie in ihr eine geeignete Kraft zur Schwächung der PLO sahen. So entstanden die Waisenhäuser und Kinderheime der Hamas. Israel begriff nicht, dass Hamas die Kinder nicht aus sozialer oder humanistischer Gesinnung förderte. Ziel der Islamisten war die Heranbildung der Dschihadisten »im Kampf um die Befreiung des geheiligten Landes von den jüdischen Kreuzrittern«. Das Hamas-Programm von 1988 ist darin eindeutig. Es geht auf einen der Gründer der Muslimbruderschaft, Scheich Hassan al-Banna zurück. Die Israelis hätten nur seinen Fünf-Stufen-Plan ernst nehmen müssen, dann hätten sie die Hamas von vornherein als gefährlichen Gegner erkannt und nicht versucht, Hamas gegen Fatah auszuspielen.

Die damalige Elite der Hamas, bis hin zu den jungen Kämpfern in der zweiten Intifada, stammt aus armen Flüchtlingsfamilien. In der Regel hatten sie hart gearbeitet und waren in der ersten Generation Akademiker geworden, Ärzte, Techniker und Lehrer. Vor allem der Kinderarzt Abdel Aziz Rantisi ist mir in Erinnerung. Er wurde 1947 im heutigen Israel, in Yavneh an der Küste geboren. Später studierte er im ägyptischen Alexandria und war in den siebziger und achtziger Jahren Oberarzt am Krankenhaus von Khan Yunis in der Mitte des Gazastreifens und Lehrer an der islamischen Universität von Gaza. Er war einer der Mitbegründer der Hamas und wurde nach der Tötung seiner Vorgänger kurzzeitig deren Chef. Nur wenige Wochen darauf, im Frühling 2004, liquidierten die Israelis auch ihn.

Ich traf ihn das erste Mal in Gaza-Stadt, in einer Praxis, die wohl nicht seine eigene war. Jedenfalls war der Behandlungsraum unordentlich, verstaubt und offenbar lange nicht genutzt worden. Ein zweites Mal besuchte ich Rantisi zu Hause, wo seine Frau süßen Nana-Tee für uns aufgoss. Das dritte Mal konnte er sich offenbar schon nicht mehr frei bewegen. Wir verabredeten uns an einer Straßenkreuzung, wo er in seinen Wagen stieg und mich in meinem quer durch Gaza lotste, bis wir in irgendeinem Haus in einem Flüchtlingslager unser Gespräch beginnen konnten. Rantisi war ein stämmiger, dicklicher Mann, der keine Zweifel zuließ. Jedes Wort war Aggression und Feindschaft gegen Israel. Einen Satz von Dr. Rantisi werde ich nie vergessen. »Je schlechter es den Menschen im Gazastreifen geht, desto besser für unsere Bewegung.« Unter führenden Islamisten gibt es manche Ärzte. Und auch der jüdische Terrorist und Mörder Baruch Goldstein war Arzt gewesen. Die Arbeit muss noch geschrieben werden, die der Frage nachgeht, wie aus Ärzten, die heilen sollen, in politischer Verblendung Terroristen werden können, die töten.

Im Rückblick ist der Jubel der Menschen bei der Ankunft Arafats in Jericho längst verblasst. Als der Mann aus dem Helikopter gestiegen war, winkte er mit seinen kleinen Händen und lachte. In deutlicher Erinnerung geblieben sind nur Hitze, Schweiß und eine bald enttäuschte Hoffnung. Der beginnende Friedensprozess und Arafats Rückkehr führten nicht zu einer Erleichterung des Lebens in den besetzten Gebieten. Nach Baruch Goldsteins Terrortat 1994 nahmen vielmehr die Anschläge militanter palästinensischer Terroristen auf Siedler in den besetzten Gebieten zu. Ministerpräsident Rabin ließ die ersten Straßensperren aufstellen. Konnten die Palästinenser vor dem Oslo-Vertrag noch zum Baden ans Meer in Tel Aviv oder in anderen Orten fahren, so blieb ihnen allmählich immer weniger Raum. Das Westjordanland wurde erst zur Insel, dann zum großen Zwinger. Der Oslo-Prozess verschlechterte das Leben. Im Gazastreifen gab es nur wenige Kilometer vom Meer entfernt Dörfer, deren Bewohner einst zum Fischfang auf die hohe See hinausfuhren. Nun blieb der Strand den israelischen Siedlern und Soldaten vorbehalten. Die Dorfbevölkerung brauchte eine Sondergenehmigung, um ihren Weiler zu verlassen. Das Meer konnte man zwar sehen und riechen; aber es wurde unerreichbar – wie der Frieden.

Kaum jemand hat diesen Leidensweg der Palästinenser so dicht beschrieben wie meine Kollegin Cordelia Edvardson, mit der ich in jenen Jahren einige Recherchetouren unternahm. Sie wird oft als deutsch-schwedisch-israelische Autorin bezeichnet, was ihren zerklüfteten Lebensweg treffend kennzeichnet. Bei Pressekonferenzen saß die 1929 in München geborene Cordelia meist in der ersten Reihe, den Notizblock gezückt, und stellte eine der ersten Fragen. Cordelia konnte zwar Hebräisch, aber israelische Politiker befragte sie in ihrem deutsch-skandinavischen Englisch. Das klang etwas hart, verraucht, leicht zögerlich und schnarrend. Ihre Fragen waren präzise, manchmal bissig. Dabei ging es ihr nicht um Strukturen oder politische Strategien, sondern stets um die Menschen. Ihr ganzes Leben kreiste darum, die Menschlichkeit zu finden, die ihr selbst die Nazis in jungen Jahren entreißen wollten. Cordelia war als illegitime Tochter der katholischen Schriftstellerin und Halbjüdin Elisabeth Langgässer und des jüdischen Staatsrechtlers Hermann Heller geboren worden. Ihr Weg war vorgezeichnet: Cordelia kam 1943 zuerst nach Theresienstadt, dann nach Auschwitz, wo sie für den gefürchteten Dr. Mengele die Selektionen zu protokollieren hatte. 1945 wurde sie vom Internationalen Roten Kreuz gerettet und bei einer Familie in Schweden untergebracht. Dort fand sie erstmals wieder Geborgenheit. Danach begann sie als Journalistin zu arbeiten.

Zum Jom-Kippur-Krieg 1973 kam Cordelia nach Israel und lebte bis November 2006 in ihrer Puppenwohnung im Herzen von Westjerusalem zwischen modernen Möbeln und einem Biedermeiersekretär. Sie arbeitete als Korrespondentin für die schwedische Tageszeitung *Svenska Dagbladet* und verfasste mehrere Bücher. In ihnen macht sie deutlich, dass es schwer, wenn nicht unmöglich ist, *Die Welt zusammenzufügen* (so einer ihrer Buchtitel), die durch die Schoah aus den Fugen geraten war. Im Sommer lebte sie in Schweden, und immer wieder kam sie auch nach Deutschland. Sie schrieb Schwedisch und behauptete, ihr Deutsch sei »kläglich, obwohl Muttersprache, ohne Gefühl für Nuancen«. Einmal stellte sie fest: »Deutschland ist Bildungsheimat. Schweden, das nie von einer Katastrophe betroffen wurde, schenkte mir durch seinen Zustand der Unschuld und seine Natur viele Jahre lang Ruhe. Israel ist geistige Heimat: Hier habe ich meine Verbindung zum jüdischen Volk wiedergefunden.«

Unvergesslich sind die Abende in ihrer kleinen Wohnküche, in die sie uns zu herrlichen Gerichten mit Schweinefleisch einlud, das es lange Zeit in nur drei nicht koscheren Metzgereien in Jerusalem zu kaufen gab. Meist waren es kleine Gesellschaften, in denen hart debattiert wurde, auch am Vorabend des Weihnachtstages, mit bestem Wein und danach viel Whiskey. Für sie mit vielen Zigaretten. Es ging um Literatur, um die Vergesslichkeit der Welt gegenüber Auschwitz und immer um Israel. Sie litt unter der Besatzungspolitik und wurde nicht müde, die Orte des aktuellen Geschehens zu besuchen, um Fragen zu stellen: Neugier bis zur Selbstverletzung. Nach ihrer eigenen Erfahrung in Auschwitz wäre es für sie unerträglich gewesen, wenn das Leben der Palästinenser in den von Israel besetzten Gebieten vergleichbar geworden wäre mit dem der Juden in den Nazi-Gettos. Krank kehrte sie im Jahre 2006 nach Schweden zurück. Im Januar 2009 feierte sie dort ihren 80. Geburtstag.

Die zweite Intifada

Am frühen Nachmittag wollte ich mich mit Faisal Husseini in seinem Büro treffen. Der »Jerusalem-Minister« der Fatah hatte seinen Amtssitz im Orienthaus, das 1897 von seinem Vorfahren Ismail Musa Husseini gebaut worden war. Der aristokratische Clan nutzte es seinerzeit als Gästehaus, empfing dort Kaiser Wilhelm II. genauso wie den äthiopischen Kaiser Haile Selassie. 1945 wurde die ausgedehnte Villa ein Hotel, nach dem Zweiten Weltkrieg zwischenzeitlich ein UN-Quartier. Nach dem Sechstagekrieg – das »American Colony« eine Straße weiter entwickelte sich zum ersten Haus am Platz – wurde das Hotel »Neues Orienthaus« geschlossen. 1983 verlegte Faisal Husseini seine 1978 gegründete Arab Studies Society, die statistische Daten über die Palästinenser sammeln sollte, aber letztlich eine Art PLO-Botschaft war, in das Gebäude. 1988 versiegelten die Israelis das Haus einige Zeit »aus Sicherheitsgründen« wegen Husseinis PLO-Aktivitäten. Mit dem Oslo-Prozess wurde es Hauptquartier der PLO in Jerusalem. Seit Beginn der zweiten Intifada, dem zweiten Versuch der Palästinenser, Israels Besatzung abzuschütteln, ist es wieder verwaist. Für die Schließung nutzten die Israelis den überraschenden Tod Husseinis 2001. Schon zu den ersten im Jahr 2007 in Annapolis vereinbarten vertrauensbildenden Maßnahmen zwischen Israel und den Palästinensern hatte die Wiedereröffnung des Orienthauses gehört. Dazu ist es aber bis heute nicht gekommen.

Provokation auf dem Tempelberg

Es war ein Donnerstag Ende September 2000, der später den Beginn der zweiten Intifada markieren sollte. In der Presse war die Visite des damaligen Oppositionsführers von der Likud-Partei, Ariel Scharon, auf dem Tempelberg angekündigt worden. Das Ereignis war also für niemanden eine Überraschung. Als einen Besuch für den Frieden gab Scharon sein Vorhaben aus. Er wolle sich, hieß es in der Presse, aus erster Hand über die Umbauten informieren, die der Waqf, die muslimische Tempelbergverwaltung, veranlasst hatte. Nach israelischer Ansicht richteten illegale Ausschachtungen in den historischen Anlagen unermesslichen Schaden an. Nicht zuletzt fürchteten die Israelis, bisher unbekannte und durch den Umbau irgendwo zu Tage kommende Überreste der jüdischen Tempel könnten zerstört werden. Die Beamten des Waqf, die den Besuch genehmigen mussten, weigerten sich, die Baustelle gemeinsam mit Scharon zu betreten.

Schließlich ging der Likud-Chef mit israelischen Archäologen in »Salomons Ställe«: Dies sind im Wesentlichen Gewölbe aus der Zeit der Kreuzfahrer unter dem herodianischen Plateau, die zur Wintermoschee umgebaut werden sollten, um während der Winterregen die vielen tausend Beter zu schützen. Ob Scharon bei seinem Besuch auch die herodianischen Gewölbereliefs sehen konnte, die allerdings schon in der britischen Mandatszeit zur Stabilisierung der al Aqsa-Moschee teilweise mit Stützbeton verbaut worden waren? Unter weißem Verputz hatte ich sie noch in Resten deutlich erkennen können: Sonnen-Hakenkreuz-Symbole und Meander, die wohl schon Jesus über sich erblickt hatte, als er nach dem Eintritt durch die großen Tore von Süden her zum Tempel hinaufgeschritten war. Über dem Tempelbesucher hatte dort, wo heute die al Aqsa steht – ein Ausbau der von Omaijadenherrscher Abd al Malik Ende des 7. Jahrhunderts errichteten Moschee, die von den Tempelrittern im Mittelalter säkular genutzt wurde –, in herodianischer Zeit der Sanhedrin residiert, das oberste jüdische Gericht, das das Todesurteil für Jesus gefordert hatte. Archäologen fanden durch entsprechend beschriftete Steine heraus, dass in dem Gewölbe unter diesem Gericht, also geschützt vor Sonne und Regen, die Tempelgeschäfte stattgefunden hatten: der Tausch von römischem Geld in koschere, ohne Kaiserbildnis geprägte Münzen und der Kauf von Opfertieren. Es ist also anzunehmen, dass Jesus auf diesen Stufen den Tempel »gereinigt« hatte. Aber das wird Scharon nicht interessiert haben.

Tatsächlich wollte Scharon zeigen, dass der einst heiligste Platz für das Judentum auch weiterhin vor allem den Juden gehöre. Scharon kam nicht allein. Er brachte viele hundert Mann Polizei mit, eine Demonstration der Macht. Auch Faisal Husseini war auf dem Berg, hielt sich aber im goldenen Dom auf, den Scharon mied. Der israelische Ministerpräsident Barak hatte den Besuch nicht verhindert; sein Sicherheitsminister Schlomo Ben-Ami hatte ihn genehmigt. Jeder sollte Zugang zum Haram as Scharif, zum Tempelberg, haben dürfen, hieß es offiziell. Rabbinat und Regierung hatten freilich nach der Eroberung von Ostjerusalem 1967 übereinstimmend die Regel aufgestellt, dass Juden nicht auf den Tempelberg gehen sollten, um den Konflikt mit den Muslimen nicht zu verschärfen. Sie fanden für das Verbot eine religiöse Erklärung: Keiner wusste, wo sich einst das Allerheiligste des jüdischen Tempels, der 70 n. Chr. zerstört worden war, befunden hatte. Diesen Raum aber durfte nur einmal im Jahr und allein der Oberpriester zur Versöhnung des Volkes mit seinem Gott betreten – an Jom Kippur. Niemand sonst. Weil dieser Raum auf jedem Teil des Berges gelegen haben konnte, wurde der gesamte Berg zur Tabuzone erklärt. Das weise Verbot von 1967 wird noch heute von den meisten Juden respektiert. Nur nicht von jenen Radikalen, säkular oder religiös, denen es wichtiger ist, ihren Herrschaftsanspruch über die Muslime zu demonstrieren; darunter sind jene, die auf dem Plateau den Grundstein für einen »vierten Tempel« legen wollen. Auch Scharon wollte provozieren.

In Verbindung mit den Vereinbarungen von Oslo hatte Außenminister Peres in einem Brief an Arafat zugesichert, die palästinensischen Institutionen in Ostjerusalem, so auch Husseinis Orienthaus, zu schützen und geöffnet zu lassen. Arafat erklärte im Gegenzug, er wolle keine neuen politischen Institutionen in der Stadt eröffnen. Auch sollten die Palästinenser keine Außenpolitik betreiben. Deswegen war Nabil Schaath offiziell Planungsminister, obwohl er für Arafat die Außenpolitik machte. In Jerusalem arbeitete Faisal Husseini wie ein PLO-Außenminister, der nicht nur mich und andere Journalisten, sondern Botschafter aus aller Welt im Orienthaus empfing.

An jenem Tag, an dem Scharon auf den Tempelberg ging, wollte ich im Anschluss daran mit Husseini sprechen. Im Vorzimmer zu seinem Büro traf ich hinter dem Schreibtisch seine Nichte an. Sie lud mich zu einem kalten, erfrischenden Getränk ein. Ihr Onkel Faisal sei noch nicht da. Er sei auf der al Aqsa, um den Besuch von Scharon zu beobachten. Wir unterhielten uns über ihren Onkel, der unterdessen mehrmals anrief, um uns über die Vorgänge auf dem Haram as Scharif auf dem Laufenden zu halten.

Faisal Husseini war im Juli 1940 in Bagdad als Sohn des Kommandeurs der palästinensischen Truppen geboren worden. Er war auch ein Großneffe von Großmufti Mohammed Amin al Husseini, der im engen Kontakt zu den Nazis und Adolf Hitler gestanden hatte, und ein entfernter Vetter von Jassir Arafat. Er gehörte zu einer der führenden Familien der Region, die wohl im 13. Jahrhundert nach dem Sieg über die Kreuzfahrer mit den Mamelucken ins Land gekommen war wie auch die Familien der Nusseibeh oder der Naschaschibi. Faisal hatte in Kairo, Bagdad und Damaskus arabische Wissenschaften und Politik studiert. 1967 schloss er sich der palästinensischen Befreiungsarmee an. Mit Gründung der PLO 1964 kehrte er nach Jerusalem zurück, wurde dort zur zentralen Figur der palästinensischen Politik in der Stadt und darum mehrfach von den Israelis unter Hausarrest gestellt oder in Haft genommen. Er nutzte das, um Hebräisch zu lernen – so wie viele andere palästinensische Führer jener Generation, die ihre Kenntnis über die Israelis und deren Sprache ebenfalls während monatelanger Gefängnisaufenthalte erwarben. Auch Faisals Englisch war sehr gut, sodass ihn die israelischen Fernseh- und Rundfunkanstalten gern als Sprecher der palästinensischen Bewegung ins Studio holten. Ende Mai 2001 starb Husseini auf einer Konferenz in Kuwait. Er wollte dort nicht zuletzt die Beziehungen zwischen der PLO und Kuwait verbessern helfen, nachdem sich so viele Palästinenser an der irakischen Besetzung Kuwaits beteiligt hatten. Herzversagen lautete die Diagnose zu seinem Tod. Als ein Mitglied des muslimischen Rats der Stadt Jerusalem, des höchsten religiösen Gremiums, wurde Faisal Husseini würdevoll auf dem Tempelberg beigesetzt.

Husseini war unprätentiös, fast einfach und keineswegs korrupt – wie so viele andere Politiker um ihn herum. Er konnte hartnäckig und zielstrebig sein. Doch nach außen gab er sich als zurückhaltender, immer leicht melancholisch wirkender Gesprächspartner. Mit wachen Augen und zuweilen mit einem süffisanten Lächeln auf den Lippen legte er seine Meinung dar. Er wollte Mittler sein, aber dabei nie seine Würde verlieren. Demütigungen seitens der Israelis konnte er darum nur schwer ertragen. Die Israelis wussten das und verfuhren bisweilen entsprechend, als wollten sie ihn absichtlich in den Schmutz ziehen. Faisal kam an jenem Donnerstag viel später als verabredet in sein Büro. Er war entspannt und erleichtert. »Der Besuch Scharons auf dem Haram war eine Provokation. Aber sie ging friedlich vorüber. Wir haben es noch einmal geschafft.«

Das Scheitern in Camp David und die Folgen

Im Juli 2000, also nur ein paar Monate zuvor, waren in Camp David, der Ferienresidenz der amerikanischen Präsidenten in Maryland, die Gespräche zwischen Israelis und Palästinensern unter Führung von Bill Clinton gescheitert. Arafat hatte für weitreichende Zugeständnisse, zum Beispiel zur Aufteilung von Jerusalem, weder ein Mandat und wohl auch nicht den Willen. Plötzlich meldete zum Beispiel der marokkanische König ein Mitspracherecht über das Schicksal des Haram as Scharif an. Die Regierungen in Syrien und am Golf kritisierten von Arafat möglicherweise gemachte Zugeständnisse. Aber auch der israelische Ministerpräsident Ehud Barak schien mit einem schlecht geschnürten Verhandlungspaket nach Camp David gereist zu sein. Einmal bot er 95 Prozent des Westjordanlandes an; dann wiederum erklärte er sich zu anderen Zugeständnissen in Bezug auf Flüchtlinge und den Status von Jerusalem bereit. Arafat musste den Eindruck erhalten, es gebe bei den Israelis keine rote Linie. Im Nachhinein wurde die Verantwortung für den Fehlschlag von Camp David auf Arafat geschoben. Clinton verbreitete dieses Urteil als Erster auf seiner Pressekonferenz nach Abreise der Kontrahenten. Bei ihm war die Enttäuschung besonders groß. Er hatte seine Präsidentschaft mit dem Nahost-Frieden krönen wollen und stand vor einem Scherbenhaufen.

Viele Historiker befassten sich seither mit dem Gipfel von Camp David und bemühten sich um ein der Realität nahes Bild vom Scheitern und Versagen. Wahrscheinlich war das Treffen verfrüht angesetzt und schlecht vorbereitet worden; die Palästinenser arbeiteten ohne versierte Unterhändler. Sie wollten von den Israelis zwar »alles haben«, machten aber keinen einzigen konkreten Gegenvorschlag zur Position Israels, meinte später der damalige israelische Außenminister Schlomo Ben-Ami. Er hatte das Gefühl gehabt, die Gespräche mit Arafat seien wie »Wassertreten«. Erst nach diesem Fehlschlag und als eine Konsequenz daraus schmiedete der palästinensische Verhandlungsführer Saeb Erekat das 1994 in Gaza gegründete und zunächst dem heutigen Präsidenten Mahmud Abbas unterstellte PLO-Negotiations Affairs Department zu einem schlagkräftigen Instrument. In ihm arbeiten heute auch ausländische Anwälte oder Politologen mit palästinensischem Hintergrund. Sie sind effizient, machen Planspiele, entwickeln Verhandlungsstrategien. Die Unit präsentiert die palästinensische Sache auch vor ausländischen Gästen und Journalisten.

Eng mit dieser Institution ist das Ehepaar Anwar und Zisette Darkazally verbunden. Der britisch-syrische Jurist Anwar mit einer anglikanischen Mutter und einem muslimischen Vater hatte sich für den Islam entschieden. Die Unterdrückung der Palästinenser und die Geringschätzung des Islam bei vielen Christen und Juden ließen Anwar sogar zu einem bekennenden Muslim werden. Er gab unter dem Eindruck von Oslo seinen guten Posten als Anwalt in London auf, um für einige Jahre der PLO zu dienen. In Jerusalem traf er auf die anglikanische Palästinenserin Zisette aus Haifa und heiratete sie.

Sie arbeitet heute statt seiner für das PLO-Negotiations Affairs Department, während er zur UN wechselte. Ihre Kinder wollen beide nach dem Motto der Ringparabel aus Gotthold Ephraims Lessings Theaterstück *Nathan der Weise* erziehen. In diesem Stück hatte der Dichter der Aufklärung dargelegt, dass keiner Religion der alleinige Anspruch auf Wahrheit gebühre, dass es vielmehr darauf ankomme, in jeder Religion »mit innigster Ergebenheit in Gott« das Gute anzustreben. Die Arbeit von Anwar und Zisette trägt offenbar Früchte. Der frühere israelische Verhandlungsführer und Barak-Ratgeber Rechtsanwalt Gilad Sher gibt heute zu, dass es seit Gründung des neuen Negotiations Department schwerer geworden ist, israelische Positionen durchzusetzen.

Aus dem Scheitern von Camp David zogen die Bewohner der Region vor allem eine Folgerung: Die Überzeugung vom unüberwindlichen Gegensatz der Positionen war bestätigt und gefestigt worden. Anstatt zu sehen, dass erstmals ernsthaft über einen Frieden und über den Endstatus zweier friedlich koexistierender Staaten verhandelt worden war, sagten die Israelis: Wir haben den Palästinensern einen großzügigen Frieden angeboten, sie aber lehnten ab. Auf palästinensischer Seite verlautete, Israel sei nicht einmal bereit gewesen, das besetzte Westjordanland vollständig zurückzugeben und Jerusalem zu teilen. Barak sei kein fairer Verhandlungspartner. Camp David hatte insofern eine schädliche Wirkung. In der Öffentlichkeit wurde auch kaum wahrgenommen, dass weiter verhandelt wurde. Dabei kam freilich zunächst auch nichts heraus.

Erst die Gespräche im Winter Ende 2000 im ägyptischen Taba am Roten Meer schienen einen Wendepunkt zu markieren. Als der Frieden dann im Januar 2001 greifbar nahe war – nach dem weitgehend ausformulierten Vertrag sollte fast das gesamte besetzte Gebiet den Palästinensern überlassen werden –, da verlor Barak die Wahlen. Die Radionachrichten über die Erfolge in Taba klangen nun mehr als seltsam, sie gingen unter in den Meldungen über Gewalt und Terror.

Nur wenige Wochen vor Ausbruch der zweiten Intifada wurde ich Ende August von dem damaligen Präsidenten des palästinensischen Wirtschaftsrates für Entwicklung und Wiederaufbau, dem späteren Minister und Fatah-ZK-Mitglied Muhammad Shtayjeh, nach Ramallah zum Gespräch gebeten. Er wollte mir die jüngsten Protokolle der Verhandlungen zeigen, wie sie Nabil Schaath für den PLO-Chef auf einigen Blättern Papier angefertigt hatte: Auf der linken Seite hatte er die palästinensischen und rechts die israelischen Positionen der Camp-David-Gespräche festgehalten; handschriftliche Ergänzungen am Rand deuteten Neuerungen an. Davon gab es aber nur wenige. Shtayjeh machte sich Sorgen. Er wollte zumindest die Öffentlichkeit darauf hingewiesen haben, dass sich die Situation im Lande zuspitzte. Israelis und Palästinenser, die 1993 ihre gegenseitige Anerkennung gefeiert hatten, drohten sich sieben Jahre später wieder in Feindschaft voneinander abzukehren. In Israel setzte sich das negative Bild von den »undankbaren Palästinensern« und auf der arabischen Seite das der »unfairen Israelis« fest. Derweil wurde in einem Ort irgendwo auf der Welt, später in Taba, in Gesprächen zwischen Experten beider Seiten ohne Kontakt zur Basis wie in einem »Ballon ohne Verbindung zum Boden« weiterverhandelt. So zitierte ich Shtayjeh in einem Dreispalter auf der ersten Seite meiner Zeitung und wies damit auf die gefährliche Lage hin.

Gewaltexzesse und politisches Kalkül

Auch Faisal Husseini sah die Gefahr einer Explosion der Gewalt. Darum war er so erleichtert, als er mir an jenem Donnerstagnachmittag in seinem Büro berichten konnte, dass die Provokation des Likud-Chefs auf dem Haram unblutig vorübergegangen war. Was in der folgenden Nacht in der Fatah-Führung, bei den Islamisten oder beim muslimischen Rat auf dem Tempelberg, dem Waqf, vor sich ging, ist mir unklar geblieben. Die israelischen Sicherheitskräfte erfuhren offenbar nichts von dem, was sich da zusammenbraute. Dabei hätte man bedenken müssen, dass auf einen Donnerstag der Tag des Freitagsgebets folgt: Massen würden zur Moschee strömen. Hätte das nicht alarmieren müssen? Die Vorbeter hatten mit ihren aufpeitschenden Reden zweifellos einen Anteil daran, dass es am Freitagmittag zu wütenden Zusammenstößen auf dem Tempelberg kam. Zunächst flogen Steine vom Plateau der al Aqsa-Moschee hinunter auf das Gelände vor der zwanzig Meter tiefer gelegenen Klagemauer, wo die Juden beten. Aus dieser Höhe konnten die Steine zu tödlichen Geschossen werden. Die israelischen Sicherheitskräfte gingen gegen die Demonstranten mit aller Macht vor; und es waren die Palästinenser, die Stunden später mehr als ein Dutzend Tote zu beklagen hatten. Die Polizei war nicht vorbereitet gewesen. Sie hatte nicht die üblichen Einsatzmittel gegen die Demonstranten genutzt, weder Wasser noch Tränengas. Es war unverzüglich mit scharfer Munition geschossen worden.

Wenige Wochen später erhielt ich einen Anruf aus dem Amt des Ministerpräsidenten. Ich solle in die Lobby eines Hotels in Tel Aviv kommen, um an einem Gespräch mit einem hohen Sicherheitsoffizier teilzunehmen. Nichts lieber als das. In der Lobby stand eine Mitarbeiterin von Ministerpräsident Barak, die jeden der eingeladenen Korrespondenten persönlich kannte und in ein Zimmer auf einem der höheren Stockwerke schickte. Dort stellte uns ein israelischer Sicherheitsoffizier den Hergang auf dem Tempelberg aus seiner Sicht dar – von Scharons Besuch bis zu den tödlichen Zusammenstößen. Seit jenem 28. September waren in den besetzten Gebieten, aber auch im israelischen Galiläa weitere Menschen gestorben. Man sprach von einer »al Aqsa-Intifada«, weil die Muslime diesseits und jenseits der grünen Grenze gegen die

»Schmähung« durch den Besuch von Ariel Scharon auf dem Tempelberg demonstrierten und gegen die Ermordung ihrer Glaubensbrüder am Tag danach.

Der Sicherheitsoffizier nahm kein Blatt vor den Mund. Es sei ein nicht wieder gutzumachendes Unglück, dass die Polizei die Demonstration auf dem Tempelberg durch ihre mangelnde Vorbereitung noch angefacht habe. »Wäre es nur zu Demonstrationen und nicht zu diesem Massaker gekommen, dann wäre Israel und den Palästinensern wohl viel Blutvergießen erspart geblieben«, kann ich Jahre später in meinen Notizen als Zitat jenes Offiziers nachlesen. Ja, er benutzte das Wort Massaker. Auf sonderbare Weise deckten sich die Befürchtungen von Faisal Husseini vor dem Ausbruch der Unruhen mit der Beurteilung der Geschehnisse durch den Sicherheitsoffizier. Ich habe diesen Mann nie wieder treffen können. Wir erfuhren nicht einmal seinen Namen.

Als geradezu gespenstisch sind mir diese ersten Tage der Intifada in Erinnerung geblieben. Erwiesen ist offenbar nach israelischen Quellen mittlerweile, dass die Israelis den Konflikt erst schüren wollten, um dann ihre massive Gewalt vor der Weltöffentlichkeit rechtfertigen und den Aufstand stoppen zu können. Darum schossen sie auch bei den Demonstrationen im israelischen Galiläa mit scharfer Munition und nicht etwa zur Selbstverteidigung. Der damalige Generalstabschef Schaul Mofaz und die Polizeiführung nutzten die Gewalt der Palästinenser aus, um den politischen Prozess zu beenden, der nur noch von einer kleinen Gruppe um Ministerpräsident Barak getragen wurde. In Bezug auf den harten Einsatz der Polizei in Galiläa wurde dies später durch eine unabhängige Richterkommission bestätigt. Dagegen hieß es bei den Sicherheitskräften, dass eine besondere Gefahr dadurch entstanden wäre, dass sich plötzlich die Palästinenser in den besetzten Gebieten mit denen in Israel zusammengeschlossen hatten. Heute weiß man, dass bestimmte Fatah-Politiker wie der noch in israelischer Haft sitzende Marwan Barguti den Ausbruch der Unruhen mit vorbereitet hatten, während andere davon überrascht worden waren. Arafats Rolle blieb zunächst rätselhaft. Und noch etwas begründete die Militanz auf israelischer Seite: Die Israelis hatten den Palästinensern nach dem Vertrag von Oslo Waffen gegeben, die diese nun gegen die Israelis richteten. Deshalb sollte ein Exempel der Übermacht statuiert werden.

Heute gehört der 2004 zu mehrfach lebenslänglicher Haft verurteilte Marwan Barguti im israelischen Gefängnis zu den Hoffnungsträgern der Fatah. Immer wieder wird sein Name im Zusammenhang mit der Nachfolge des jetzigen Präsidenten Abbas genannt. Für die Israelis ist er ein Massenmörder, auch wenn man ihm nur in einem Indizienprozess die Planung zahlreicher Anschläge und Ermordungen und eine Beteiligung daran nachweisen konnte. Die Palästinenser weisen darauf hin, dass er früher stets ein Mann des Dialoges gewesen sei. Für sie ist der mittelgroße Mann mit dem weichen Händedruck und den sinnenden Augen ein Held. Schon nach Arafats Tod trat er aus der Zelle heraus als Präsidentschaftskandidat gegen Abbas an, unterlag aber bei den Wahlen Anfang 2005 deutlich. Der Vater von zwei Kindern steht seither auf fast jeder Liste von Personen, deren Freilassung die Autonomiebewegung fordert. Der Widerstand dagegen nimmt in Israel langsam ab. Aber ob der mir als schüchterner und zurückhaltender Politiker bekannt gewordene Barguti eine politische Führungspersönlichkeit werden kann, steht dahin.

Mit Ausbruch der zweiten Intifada brach das Konzept von Oslo zusammen. Es gab zwar noch die Autonomiebehörde, aber seither eigentlich keine Autonomie mehr. Gerne jonglierten die Politiker weiter mit den drei verschiedenen Zonen palästinensischer Hoheit, wie sie im Vertrag von 1995 zwischen Israel und der PLO vereinbart worden waren. In der A-Zone, den Städten, seien die Palästinenser für die Infrastruktur, die Sozialleistungen und die Sicherheit zuständig. In der B-Zone sorge Israel für Sicherheit. Und schließlich soll die Bevölkerung in der C-Zone allein unter israelischer Obrigkeit leben. Tatsächlich ist diese Aufteilung Makulatur – bis heute. Nicht einmal in den »autonomen A-Inseln« zwischen Nablus und Hebron oder in Jericho können die palästinensischen Behörden ohne israelisches Zutun handeln. Wenn heute die Polizei in Dschenin oder Bethlehem bewaffnet den Verkehr regelt oder gegen Einbrecher vorgeht, bedarf das der Kooperation mit den Israelis. Das führt dazu, dass Kritiker des gegenwärtigen Zustands immer wieder einmal dafür eintreten, diese »Scheinautonomie« aufzulösen, um die Israelis dazu zu zwingen, ihre Besatzungspolitik offen zu betreiben und nicht verbrämt: »Wenn die Israelis ohnehin mit ihrem Militär überall sind, können sie auch für Schulen und Krankenhäuser sorgen«, heißt es. »Dann könnten auch die palästinensischen Bonzen in ihrer Eitelkeit nicht länger Staatsmänner spielen«, fügen die Kritiker hinzu.

Auf israelischer Seite wurde später immer wieder behauptet, PLO-Chef Arafat habe die Unruhen geplant. Tatsächlich gibt es dazu aber nur eine Äußerung von Imad Faludschi. Der damalige Minister für Kommunikation, der es auch für das Recht der Palästinenser ansah, »Siedler zu töten«, war bekannt für markige Worte. Er soll Monate später gesagt haben – und der Satz wird immer wieder, wenn auch ohne genaue Angabe der Entstehungszeit, zitiert –, der Aufstand sei schon im Juli, also vor dem Scharon-Besuch auf dem Tempelberg, ins Auge gefasst worden: Er »war seit Rückkehr des Vorsitzenden Arafat aus Camp David geplant, als dieser in den Gesprächen mit dem damaligen amerikanischen Präsidenten den Spieß umdrehte und die Bedingungen der Amerikaner ablehnte«. Doch Faludschi wird womöglich zu viel Ehre zuteil. Es gibt nur seine Aussage, die die These von einer Planung der Unruhen durch die PLO-Führung bestätigt. Allerdings gab es einen Flügel in der Fatah, und dazu gehörte offenbar Barguti in Ramallah, der den Fehlschlag von Camp David als Bestätigung dafür ansah, dass die gemäßigte PLO-Führung mit den Verhandlungen von Oslo in eine Sackgasse geraten war. Vor allem aber drängten die Islamisten zu einer gewalttätigen Auseinandersetzung. Nach Camp David war politisch ein Vakuum entstanden, das diese Kritiker von Oslo zu nutzen wussten – auf beiden Seiten, wie Scharon auf der israelischen vorgeführt hatte.

Es stimmt aber auch, dass Arafat den Aufstand schnell für seine eigene Politik verwertete, womöglich schon von dem Moment an, als sich die israelischen Araber in Galiläa in blutige Kämpfe mit der Polizei verstrickten und es auch in Nazareth Tote gab. Dort konnte Arafat keine Kontrolle ausüben. Auf die Zusammenstöße in Israel antworteten die Palästinenser in den besetzten Gebieten erst recht mit Gewalt. Da wird rasch der Punkt gekommen sein, an dem Arafat sein erstes Zögern aufgab und zum Motor des Aufstandes wurde. Es durfte ja nicht sein, dass die »ungeliebten Vettern«, die Araber in Israel, die doch den israelischen Wohlstand genossen und nicht unter den Plagen der Besatzung zu leiden hatten, den Kampf gegen die Israelis anführten. Und es durfte schon gar nicht sein, dass womöglich Arafat selbst die Macht entglitt – und so stellte er sich an die Spitze der neuen Intifada.

Die israelische Armee – Garant der Stabilität?

Die israelische Armee genießt einen guten Ruf. Sie ist nach dem Obersten Gericht die am meisten geachtete Institution des Landes, beliebter als Regierung oder Parlament. Lange Zeit galten Heer, Marine und Luftwaffe auch als unbesiegbar. Nur dank seiner Armee gelang es dem kleinen Staat am Mittelmeer bisher, sich der vielen arabischen Feinde ringsherum zu erwehren. Triumphal war der Sieg im Sechstagekrieg 1967. Aber die folgenden vierzig Jahre Besatzungsdienst haben die Truppe verändert, und im Libanonkrieg im Sommer 2006 folgte für Armee und Nation das böse Erwachen. Kann Israel die Terroristenarmee der Hizbullah nicht besiegen, ohne dabei auch den Südlibanon zu zerstören? Könnte die Armee heute noch die israelischen Siedler vertreiben, wenn sich jene einem demokratischen Beschluss der Knesset nicht beugen und die besetzten Gebiete nicht verlassen würden? Die Armee beschwört die Politik, jeder Auseinandersetzung mit Siedlern aus dem Weg zu gehen, was allein schon als ein Zeichen der Schwäche angesehen wird. Ein Zeichen, das unverständlich bleibt. Denn in Israel haben die Ordnungsmächte, haben Militär, Grenzpolizei und Polizei zunächst einmal das uneingeschränkte Gewaltmonopol.

In ihrer Ausstellung »Breaking the Silence« berichteten aktive Reservisten von ihrem Dienst in dem von ihnen so bezeichneten »Getto von Hebron«, wo sie eine kleine Gruppe von etwa 500 Israelis, die sich rund um den traditionellen Schrein der Patriarchen, die Machpela, angesiedelt hatten, gegen die arabische Mehrheit schützen sollten. Nach Auskunft dieser Reservisten provozierten die Siedler ihre Nachbarn ständig: Sie besetzten illegal arabisches Gebiet. Frauen stießen Obststände arabischer Händler um. Palästinensische Kinder wurden auf ihrem Schulweg bedrängt, Siedlerdreck wurde auf arabische Häuser und Gassen geworfen. Während der Olivenernte im November sollten Soldaten arabische Bauern beschützen. Sie taten das auch eine Zeit lang. Dann wurde der Druck der Siedler zu groß, die vermummt und mit Prügeln bewaffnet antraten. Zum »Schutz« der arabischen Bauern und der eigenen Truppe setzte die Armee den Rest der Erntearbeiten aus. Die Oliven verkamen. Die Siedler hatten gewonnen.

Viele Soldaten leben in einem Zwiespalt. Ihr Auftrag ist es, die Siedler vor der Gewalt der Araber zu schützen. Aber was ist, wenn die Gewalt von Israelis ausgeht? Das ist nicht Sache des Militärs. Dafür ist die israelische Polizei zuständig. Und so erleben viele Soldaten mit, wie ihre Landsleute den Arabern das Leben schwer machen, und können nichts dagegen tun. Sie sehen, wie die israelischen Siedler den arabischen Zorn schüren, sollen aber erst eingreifen, wenn dieser sich entlädt. Wann auch immer Gewalt von Siedlern ausging, wurden letztlich die Palästinenser bestraft. Gegen sie werden die Straßensperren aufgestellt, ihren Kindern wird der Schulweg erschwert, ihr Geschäftsleben wird blockiert. Vor einigen Jahren protestierten im Verlauf der zweiten Intifada Piloten dagegen, Raketen auf Häuser abzuschießen, die als Terroristenquartiere galten, ohne dass sie jedoch sicher sein konnten, dass sich dort nicht auch Zivilisten aufhielten. Da sich Terroristen wiederum in der Regel im Schutz der Zivilbevölkerung bewegen und oft Frauen und Kinder als Schilde für ihre Aktionen missbrauchen, ist das Dilemma der Piloten unauflösbar.

Junge Soldaten durchsuchen an den Kontrollpunkten im Westjordanland Kinder, Jugendliche, alte Frauen und Männer nach Waffen und Munition. Nichts geht ohne Passierschein. Die Palästinenser sind Gefangene im eigenen Land. Lange Schlangen, oft entwürdigende Szenen. Aber viele Israelis sehen sich nach eigenen Aussagen ebenfalls entwürdigt. »Bin ich Soldat, um die Einkaufstaschen alter Frau zu durchsuchen? Kann Terror wirklich meinen Staat gefährden?«, offenbarte mir einmal ein Nachbar im Reserveeinsatz seine Zweifel. Die Soldaten wissen auch, dass ihr Schutz für Israel nur unvollständig sein kann. Jenseits der öffentlichen Wege lassen sich Sprengstoffgürtel leicht an den Posten vorbeischmuggeln. Ein weiteres Dilemma für die Soldaten: Auf der Suche nach diesem Sprengstoff können sie vielen Hundert Arabern das Leben zur Hölle machen. Sind die Soldaten für ihre Aufgabe wirklich gut genug ausgerüstet? Wie wird man mit Terroristen fertig, die absichtlich nicht zwischen Kämpfer und Zivilist unterscheiden? Was kann die Armeeführung dafür tun, dass die Soldaten human bleiben und ihrem demokratischen Auftrag treu? Wie verändert es eine Armee, wenn sie militärisch trainiert, aber vor allem zu polizeilichen Diensten herangezogen wird?

Diese Fragen belasteten die Armee seit Jahren. Doch erst seit dem Libanonkrieg 2006 erreichten sie auch die Öffentlichkeit. Die kriegerische Auseinandersetzung mit der schiitischen Hizbullah hatte wieder so enden sollen wie alle Kriege Israels gegen seine Nachbarn: mit dem totalen Sieg. Stattdessen konnte Israel zwar die Hizbullah dezimieren und für eine neue politische Ordnung im Süden des Libanon sorgen, zugleich aber traten viele Schwächen in der israelischen Armee zutage. Israel hatte mit terroristischen Milizen als Gegner gerechnet, sah sich dann aber einer gut gerüsteten Terrorarmee gegenüber, von den Iranern militärisch ausgebildet und materiell unterstützt. Die Infanterie musste sich offenbar auf ein veraltetes Kartenwerk verlassen, das noch aus der Zeit der bis Mai 2000 dauernden Besatzung stammte. Die Luftwaffe hingegen operierte mit neueren Karten. Die Versorgung der Truppe war unzureichend. Immer wieder wurden Fehler in der Befehlskette gemacht. Zuweilen sei der Kampfauftrag unausgewogen gewesen, hieß es später. Ein Untersuchungsausschuss trug nach dem Krieg all diese Mängel zusammen.

Gefährliche Exkursion im Nagmachon

Es ist schwer für einen Außenstehenden, die Mechanismen einer fremden Armee zu durchschauen. Aber im Februar 2002 eröffnete sich mir eine außergewöhnliche Gelegenheit, den Alltag der Armee hautnah kennenzulernen. Das war zu der Zeit, als der Gazastreifen noch israelisch besetzt war und Israels Armee versuchte, den Waffenschmuggel vom ägyptischen Sinai bei Rafah zu unterbinden; als Tag für Tag Häuser auf der palästinensischen Seite der Betonmauer direkt an der Grenze von der Armee zerstört wurden, um den Beschuss aus diesen Häusern auf israelische Soldaten im Grenzkorridor Philadelphi zu verhindern. Ich erhielt von der Presseabteilung der Armee das Angebot, dem Stützpunkt Termit einen nächtlichen Besuch abzustatten. Gemeint war die frühere Villa des ägyptischen Gouverneurs aus der Zeit vor dem Sechstagekrieg, als Rafah wie die anderen Ortschaften im Gazastreifen von den Ägyptern besetzt gewesen war. Mittlerweile diente Termit als Militärposten zwischen den Linien, ein verlassenes Haus mitten im Philadelphi-Korridor zwischen der Betonmauer zum palästinensischen Rafah und dem Gitterzaun zum ägyptischen Teil der Stadt.

Termit war damals kaum erreichbar. Beim Rafah-Grenzposten in Kerem Schalom, wo Touristen, als es sie dort noch gab, zwischen Ägypten, den Autonomiegebieten und Israel abgefertigt wurden, stiegen die Soldaten in schusssicherer Weste und mit Helm auf dem Kopf in einen Nagmachon, diesmal zusammen mit drei ausländischen Korrespondenten. Das »Termit-Taxi« war ein Panzer ohne Turm und Kanone, umgebaut für Soldaten, die mit bis zu fünf Mann im achteckigen Metallaufbau stehen mussten. Weitere duckten sich auf den Boden. Auf seinen Ketten wälzte sich dieses Albtraumgefährt durch den sandigen Korridor zweieinhalb Kilometer bis zum Außenposten. Im Sand versteckt lagen bisweilen Bomben, und natürlich wurde dieser Panzer regelmäßig beschossen. Den Soldaten hatte man erklärt, im Notfall müssten sie das Fahrzeug in Richtung Ägypten verlassen, denn dort herrsche Frieden. Im Panzer roch es nach Angst.

Am Zielpunkt angekommen, wurde der Ausstieg aus dem Nagmachon mit Nebelgranaten geschützt. Man scheuchte uns in das vermeintlich sichere Gebäude. Sehen konnten wir freilich kaum. Erst im Haus durften wir Helm und Weste ausziehen. Doch was für ein Haus? »Halten Sie sich nicht im Erdgeschoss auf und auch nur so kurz wie möglich auf den Klos in der ersten Etage. Allein der dritte Stock, das Dach, ist sicher«, gab uns Leutnant Dudi die wenig beruhigende Anweisung. Vor einigen Monaten hatten die Palästinenser mit einer Bombe unter der Villa den Posten beinahe zum Einsturz gebracht. Zerborstene Wände und tiefe Risse im Beton zeugten von dem Anschlag. Ein Wassergraben war zur Absicherung um das Haus gezogen worden, aber seither wieder ausgetrocknet. Hier sollten Soldaten Israel schützen? Allein der Zustand des Gebäudes konnte einem Angst einjagen.

Wir richteten uns auf dem Dach häuslich ein. Es gab auch etwas zu essen, und allmählich dunkelte es. Drüben war das »Haus mit dem Loch«, nicht weit davon der »rosa Bunker«, wie die Soldaten die palästinensischen Häuser in der Nachbarschaft titulierten. Die meisten waren schon leicht oder schwer beschädigt. Auf der palästinensischen

Seite von Rafah gab es in der Abendruhe kaum Bewegung. Ein romantisch sanftes Licht verbreitend, senkte sich die Sonne irgendwo weiter im Westen ins Meer. Und dann gab es das, wie mir Dudi erzählte, allabendliche Schauspiel: der alte blinde Mann, der noch einen Monat nach der Zerstörung seines Hauses mit einem Stock in den Ruinen herumtaperte. Jahrzehntelang hatte der Verstörte sein Haus problemlos finden können. Jetzt war es einfach weg. »Den kennen wir schon.« Auf der ägyptischen Seite lag das dörfliche Rafah. Frauen nahmen ihre Wäsche von der Leine. Zwischen ihren Beinen spielten kleine Kinder. Gänse watschelten in Richtung Stall. Dort irgendwo unter den Häusern mussten die Einstiegslöcher sein, durch die die Schmuggler ihre Waffen, Zigaretten oder auch ganze Viehherden nach Gaza transportierten. Das war am frühen Abend.

Stunden später hatten wir schon zu kämpfen, um nicht einzudösen. Dann plötzlich, nachts um eins, war in unserer Nähe die Hölle los. Zwar konnten wir in Termit selbst keine palästinensischen Schützen ausmachen, aber es gab weitere Stützpunkte der Israelis in unmittelbarer Nähe, und dort wurde heftig geschossen. Dieser Schusswechsel, von den Palästinensern begonnen, sollte offenbar von einem Terroranschlag ablenken, der sich zur selben Zeit in der nahen israelischen Siedlung Kissufim ereignete. Palästinensische Scharfschützen hatten eine Siedlerin in ihrem Wagen erschossen, woraufhin die Israelis die Terroristen ins Visier nahmen. Man sollte annehmen, dass unsere Soldaten in Termit über die Vorfälle in der Nachbarschaft unterrichtet worden wären. Tatsächlich erfuhren sie erst am folgenden Morgen, was geschehen war. Uns in Termit wurde nur von der nächsthöheren Dienststelle mitgeteilt, wir sollten besonders wachsam sein. Die Lage sei aufgeheizt. Diesen Eindruck hatten wir unschwer selbst gewinnen können. Auch für die Soldaten, die sich bis zu ihrem Wachdienst eigentlich ausruhen sollten, war aus Furcht oder Vorsicht an Schlaf nicht mehr zu denken.

Leutnant Dudi kommandierte in jenen Wochen Termit. Er stand am Ende seiner Dienstzeit und wollte bald mit einem Studium beginnen. Mit ihm gab es noch zwei weitere »normale« israelische Armeeangehörige. Die übrigen Soldaten gehörten einer Spezialeinheit an, der Desert Patrol Unit, in der vor allem Beduinen Dienst taten. Diese sind natürlich auch israelische Staatsbürger und dienen in der Armee, sind dabei aber genauso wie die meisten Palästinenser Muslime. Sollten diese Angehörigen einer arabischen Minderheit besonders geeignet für diesen Wachdienst sein? Versetzte die Armeespitze sie absichtlich auf diesen besonders gefährlichen Posten, um »richtige« Israelis vor der Gefahr dort zu bewahren?

In dieser Nacht waren wir alle derselben Gefahr ausgesetzt. Unverwandt starrten wir ins Dunkel. »Wenn alles besonders ruhig ist, müssen wir erst recht eine Schweinerei befürchten«, sagte Dudi. »Zur Not schießen wir einfach in die Luft, damit die da drüben wissen, dass wir nicht schlafen.« Termit galt als der gefährlichste Militärposten im Gazastreifen. »Jedes Mal, wenn ich hier bin, habe ich Angst, in der Opferstatistik zu enden«, erklärte mir ein Soldat. »Sechshundert Raketen auf diesen Posten in einer Woche sind keine Seltenheit.«

In jener Nacht gab es keinen Angriff auf Termit. Die Soldaten erschossen eine Katze, die offenbar nicht begriffen hatte, dass Krieg herrschte. Nach dem Bericht über den Militärposten in meiner Zeitung erhielt ich auch zwei Leserbriefe von israelischen Eltern, die sich bei mir dafür bedankten, dass ich so ausführlich über das Los der israelischen Soldaten informiert hätte. In der Regel schreibe das Ausland nur gegen sie. Man kann nur froh sein, dass es den Armeeposten Termit heute nicht mehr gibt. Heute können auch keine Siedlerinnen mehr im Gazastreifen erschossen werden wie in jener Nacht. Es leben keine Israelis mehr in dieser Küstenregion.

Kein Massaker in Dschenin

Ende April 2002 wurde ich ein zweites Mal von der Armee zu einem Truppenbesuch eingeladen. Unmittelbar nach einem besonders brutalen Terroranschlag auf eine Pessach-Gesellschaft im Parkhotel der Mittelmeerstadt Netanja hatte die Armee die groß angelegte Operation »Defensive Shield« begonnen, »um die palästinensischen Terrorwurzeln auszureißen«. Gekämpft wurde auch fast eine Woche lang im Flüchtlingslager von Dschenin im nördlichen Westjordanland. Am folgenden Wochenende sah sich Israel dem Vorwurf ausgesetzt, seine Armee habe in dem Lager ein Massaker angerichtet. Von 400 toten Zivilisten berichteten die Palästinenser. Noch am Samstag, dem 20. April, einem Schabat, an dem eigentlich alles ruht, lud die Pressestelle der Armee vier Korrespondenten zu einem Besuch des Lagers ein. Das Militär wollte uns zeigen, dass während der Kämpfe kaum noch Zivilisten in der Stadt gewesen waren und es deswegen auch nur wenige zivile Tote gegeben haben konnte. Also kein Massaker.

In Israel werden die Ohren gespitzt, wenn das Wort Massaker fällt. Hatten nicht 1948 rechtsnationalistische Milizen in Deir Yassin mehr als 100 heimkehrende Bauern getötet, weil sie angeblich die Ausgangssperre missachtet hatten? Dieser Grund war vorgeschoben; tatsächlich wollten die israelischen Terroristen das kleine Dorf auf dem Weg nach Jerusalem ausmerzen. Das Wort Massaker erinnert in Israel auch an die bittere Erfahrung von Sabra und Schatila, den beiden libanesischen Flüchtlingslagern von Beirut, wo 1982 unter den Augen der israelischen Armee und geduldet von dem damaligen Verteidigungsminister Scharon christliche Falangisten viele Hundert Palästinenser töteten. Deshalb reagierten die Israelis so gereizt auf den Vorwurf, sie hätten in Dschenin neulich ein Massaker angerichtet.

Ausgangspunkt der Ortsbegehung in Dschenin am Sonntag war der Aufmarschplatz Ginat auf der israelischen Seite der grünen Linie. Die Kämpfe waren am Freitagabend abgeflaut. Israel hatte einen Ring um das Lager gebildet, seine Truppen aber daraus abgezogen. Alle Kampfpanzer waren nach Ginat zurückgekehrt. Doch statt sie in militärischer Ordnung in gleicher Ausrichtung zu parken, waren sie mit ihren Türmen und Rohren so quer gegeneinander gestellt, dass es bei einem plötzlichen Abmarschbefehl zum Chaos gekommen und viel Zeit verloren gegangen wäre. Ein seltsamer erster Eindruck. Eine gefährliche Schlampigkeit. Aber ich erntete nur verwunderte Gesichter bei den Soldaten, als ich danach fragte, wie denn gemeinhin Panzer hinter den Linien bei einem Halt aufgestellt würden.

In einem gepanzerten Wagen wurden wir dann zum Lager von Dschenin gebracht. Auf dem Weg dorthin rief mich ein Vertreter vom Komitee des Internationalen Roten Kreuzes auf meinem Mobiltelefon an. Er wusste nicht, wo ich gerade war, und beschwerte sich, dass die Israelis noch immer keine Hilfe nach Dschenin hineinließen. Einen Tag nach Ende der Kämpfe sei das Lager noch immer weiträumig umstellt.

Das konnte ich bestätigen. Dann berichtete ich ihm, dass ich nun selbst einer der ersten sei, der im Schutz der Armee das Lager besuchen dürfe. Mein Gewährsmann beim Roten Kreuz reagierte empört: »Was habt ihr Journalisten da zu suchen? Das ist Voyeurismus. Israel macht sich der unterlassenen Hilfeleistung schuldig. Wenn wir jetzt nach dem Ende der Kämpfe nicht hineindürfen, verstößt das gegen internationales Recht.«

Aber es gebe doch keine Menschen mehr im Lager, hielt ich ihm die Aussage von General Eyal Schlein entgegen, der die Operation im Lager kommandiert hatte. Das sei Unsinn, beschied er mich und legte auf. Schlein hatte Stunden vor unserem Besuch gegenüber einem Radioreporter erklärt, die Armee habe sich zurückgehalten: Sie habe weder das Lager mit der Luftwaffe ausradiert noch mit der Artillerie die Häuser beschossen. Neben mir im Wagen saß Oberleutnant Joni, einer der Kompaniechefs, dessen Männer sich durch das Lager gekämpft hatten. »Wir haben nur gegen bewaffnete Männer gekämpft. Es gab kaum noch Zivilisten im Ort, nur Kämpfer. Ich habe kein Massaker gesehen. Ich sah, was ich sah.«

In den Tagen vor der Operation hatte der israelische Militärsprecher Dschenin und sein Lager stets als »Hornissennest des Terrors« bezeichnet. Tatsächlich waren überdurchschnittlich viele Anschläge von dieser nordpalästinensischen Region ausgegangen. Andere Attentate waren in Dschenin organisiert oder in Auftrag gegeben worden. So hatte es nicht überrascht, dass die israelische Armee im Lager von Dschenin auf heftigsten Widerstand gestoßen war. »Aber, ich wiederhole noch einmal, die meisten der 15 000 Bewohner hatten das Lager vor den Feindseligkeiten längst verlassen«, sagte uns nun General Schlein, als wir auf einem Platz unweit vom Krankenhaus des Lagers aus dem Fahrzeug stiegen. Von den übrigen 3000 hätten sich die meisten rasch ergeben. »Doch die verbliebenen Kämpfer hatten eine regelrechte Schlacht gegen uns vorbereitet: mit allen Maßnahmen von Stolperdrähten bis zu Sprengstofffallen.« Etwa 200 Männer hätten sich der Armee entgegengestellt. »Wir isolierten das Lager von der Stadt und drangen von Haus zu Haus zum Zentrum vor, wo dann im Häuser- und Höfegewirr bei einem Hinterhalt innerhalb weniger Minuten dreizehn unserer Männer umkamen.« Insgesamt starben 23 Israelis im Kampf um Dschenin, deutlich mehr als bei anderen Operationen mit ähnlichem Hintergrund.

Wir Journalisten durften nur gemeinsam auf zwei mit Trassierband ausgewiesenen Straßenzügen gehen, über gebrochene Wasserrohre und durch Pfützen, gewarnt vor Drähten auf dem Weg, die dazu gedient hatten, Minen zur Explosion zu bringen. Es herrschte Totenstille. Wir sahen nur etwa ein Fünftel des Lagers, ein Areal von gut zwei Fußballfeldern. Es war stickig und staubig. Aber es drängte sich uns kein Leichengeruch auf. Wir konnten keinen Hinweis auf ein Massaker erkennen. Man habe 19 Palästinenser verschüttet in einem Haus auf der anderen Seite des Lagers gefunden, aber lebend geborgen, berichtete Oberleutnant Joni. Insgesamt habe die Armee 26 Leichen gefunden, »vielleicht auch ein, zwei mehr«, sagte mir ein Soldat, der direkt neben mir ging. Bis zu unserem Besuch hatte die Armee gut neunzig Prozent der Häuser durchsucht.

Die Leichen waren erst kurz vor unserer Ankunft aus der Stadt gebracht worden, nachdem dies durch das Oberste Gericht in Jerusalem genehmigt worden war. Das Gericht hatte damit den Einspruch zweier arabischer Abgeordneter der Knesset gegen eine vorzeitige Beerdigung zurückgewiesen. Die Armee plane wohl, ihr Massaker durch entehrende Massenbegräbnisse zu vertuschen, hatten die beiden auch vor der Presse behauptet. Kurz vor unserem Besuch hatte draußen auf freiem Feld vor dem Lager von Dschenin der damalige UN-Sonderbotschafter für den Nahen Osten, Terje Larsen, Israel vor den Kameras der Welt bezichtigt, ein Massaker verübt zu haben.

Immer wieder wehrten sich die Soldaten gegen diesen Vorwurf. Der Mann an meiner Seite hob hervor: »Wir haben sogar die in den Häusern verbliebenen Zivilisten mit dem Megafon aufgerufen, aus den Häusern zu kommen.« Es sei ihnen nicht darum gegangen, Frauen und Kinder zu bekämpfen; aber in jedem dieser Häuser hätten sich neben den Terroristen auch Zivilisten aufhalten können. Ich war geneigt, ihm Glauben zu schenken, als wir mitten im Geröll zerstörter Häuser, umschwirrt von Fliegen, einen leblosen Körper entdeckten. Der bleiche Kopf war wie sinnend auf die linke erhobene Hand gefallen, die gerade noch aus einem Steinhaufen herausragte. In schwarzer Uniform hockte da ein toter Kämpfer als vielleicht letzter stummer Zeuge eines ungleichen Kampfes. Beklommen mussten die uns begleitenden Soldaten eingestehen, dass sie diesen Mann noch nicht entdeckt hatten.

Wir fanden keine weiteren Toten. Nach unserer Auffassung hatte es kein Massaker gegeben. Aber hatte die Armee mit angemessenen Mitteln gekämpft? Wie schlecht musste die Aufklärung über das Lager gewesen sein, dass innerhalb weniger Minuten dreizehn eigene Soldaten in einen Hinterhalt geraten konnten und sterben mussten? Mit Hilfe der breiten und schweren Kampfpanzer hatten sich die Soldaten offenbar den Weg gebahnt. Aber ein israelischer Merkawa ist wie jeder andere Kampfpanzer nicht für den Straßenkampf gedacht.

Die Häuser waren von den Panzern – und vielleicht später auch von Bulldozern – zerstört worden, aber stets nur die vorderen, zur Straße gelegenen Fassaden und Räume. Ein seltsames Bild bot sich mir. In einem Friseursalon zerbrochene Spiegel, ein zerquetschter Friseurstuhl, der Duft von Eau de Toilette aus zerborstenen Flaschen. Tiefer im Laden hätte der Besitzer mir schon wieder die Haare vor einem heil gebliebenen Spiegel schneiden können. Sonderbar auch das Bild im nächsten Laden. Vorne zerquetschte Käfige und getötete Hühner, dahinter aber gackerten Küken in ihren Käfigen. Wie konnte das sein, wenn doch angeblich niemand mehr im Lager war? Küken brauchen ständig Wasser und Nahrung.

Gab es also irgendwo unsichtbar, entgegen der Behauptung der Israelis, doch noch Menschen hier? Ich blieb stehen, obwohl ich weitergehen sollte, und rief. Aus dem Nirgendwo, aber nicht von weit her, antwortete eine Stimme. Es gebe da eine Frau, rief die Stimme, die habe ihre Kinder seit gestern nicht gesehen. Die habe sie während der letzten Kämpfe am Freitag zu Verwandten auf die andere Straßenseite geschickt. »Wo sind die Kinder?« Ich konnte nicht sehen, wer da rief. Aber bald verlangte eine weitere Stimme: »Wasser, Wasser!« Die Soldaten waren sichtlich betroffen und meldeten diese Gesprächsfetzen weiter. Man werde Hilfe und Wasser holen, versicherten sie uns.

In den folgenden Tagen war in der seriösen Berichterstattung nicht mehr von einem Massaker die Rede. Es hieß vielmehr, die Armee sei schlecht vorbereitet gewesen und aufgrund fehlender Aufklärung in einen Hinterhalt geraten. Sie habe mit falschem Kampfgerät, nicht mit Schützen-, sondern mit Kampfpanzern versucht, im Häuserkampf zu bestehen. Schließlich sei es den Hilfskräften wie dem Komitee vom Internationalen Roten Kreuz zu spät erlaubt worden, den wenigen doch noch verbliebenen Menschen im Lager zu helfen. Der damalige Generalstabschef Schaul Mofaz rechtfertigte sich damit, er habe schon vier Tage vor unserem Besuch den Helfern erlauben wollen, in die Stadt zu gehen. Aber dann habe sich die Lage wieder zugespitzt.

Dennoch ist es unverständlich, warum die Armee den verschiedenen Hilfsorganisationen erst am Dienstag nach unserem sonntäglichen Besuch den Zugang ins Lager von Dschenin öffnete. Im Radio wurde von Minen berichtet, die noch explodieren könnten, von womöglich einstürzenden Häusern. Aber das sind Gefahren, die routinierte Helfer internationaler Organisationen kennen und selber zu meistern in der Lage sind. So blieb es letztlich bei den drei Vorwürfen: Die Armee war schlecht vorbereitet; sie hatte nicht die der Situation entsprechenden Kampfmittel benutzt; die Hilfsorganisationen waren zu spät in das Kampfgebiet gelassen worden. Alles warf ein schlechtes Licht auf die Armee, vor allem auf ihre Führung. Bis heute ist übrigens unklar, ob die Operation ihren Zweck erfüllte. Manche sagen, sie sei ein militärischer Fehlschlag gewesen: zu viele Opfer auf israelischer Seite, zu viel Zerstörung. Es sei damals nicht gelungen, die Moral der Terroristen zu brechen.

Eine Armee vor der Zerreißprobe?

Im Sommer 2006 führte Israel seinen zweiten Libanonkrieg seit 1982. Ein abschließender richterlicher Untersuchungsbericht ging auf die Mängel der Operation ein und legte Probleme offen, wie ich sie bereits in Termit oder im Lager von Dschenin gesehen hatte. Die Kommission prangerte politische und militärische Entscheidungsfehler auf der Kommandoebene an. Schon bei Ausbruch der Feindseligkeiten an der libanesischen Grenze habe es Fehler des Militärs gegeben. Die Hizbullah hatte eine Grenzpatrouille in einem Kampfwagen genau dort in das erste Gefecht verwickelt, wo der sonst in engen Abständen mit Kameras überwachte Grenzzaun aus technischen Gründen und wegen des unübersichtlichen Geländes schwerer kontrollierbar war. Die Wachsoldaten im Kontrollzentrum reagierten nicht schnell genug, als sie den Wagen zwar verschwinden, aber nicht innerhalb des vorgegebenen

Zeitlimits wieder auftauchen sahen. Nach dem Kommissionsbericht dauerte es zu lange, bis Hilfe am Ort des Anschlags ankam.

Der Kommissionsbericht ging auch auf die Klagen der Soldaten über mangelnde Versorgung mit Proviant und anderen Hilfsmitteln ein. Auch diesen Vorwurf hätte man schon andernorts und früher, während der zweiten Intifada, bestätigt finden können: In Bethlehem, nur drei Kilometer hinter der israelischen Grenze, musste – davon wird noch die Rede sein – bei einer Operation im Winter 2002 der palästinensische Pastor Mitri Raheb in dem Hof seines Gästehauses im Zentrum des Ortes ein Lagerfeuer für die israelischen Soldaten schüren und Decken verteilen, weil der Nachschub nicht klappte.

Ein Satz im Untersuchungsbericht lieferte eine Erklärung für die vielen Nachlässigkeiten: Israel sehe sich als so stark an, dass es den Gegner oftmals unterschätzt. Israel habe sich daran gewöhnt, Herr der Lage zu sein und die Konflikte stets zu kontrollieren. Israel falle es deshalb, diesen Eindruck müsse man gewinnen, leichter, den Gesamtkonflikt auf seine Art im Griff zu behalten, als mit ausgestreckter Hand den Preis für Frieden zu zahlen. Dieser Satz wurde im Herbst 2006 vielfach in der Presse debattiert. Eines machte freilich der Libanonkrieg vor allem andern deutlich: Israels verbliebene Feinde werden eher stärker als schwächer. Darum können selbst kleine Schlampigkeiten große Folgen haben. Das wusste man auch schon in den Zeiten des Sechstagekriegs 1967 oder des Jom-Kippur-Konflikts 1973, als Israels Überleben bedroht war. Die mehr als vierzig Jahre der Besetzung Palästinas aber haben die israelische Armee leichtsinnig werden lassen. Die Palästinenser sind nie militärisch ernst zu nehmende Gegner gewesen, nie eine Bedrohung für den Staat Israel wie vielleicht die Hizbullah oder der Iran. Im Kampf gegen Palästinenser kann man sich Nachlässigkeiten erlauben – Nachlässigkeiten, die im Kampf gegen die Hizbullah aber, wie im Sommer 2006 zu erfahren war, bittere Konsequenzen haben.

Schon heute wird eine Generation in die israelische Armee eingezogen, die nie einen Krieg auf eigenem Territorium erleben musste. Das einzige Kriegserleben wird für sie der palästinensische Terror gewesen sein und die israelischen Gegenmaßnahmen. Während Israel einig ist, wenn es um den Kampf gegen äußere Feinde im Libanon oder im Iran geht, bleibt das Land gespalten im Hinblick auf die palästinensische

Herausforderung. Ich vermute, dass die Hälfte der Israelis noch nie in den besetzten Gebieten gewesen ist. »Was sollen wir da? Das gehört uns nicht«, heißt es, »es ist auch viel zu gefährlich.« Nach den Umfragen ist die Hälfte der Israelis immer noch bereit, die besetzten Gebiete, mit Ausnahme der Vororte von Jerusalem und einiger Siedlungszentren, zu weit über neunzig Prozent an die Palästinenser abzutreten. Aber spiegelt sich diese politische Einstellung auch in der Armee wider?

Das Ethos in der Armee hat sich gewandelt und auch die Haltung ihr gegenüber. Früher war es selbstverständlich, in der Armee zu dienen. Immer häufiger aber drücken sich Jugendliche vor allem aus den früher führenden Eliten vor dem Militärdienst. Der Popsänger Aviv Geffen war einer der ersten, der seinen Zorn gegen die Besatzung nicht nur in Liedern ausdrückte, sondern auch seine Wehrdienstverweigerung durchsetzte. Er hatte den Vater, einen angesehenen Journalisten, auf seiner Seite; auch wenn der noch bei einer Eliteeinheit gedient hatte. Ich habe Aviv Geffen einmal in seiner damaligen Wohnung nicht fern vom Strand in Tel Aviv besucht. Dabei gestand er mir ein, dass er zwar nur Israel habe und nur die hebräische Sprache und beides wichtig sei für ihn. »Aber dieses Land und sein Militarismus sind mir nicht geheuer. Wir werden uns noch selbst zerstören.« Es war nicht selbstverständlich, dass gerade Geffen bei der Friedensdemonstration für den Oslo-Vertrag hatte singen dürfen, obwohl doch Ministerpräsident Rabin, der frühere Generalstabschef und ein Freund der Familie, mit »diesem Jungen nicht klarkam«.

Früher genoss man hohes Ansehen in seiner Nachbarschaft, wenn man in einer Kampftruppe gedient hatte. Heute ist es dem Renommee wahrscheinlich zuträglicher, wenn man ein reicher Geschäftsmann ist. Es ist auch kein Makel mehr in einem Lebenslauf, wenn der Militärdienst darin nur eine geringe Rolle spielt oder gar nicht vorkommt. Dafür drängen heute freilich auch ganz andere Kreise in die Armee. Für die nachrückende Generation der russischen Einwanderer ist der Militärdienst noch ein Mittel zur Integration in die Gesellschaft. Diese Einwanderer haben ein anderes Verhältnis zu Israel als die Enkel und Urenkel der Staatsgründer. Vor allem aber macht sich längst eine weitere neue Gruppe im Militär stark bemerkbar. Schon beim Auszug aus dem Gazastreifen im Sommer 2005 gab es Soldaten, die sich den Befehlen der Generäle, die Siedler aus dem Gazastreifen herauszudrängen, nicht beugen wollten. Das war damals eine Minderheit. Heute handelt es sich um eine größere Gruppe, die mutmaßlich auch schon in allen Einheiten vertreten ist. Soldaten, die man eher zum linken Lager rechnen würde, befürchten deshalb, dass die israelische Armee bereits heute nicht mehr in der Lage sein würde, das Westjordanland gegebenenfalls von den Siedlern zu räumen. Eher würde sie auseinanderbrechen.

Nation ohne Staat: Die Palästinenser

Palästinenser sind keine Kämpfer. Sie sind Bauern und Händler, ein Volk der Levante. Gegenüber anderen arabischen Nationen zeichnet die Palästinenser aus, dass es bei ihnen ein wohlhabendes und gebildetes Bürgertum in den Städten gibt. Freilich geriet gerade diese Gruppe im Osmanischen Reich in Bedrängnis, als während des Ersten Weltkriegs die Jungtürken gegen die Armenier kämpften. Viele Palästinenser wollten sich nicht an der Christenverfolgung in der Türkei beteiligen. Sie gingen lieber ins Exil, als Soldaten in der türkischen Armee zu werden und gegen Armenier oder Kurden zu Felde zu ziehen. Während so einerseits viele Zehntausend christliche Araber aus den heute palästinensischen Städten vor allem nach Südamerika und Australien auswanderten, entkamen einige Tausend armenische Familien dem Genozid in Kleinasien und retteten sich auch nach Jerusalem, wo es spätestens seit dem Mittelalter ein armenisches Viertel in der Altstadt gab.

Von den zwanziger Jahren an brach dann die britische Mandatsmacht, wie der Publizist und Historiker Tom Segev schreibt, dem arabischen Bürgertum das Rückgrat. Die Mandatsverwaltung agierte, wenn auch nicht offen, immer mehr zugunsten der zionistischen Einwanderer, weil diese in London und auch sonst in der Welt eine stärkere Lobby besaßen als die Araber. Davon war zumindest die Regierung in London überzeugt – auch wenn die jüdischen Quellen aus jener Zeit das völlig anders darstellen. Ohnehin hatte es die britische Mandatsmacht nicht leicht, die verschiedenen Interessen auch nur annähernd gleichwertig zu berücksichtigen. Einerseits hatten sich die Briten mit der Erklärung von Außenminister Arthur James Balfour 1917 verpflichtet, der jüdischen Emigration eine neue Heimstätte zu öffnen; andererseits sollte dies, wie derselbe Text fordert, geschehen, ohne die Heimatrechte der angestammten Bevölkerung einzuschränken. Ein nicht zu lösender Widerspruch.

In dieser schwierigen Situation nutzten die Briten mit Geschick die bereits in der Gesellschaft vorhandenen Spannungen aus. So zogen sie unter anderem ihren Vorteil aus der Rivalität zwischen den führenden Familien in Jerusalem, zum Beispiel den Husseini, Nusseibeh und Naschaschibi; eine Rivalität, die noch heute beobachtet werden kann. Die Briten förderten den einen Clan, nicht ohne dem anderen das Gefühl zu geben, sie seien durch eine der rivalisierenden Familien zu einem solchen missgünstigen Verhalten verleitet worden. Nach der klassischen Formel »divide et impera« versuchten die Briten, ihre Macht zu wahren. Während sie scheinbar die bürgerliche Elite hofierten, taten sie nichts für die ländliche Bevölkerung. Historiker wie Benny Morris, Ilan Pappe oder Avi Schlaim weisen nach, dass vom Beginn des britischen Mandats im Jahre 1920 an die jüdische Einwanderung durch die Briten begünstigt worden war.

Die Israelis setzten das von den Briten vorgeführte Prinzip von Teilen und Herrschen fort. Morris legte in seinen Publikationen dar, wie zum Beispiel je nach Kommandeur die arabische Bevölkerung im israelischen Unabhängigkeitskrieg 1948 in ihren Orten bleiben konnte, von der Armee vertrieben wurde oder es von sich aus vorzog zu fliehen. Freiwillig war der Abmarsch meist nicht. Die Chance, sich durch botmäßiges Verhalten bei den neuen Machthabern beliebt zu machen, stärkte nicht das Rückgrat der arabischen Gesellschaft; andererseits wäre es ohne die Vertreibung vieler Zehntausend Araber und ohne die Einebnung ganzer Dörfer unmöglich gewesen, einen israelischen Staat zu bilden. Umstritten ist die These einer *Ethnischen Säuberung Palästinas*, die Pappe in einem Buch gleichen Titels formuliert.

Nach dem Unabhängigkeitskrieg und bis zum Sechstagekrieg 1967 schränkte die israelische Obrigkeit die Bewegungsfreiheit der arabischen Israelis mit Hilfe eines Notrechts ein. Es wurde ihnen verboten, in ihre Ursprungsorte zurückzukehren; jeder Ortswechsel musste polizeilich genehmigt werden. Die Israelis setzten ihnen genehme Bürgermeister ein und nutzten die alten Rivalitäten zwischen den palästinensischen Familien und ihren jeweiligen politischen Gruppierungen. Ihre Politik war darauf angelegt, die arabische Bevölkerung zu schwächen, und das gelang zunächst auch. Allmählich aber begann sich, sozusagen *ex negativo*, eine eigene palästinensische Identität innerhalb der gesamtarabischen Nation zwischen Syrien und Ägypten herauszubilden.

Auf der Suche nach der eigenen Identität

Die israelische Politikerin Golda Meir sagte 1969 im Gespräch mit einer englischsprachigen Zeitung: »So etwas wie Palästinenser gibt es nicht. Wann gab es denn ein unabhängiges Palästinenservolk mit einem palästinensischen Staat?« Sie hatte wohl (noch) recht. Erst fünf Jahre zuvor war in Jerusalem die Befreiungsorganisation PLO gegründet worden. Die Israelis schufen damals mit ihrer Politik der Unterdrückung erst diese Nation, die in der Tat bisher weder Unabhängigkeit noch einen eigenen Staat erlangen konnte. Dabei machten die Palästinenser in Israel eine komplizierte Entwicklung durch. Nach dem Sechstagekrieg versuchten sie sich, verschreckt durch Israels totalen Sieg, israelisch zu geben, gründeten Parteien und setzten damit dem Zionismus einen palästinensischen Nationalismus entgegen. Als wir Anfang der neunziger Jahre nach Jerusalem kamen, begann die Phase, in der sich die Palästinenser bemühten, vor den Gerichten die ihnen grundgesetzlich zugestandene Gleichberechtigung auch de facto durchzusetzen. Sie versuchten zum Beispiel, auch dort Häuser oder Wohnungen zu kaufen, wo der jüdische Nationalfonds nur Juden ein Erwerbsrecht gab.

Mit der zweiten Intifada wurde eine weitere Phase eingeleitet. Nicht zuletzt das Infragestellen der muslimischen Autonomie auf dem Tempelberg im Herbst 2000 durch Ariel Scharon und das darauf folgende Blutbad führten zu einer Rückbesinnung auf den Islam. Parallel zum Islamismus bei der erstarkenden Hamas fanden auch islamistische Bewegungen in Israel neuen Zulauf; nicht unbedingt aus einer neuen Frömmigkeit heraus, sondern als Versuch, angesichts der Bedrohung durch die israelische Vorherrschaft und durch den westlichen Materialismus nicht auch noch die muslimische Identität zu verlieren. Die Rückkehr zur frommen Kleiderordnung der Frauen oder die wachsende Zahl der freitags auf den Tempelberg strömenden Beter können als Widerstand gedeutet werden; als Widerstand gegen die Israelis, aber auch gegen den – aus arabischer Sicht – durch sie forcierten Materialismus. Eine Muslima in Jaffa sagte mir einmal: »Es reicht mir nicht, dieselben Jeans tragen zu dürfen wie die Israelis. Ich will auch nicht immer mit dem Vorwurf leben, ich könnte mich nicht dem israelischen Lebensstil anpassen. Ich habe meine eigene Herkunft und meine eigene Identität.«

Noch im 19. Jahrhundert unterschied sich die Stadtbevölkerung von Hebron deutlich von der in Ramallah oder Nablus. In Hebron waren die Menschen frommer – und sie sind es noch heute. Das hängt mit dem Grabplatz der Patriarchen Abraham und Isaak, der Machpela im Herzen der Stadt zusammen, und diese Haltung wurde in den letzten Jahrzehnten noch dadurch gefördert, dass die jüdische Enklave mit ihrer militanten Frömmigkeit die arabischen Nachbarn herausforderte, sich ebenfalls auf die auch dem Koran heiligen Vorväter zu besinnen. Diese Bewegung stärkte auch die Hamas in Hebron. Anders sieht es in Ramallah aus, einst Luftkurort der Reichen vom Golf. Die ineinandergewachsenen Städte Ramallah und El Bireh beherbergten immer ein geschäftiges säkulares Bürgertum, das Probleme zwischen Christen und Muslimen nicht kannte. Und Nablus im Norden des Westjordanlandes war über alle Jahrhunderte hinweg bis zur Abriegelung in den jüngsten Jahren ein wirtschaftliches und kulturelles Zentrum. Nicht ohne Grund wurde dort 1997 die palästinensische Börse eröffnet, unterhielt die Lufthansa trotz aller Reisebeschränkungen stets ein eigenes Büro.

Jerusalem freilich hatte stets von allem alles und ist und bleibt als al Quds das Zentrum der Palästinenser, in religiöser, kultureller, wirtschaftlicher und letztlich auch politischer Hinsicht. Die Israelis können diese Stadt nie ganz für sich gewinnen. Mithin ist Jerusalem auch nicht vereint, wie Israel das mit seinem Jerusalemgesetz im Jahr 1980 dekretierte. Dieses Gesetz bezeichnet das »vollständige und vereinigte« Jerusalem als Hauptstadt Israels und vollzog praktisch die Annexion der arabischen Viertel. Tatsächlich aber zerfällt die Stadt nicht nur in ihre israelischen und palästinensischen Teile. Die Grenzen zwischen jüdisch-säkularen und jüdisch-orthodoxen Vierteln sind genauso spürbar und auch sichtbar. Die Menschen dort leben in ihren jeweiligen Vierteln und halten kaum Kontakt untereinander. Allein die Altstadt bildet eine Ausnahme. Bis auf die Monate mit besonderen Gewaltausbrüchen kamen immer auch jüdische Israelis in das arabische Viertel der Altstadt.

Aber die arabischen Stadtteile Schuafat, Abu Dis und Dschaber Mukabber besuchen sie nicht; es sei denn, sie wollen als Siedler ein jüdisches Getto ertrotzen. Die jüdische Bevölkerung nutzt auch ein anderes Bussystem als die Araber, und jüdische Taxis fahren nicht in arabische Stadtteile. Ostjerusalem hat ein anderes Wasser- und Stromnetz als der

Westen. Auch andere Schulen, Hospitäler und Ämter. Die israelische Telefongesellschaft kommt aus Furcht vor Attentaten nur ungern in den Osten, und wenn sie muss, schickt sie Teams aus israelischen Arabern. Folglich beliefern auch Zeitungen aus Tel Aviv ihre Kunden in Ostjerusalem nicht. Das macht dafür die Akademische Buchhandlung in der Saladin-Straße, die ihrerseits die israelischen Zeitungen zusammen mit den arabischen am frühen Morgen austrägt.

Bei einem Besuch der Börse von Nablus im Sommer 2008 konnten mir die Analysten zeigen, dass die zweite Intifada acht Jahre zuvor zu einem Zeitpunkt ausgebrochen war, als es den Palästinensern wirtschaftlich besser denn je seit dem Beginn des Oslo-Prozesses ging. Trotz der politischen Stagnation heiterte sich damals offenbar die Lage ökonomisch auf. Man könnte freilich auch sagen, die durch Oslo hoch gespannten Erwartungen seien bestenfalls wirtschaftlich, aber nicht politisch erfüllt worden, und diese Diskrepanz zwischen Hoffnung und Enttäuschung habe zur zweiten Intifada geführt. Wie auch immer, im Herbst 2000 brodelte es im Land. In dieser Stimmungslage lud Ministerpräsident Barak PLO-Chef Arafat zu einem Essen zu sich nach Hause ein. Man habe sich auch im Garten ergangen, die Stimmung sei gut gewesen, hieß es später. Das war der letzte Glimmer der Hoffnung, der aber bald zu Asche wurde.

In jene Zeit fiel ein Treffen mit meinem israelischen Kollegen Ari Rath, einem der besten unserer Zunft. Der 1925 in Wien geborene und 1938 mit einem Kindertransport nach Palästina gekommene spätere Chefredakteur der *Jerusalem Post* wurde uns mit den Jahren ein guter Freund. Der stets charmante Gastgeber, der immer um Ausgleich und Optimismus bemühte Kollege zeigte sich in jenen Monaten nervös und gereizt. Ich kann mich daran erinnern, dass er den Ausbruch der Intifada vorausahnte. In diesen Wochen besuchte ich auch den israelischen Kollegen David Witzthum, dessen Vater aus Berlin stammte und der als Bürochef für einen TV-Sender in Bonn Sprache und Landeskunde besser beherrschte als mancher Deutsche. Bei einem Kaffee in seinem Haus mit seiner Familie trugen wir unsere Befürchtungen zusammen. In der bangen Erwartung einer blutigen Zukunft wich er bald von politischen Themen ab und wandte sich seiner Leidenschaft für die Kammermusik zu. »Wollen wir nicht über Mozart sprechen?«

Mit Kalaschnikows gegen Panzer

Meine nächste Erinnerung führt mich in das arabisch-christliche Örtchen Beit Jala bei Bethlehem. Der sich auf einem sanft ansteigenden Berghang erstreckende Ort schaut auf die Geburtsstadt Jesu hinunter und zugleich über eine Schlucht hinweg auf den Nachbarhügel im Norden. Dort liegt Gilo, eine südliche Vorstadt von Jerusalem, die freilich nach palästinensischer Auffassung illegal auf den ehemaligen Ölbaumplantagen von Beit Jala errichtet wurde, diese »besetzt, konfisziert und unerreichbar gemacht« hat. Von den Dächern der arabischen Ortschaft aus begann die zweite Intifada mit Schüssen aus Kalaschnikow-Gewehren auf Gilo. Wenn die Schützen auch zumeist nicht trafen, so gab es doch Verletzte, Menschen im Schock, zerbrochene Fensterscheiben und vor allem Unsicherheit. Die Israelis antworteten mit gezieltem Feuer aus ihren Kampfpanzern und zerstörten Häuser in Beit Jala.

Zwischen 2000 und 2002 kam es mehrfach zu solchen Beschießungen aus Beit Jala. Die Grundstückspreise im Stadtteil Gilo fielen rapide. Viele Bewohner zogen weg. Letztlich konnte sich Jerusalem nur mit der Errichtung einer Zementmauer gegen die Angriffe wehren. Ähnlich tiefgreifend waren aber auch die Folgen in Beit Jala. Die mehrheitlich christliche Bevölkerung hatte kein Verständnis für den Terrorismus. Sie konnte sich andererseits aber nicht gegen die meist muslimischen Kämpfer zur Wehr setzen, die aus anderen Orten hierhergekommen waren. Ich kenne Familien, die versuchten, Widerstand zu leisten. Ein Familienvater musste danach seine Familie nach Nordamerika ins Exil schicken, weil er sich ihres Überlebens nicht mehr sicher sein konnte. Auch er gab letztlich nach. Die Christen im Heiligen Land müssen sich ducken; sie müssen politische und militärische Operationen erdulden, auch wenn sie darin keinen Sinn sehen. Aber davon wird später noch die Rede sein.

In einer besonders dramatischen Phase der Auseinandersetzung zwischen Gilo und Beit Jala hielten israelische Panzer den christlichen Ort besetzt. Ich wollte mir das ansehen und fuhr zur deutschen Schule Talitha Kumi oberhalb von Beit Jala auf dem Bergrücken und nahm dort ein Taxi hinunter zur Ortsmitte. Der Taxifahrer staunte über meinen Wunsch, fuhr dennoch, setzte mich am Fahrtziel aber überraschend schnell ab und verschwand. Ich musste nur etwa hundert Meter weitergehen, um eine Biegung auf der steil ansteigenden Straße herum, und schon bedrohte mich auf der Höhe der evangelischen Abraham-Herberge das Kanonenrohr eines israelischen Panzers. Er stand wohl zufällig neben der von Deutschen geförderten Herberge, die unser Freund, der palästinensische Pastor Jadallah Schehade, gerade fertig gebaut hatte, ein großzügiger Komplex neben Kirche und Gemeindezentrum.

Ich konnte in dem Moment nur erkennen, dass der Panzer das Schild der Herberge von der Hausmauer gerissen hatte. Da steckte schon ein Soldat seinen Kopf aus dem Turm heraus und riet mir nicht unhöflich, unverzüglich das Weite zu suchen. Das schien angebracht. In die Herberge aber konnte ich nicht gelangen. Die Straße war gespenstisch leer, die meisten Fensterläden geschlossen. Es lag eine gespannte Ruhe über der Szene, in die ich mit meiner Neugier nicht hineinpasste. Also eilte ich ein paar Meter zurück und hoffte auf ein neues Taxi – und war froh und erleichtert, als tatsächlich eines kam. Der Fahrer wirkte geradezu hektisch. Weil er helfen wollte?

Er wendete schon, noch bevor er bei mir hielt. Wahrscheinlich sollte ich schnell einsteigen. Das wollte ich auch; aber da öffneten sich drei Türen, und aus dem Wagen sprangen fünf oder sechs junge Männer, die ich vorher nicht beachtet hatte. Ich konnte gar nicht so schnell zählen, wie sie in Richtung Hauptstraße verschwanden. Sie hielten Waffen in den Händen und trugen Patronengürtel über den Schultern. Schon hörte ich die ersten Schüsse. Die Männer nahmen den Kampf gegen den Panzer auf und eröffneten mit ihren Handfeuerwaffen einen unsinnigen Angriff auf die Stahlpanzerung. Ich suchte Deckung.

In einer Seitengasse wohnte die Familie von Faten Mukarker. In Deutschland aufgewachsen, war sie als junge Frau nach Palästina zurückgekehrt, um dort in eine bekannte Familie einzuheiraten. Sie zog vier Kinder groß, die mittlerweile überall auf der Welt verstreut darum bemüht sind, sich ein Leben ohne Krieg und Not aufzubauen. Faten hatte große dunkle Augen und ein ebenso großes Herz. Sie konnte mit wenigen klaren Worten die zerstörerische Wirkung des in ihrem Land herrschenden Konflikts auf die Menschen und ihre Seelen beschreiben: Was geschah, wenn plötzlich eine Mauer mitten durch ihren Garten gezogen wurde; oder wenn die Familie das Fest der Olivenernte nicht mehr feiern konnte, weil die Israelis das Land mit Mukarkers Bäumen konfisziert hatten. Unvergesslich ist mir ihre Schilderung von dem deutschen Sanitäter mitten in der zweiten Intifada, der mit einer Frau aus der Nachbarschaft verheiratet war und von Kugeln zerfetzt wurde, als er auf die Straße eilte, um einem Verletzten zu helfen. Jetzt brauchte ich den Schutz von Fatens Haus.

Ich drückte mich an den Häuserwänden entlang, zog mich in die Deckung von Eingängen zurück und wartete auf eine Feuerpause. Dann rannte ich über die große Straße mit dem Panzer in die Seitengasse, in der Faten wohnte. Ich klingelte Sturm. Aber natürlich machte niemand auf, denn die Familie befürchtete, wie mir Faten später gestand, palästinensische Kämpfer vor der Tür und damit die Zerstörung ihres Hauses durch die Israelis. Ob vielleicht jemand von der Familie aus dem Fenster sah? Schnell in den Eingang des gegenüberliegenden Hauses. Von dort konnte ich nach oben sehen. Und tatsächlich, eines der Kinder von Faten schaute hinunter. Wenig später war ich im Schutz der Familie. Wie immer in diesen Tagen saßen die Mukarkers vor dem Fernseher und verfolgten die Nachrichten über die zweite Intifada. Ich setzte mich dazu und genoss wie selten in meinem Leben eine heiße Tasse Nana-Tee, schwarzen Tee mit Minze und viel Zucker. Draußen ging die Welt unter. In den Häusern waren die Menschen zum Schweigen und Ausharren verdammt. Meine Rettung werde ich der Familie Mukarker nie vergessen.

Was sollte dieser blinde Wagemut der jungen Palästinenser? Jeder ihrer Schüsse prallte ab – nicht nur von dem Panzer in Beit Jala. Ein ungleicher, unsinniger Kampf, der diese jungen Menschen nur selbst gefährdete. In jenen Tagen kauften Christiane und ich noch die Waren des täglichen Bedarfs von Butter über Wurst zu Mehl im Geschäft der christlichen Händlersfamilie Awwad nicht weit von Rachels Grab, dem überlieferten Beerdigungsplatz der Erzmutter am Stadtrand von Bethlehem. Hier hatten in den Jahren bis zur ersten Intifada auch viele Israelis eingekauft. Das war seither vorbei. Ihr damaliger, wohl achtzehn Jahre alter Angestellter, der mit uns die vollen Tüten in den Wagen lud, hatte Abitur gemacht, aber er fand weder Arbeit noch Studienplatz. Jetzt half er wieder im Geschäft. Vielleicht brauchte er damals gerade eine Fahrgelegenheit. Oder er wollte mir, dem Reporter, eine Story anbieten. Vielleicht war er auch nur stolz darauf, zeigen zu können, dass er mehr tat, als nur einem Kunden die Einkäufe zum Auto zu tragen. Auf alle Fälle bat er mich einmal, nachdem ich gerade das Übliche besorgt und im Kofferraum verstaut hatte, ihn zum »Punkt einer Verabredung« zu bringen.

Nach einigen Kilometern Fahrt in Richtung Süden, hinter der Stadtgrenze von Bethlehem bei einem Flüchtlingslager, ließ er mich anhalten. Wir gingen die letzten Schritte bis zu einem Haus und betraten eine Wohnung im Erdgeschoss, wo einige junge Männer in seinem Alter ihre Kalaschnikows putzten. Sie ließen uns bereitwillig ein; ich bekam einen arabischen Kaffee mit Kardamom und der Junge seine Waffe zum Reinigen. Ich hörte den Anführer von dem »heldenhaften Widerstand der palästinensischen Nation gegen die israelische Unterdrückung« erzählen. Dann klingelte sein Mobiltelefon. Der Anführer, vielleicht Mitte zwanzig, in Jeans und offenem Hemd, nahm einen Befehl entgegen und rief zum schnellen Aufbruch. Sekunden später saß ich mit meinem Kaffee allein. Alle Jungens, alle Waffen – weg. Später erfuhr ich, dass die Halbstarken zu einem militärischen Einsatz gerufen worden waren, bei dem zwei von ihnen ihr Leben ließen. Wer hatte sie ausgeschickt? Was verstanden diese Jugendlichen von Kampf und Widerstand?

Der Terror wird alltäglich: Selbstmordanschläge

Die erste Intifada hatte noch den kleinen David gezeigt, der mit Schleuder und Stein gegen den Goliath Israel kämpfte. Das hatte Sympathie geweckt, letztlich auch in Israel. Der gesamte Oslo-Prozess war getragen von der Auffassung der israelischen Bevölkerung, dass es nicht mehr möglich sein werde, die Palästinenser zu beherrschen. Israels Mehrheit sah in Oslo die Möglichkeit, endlich das palästinensische Problem loszuwerden. Die zweite Intifada folgte dann auf die Enttäuschung von Camp David. Die Mehrheit der Israelis glaubte nun, die Palästinenser hätten von Israel jede Chance erhalten, einen eigenen Staat zu gründen, stattdessen aber hätten sie dieses große Angebot mit Gewalt beantwortet. Mithin stieß die zweite Intifada in Israel auf keine Sympathie. Sie machte vielmehr jene Gruppen in Israel mundtot, die sich zuvor in Bewegungen wie »Frieden Jetzt« um einen Ausgleich bemüht hatten. Das erste Opfer der zweiten Intifada war darum der israelische Partner für einen Friedensprozess. Und er ist bis heute nicht zu neuem Leben erweckt: Es gibt ihn nicht mehr, so wie es auch keinen Friedensprozess mehr gibt. Irgendwann im Laufe der zweiten Intifada habe ich mir dann auch angewöhnt, dieses Wort nicht mehr zu benutzen. Ich schrieb nur noch von Bemühungen um einen Ausgleich. Der Frieden im Sinne von Aussöhnung, Vergebung, Neuanfang ist in weite Ferne gerückt, denn dieser Prozess wird von den Israelis nicht mehr gewollt, vorangetrieben oder auch nur interessiert begleitet.

Die zweite Intifada begann mit Waffengewalt. Dabei muss ich freilich einschränken, dass es anfänglich auch friedliche Demonstrationen der Palästinenser gegeben hatte, auf die aber Israel mit brachialer Gewalt antwortete. Daraufhin erlangten in den palästinensischen Gebieten all jene die Oberhand, die von vornherein beabsichtigt hatten, ihre Waffen zum Einsatz zu bringen. Durch die in Israel herrschende Meinung, dass die Palästinenser offenbar gar keinen Frieden wollten, sahen sich die israelischen Militärs ermutigt, jede Zurückhaltung aufzugeben. Und da die palästinensischen Feinde nun selbst Waffen einsetzten, schien aus israelischer Sicht »Waffengleichheit« hergestellt, über alle Ungleichheit beim Waffenarsenal hinweg. Israels Armee ging freilich nicht nur gegen die Attentäter und jegliche Gewalt vor; sie wollte das System Arafat treffen. So zielte sie zunächst auch weniger auf die Islamisten, die Israel gegenüber feindlichste und unversöhnlichste Gruppe, vielmehr auf die palästinensische Sicherheitsorganisation Arafats. Deren ungezählte Polizeisysteme, wohl siebzehn an der Zahl, sollten eigentlich für Ruhe und Ordnung sorgen, und heute weiß man, dass viele Kommandeure dies auch versuchten. Aber in allen Abteilungen gab es auch Polizisten, die von einem Tag zum anderen zu Terroristen wurden und das Heft an sich rissen.

Obwohl Israel wusste, dass es die palästinensische Polizei eines Tages wieder brauchen würde, wurde das Polizeisystem zerstört. Auch die von den Geberstaaten errichteten Polizeistationen zerbarsten im Hagel israelischer Raketen. Im Verlauf der Intifada starben bei jeder Auseinandersetzung etwa drei- bis viermal mehr Araber als Israelis. Oft beklagte die Welt, die israelische Armee gehe unangemessen hart gegen den Terror der doch eigentlich schwachen Palästinenser vor. Das stimmt zwar, liegt aber in der Natur eines Kampfes zwischen Terroristen und einer regulären Armee, wenn die einen punktuell zuschlagen und die anderen mit massiven, breit angelegten militärischen Mitteln reagieren. Aber die zweite Intifada traf nicht nur die Palästinenser ins Mark und mündete für sie am Ende in eine totale Niederlage; auch die Israelis sahen sich erheblich bedroht und zu jeder noch so unangemessenen Gegenmaßnahme berechtigt. Grund dafür waren die Selbstmordanschläge der Palästinenser in Israel. Sie stellten eine neue Qualität des Kampfes zwischen den beiden Nationen dar.

Da attackierten Terroristen nicht irgendwo in den besetzten Gebieten Siedler, sondern sie schlugen im Kernland Israels, in Jerusalem, Tel Aviv oder Hadera zu. Bis dahin war der Selbstmordterror keine Waffe der Sunniten gewesen. Vielmehr waren die eigentlich von der sunnitischen Mehrheit verachteten Schiiten für diese Art des Kampfes bekannt. In den palästinensischen Gebieten leben eigentlich nur Sunniten, aber schon im Mittelalter hatte es solche schiitischen Selbstmordanschläge in der Region gegeben. So wurde die Burg Nimrod in Israels heutigem Norden zeitweise von der schiitischen Sekte der Assassinen beherrscht. Von diesem Namen leitet sich das englische Wort für Mörder, »assassin«, ab. Die Assassinen stimmten sich mit Rauschgift wie Haschisch auf ihre Anschläge ein und brachten dann ihre Gegner im Tageslicht und umgeben von vielen Augenzeugen um, weshalb die Anschläge unweigerlich auch für jeden Attentäter den Tod bedeuteten.

Es war Ministerpräsident Rabin, der unfreiwillig eine Brücke zwischen Sunniten und Schiiten schlug, als er Mitte Dezember 1992, der Aufnahmekapazität der bereitgestellten Busse folgend, genau 415 gefangene Aktivisten der sunnitischen Hamas aus Gaza und dem Westjordanland über die Grenze in die Berge des Libanon deportierte. Dort überließ man sie ihrem Schicksal. Rabin hatte gehofft, Beirut würde die Islamisten aufnehmen und integrieren. Aber das tat die libanesische Regierung nicht. Während die Christen in aller Welt Weihnachten feierten, konnten sie am Fernseher miterleben, wie das Internationale Rote Kreuz Zelte, Decken und Öfen aufstellte und wie die schiitischen Islamisten der Hizbullah sich mit Tee und Propagandaschriften um die verbannten Sunniten bemühten. Als Rabin nach einiger Zeit internationalen Drucks nachgeben und im Februar 1993 der Rückkehr der ersten hundert Deportierten zustimmen musste, gelangte mit den sunnitischen Hamas-Aktivisten auch die schiitische Idee des Selbstmordattentats nach Israel. Arafat störte die Deportation übrigens wenig. Er begab sich im Januar 1993 auf Initiative des norwegischen Außenministers Johan Jörgen Holst nach Oslo, um dort die Verhandlungen mit den Israelis aufzunehmen.

Beim ersten Anschlag am 2. November 2000, den ich in Jerusalem miterlebte, eilte ich noch zum Tatort. Zwei Menschen waren in einem belebten Geschäftszentrum ums Leben gekommen, elf verletzt worden. Noch heute höre ich das Heulen der Sirenen, die Megafone der Polizei mit ihren Anweisungen, sehe ich die Verwundeten und habe ihr Stöhnen und Schreien im Ohr. Ich sehe die Mitglieder einer speziell für solche Aufgaben ausgebildeten ultraorthodoxen Gruppe, der ZAKA, die Körperteile, oft nur Fetzen, in Plastiktüten einsammeln. Fromme Juden müssen den gesamten Körper ihrer Toten begraben für den Tag, an dem der Messias den Menschen in seiner Ganzheit wieder auferweckt. Ich sehe die weit aufgerissenen Augen der entsetzten Passanten. Und im Zentrum gibt es nur verbranntes Schwarz, versengte Körper. Während ich dies schreibe, rieche ich auch wieder den Gestank von verbranntem Fleisch, verkohltem Plastik und von geschmolzenem Metall. Schon die Erinnerung schafft ein flaues Gefühl im Magen, und nur die Bewunderung für jene beruhigt ein wenig, die wie die Polizisten und Sanitäter nicht den Kopf verlieren.

Später fuhr mir jeder weitere Anschlag in Jerusalem zunächst als kleines Beben mit dumpfem Knall in den Körper. Wenn danach die Sirenen heulten, war es kein Flugzeug gewesen, das die Schallmauer durchbrochen hatte, sondern wieder ein Anschlag in einem Café oder auf einen Bus, oft einen der Linie 18, der durch unsere Nachbarschaft fuhr. Aus gutem Grund veröffentlichte meine Zeitung niemals nähere Beschreibungen von den Tatorten. Wir suchten nach den politischen Erklärungen, ohne je auf den Gedanken zu verfallen, Mordanschläge gegen Zivilisten ließen sich irgendwie rechtfertigen. Ich erinnere mich noch an das Gespräch mit einer Beinahe-Attentäterin. Warum hatte sie eine Mörderin werden wollen? Im Rückblick lässt mich am meisten erschauern, wie ruhig und sachlich sie mit mir sprach. Es ging ihr nicht um die Israelis, nicht um das Morden: Sie selbst war unglücklich verliebt, wollte einen Mann halten, der sie verschmähte, weil sie nicht mehr Jungfrau war. Dieser Mann wollte sie in den Tod schicken. Der Mord sollte ihr letzter Liebesdienst für ihn sein.

Es ist immer wieder darüber gerätselt worden, aus welchen Gründen sich Menschen als Attentäter zur Verfügung stellen. Während es anfangs hieß, es handele sich um verzweifelte Menschen, um Einzelgänger, die durch ihren Tod von sich reden machen wollten, wandelte sich später dieser Eindruck. Es stellten sich auch Väter und Mütter zur Verfügung oder Kinder aus augenscheinlich intakten Familien. Es gab den abgrundtiefen Hass der Attentäter gegen die Israelis, die Sehnsucht nach einer Befreiung durch den Tod und viele andere individuelle und schwer zu verallgemeinernde Mordmotive bei den Attentätern. Eines war fast immer gleich: Kurz vor dem Anschlag gaben sie sich als besonders fromm, und auch wenn sie weiter unauffällig ihrem normalen Tagesrhythmus nachgingen, so durchliefen sie doch eine innere Wandlung zum Islamismus.

An deren Ende stand bei einem Mann die sorgfältige Rasur, eine gründliche Waschung und schließlich ein Abschiedsvideo und ein Foto, das dann Tage später als Plakat auf allen Häuserwänden auftauchte, um den neuen Märtyrer zu feiern. Ikonen des Schreckens für uns Menschen aus dem Westen, vermeintliche Vorbilder in der Nachbarschaft der Attentäter. Niemals schickte ein Organisator solcher Taten sein eigenes Kind in den Selbstmord. Bei den Schiiten im Libanon war das anders. Hizbullah-Chef Hassan Nasrallah sparte auch seine eigene Familie bei Anschlägen nicht aus. Im Rückblick waren diese Selbstmordanschläge der meist islamistischen Attentäter das Hauptmerkmal der zweiten Intifada.

In jenen Jahren bekamen wir kaum noch Besuch aus Deutschland. Stillschweigend musste ich mir den Vorwurf gefallen lassen, meine Familie täglich großer Gefahr auszusetzen. Wir versuchten hingegen, normal weiter zu leben. Das ist uns offenbar auch gelungen, denn heute sagen unsere drei Kinder, sie hätten in Jerusalem eine glückliche Zeit verbracht. Auch der Älteste bestätigt das, Philipp, der in den Jahren der zweiten Intifada schon Zeitung las und in seiner Klasse in politische Diskussionen verwickelt wurde, kamen dort doch Palästinenser, Israelis und Kinder ausländischer Familien zusammen.

Ihnen ist nur ein aufregendes Ereignis bei unserem zweiten Haus in Erinnerung geblieben. Fritzi, unser zweitältester Sohn, war und ist ein Sammler. Eines Abends kehrte er mit einer Tasche vom großen Mülleimer beim Spielplatz in der Nebenstraße zurück. Aber ich wollte die schmutzige Tasche nicht im Haus haben, und Fritzi ließ sie direkt vor unserer Gartenpforte liegen. Wir setzten uns in aller Ruhe zum Abendbrot auf der Terrasse beim Gärtchen nieder, als plötzlich von der Straße her die Aufforderung zu hören war, bloß nicht aus den Häusern zu kommen. Dann gab es einen mächtigen Knall. Neugierig liefen wir auf die Straße. Meine Frau fragte einen Polizisten, was denn geschehen sei. »Gab es irgendwo eine Bombe?« Der Polizist machte ein strenges Gesicht und wies auf einige zerfetzte Teile vor unserer Gartenpforte hin. Dort lagen noch ein paar Metallstücke, Überreste des Schlosses, das zu der Tasche gehört hatte. Sonst nichts. Offenbar hatten Nachbarn den Sondertrupp alarmiert, der verdächtige Objekte in die Luft sprengte. Noch hing ein bisschen von dem Gestank der Explosion in der Luft. Fritzi sammelte die kargen Reste der Tasche wie Reliquien ein.

Mir hätte es in jenen Jahren zwischen 2001 und 2005 gutgetan, wenn wir in Jerusalem genauso viel Besuch aus Deutschland bekommen hätten wie davor oder später. Es hat mich gekränkt, wenn Verwandte aus Angst nicht kommen wollten. Ebba, die Schwester meiner Frau, ärgerte das Verhalten vieler in der Familie so sehr, dass sie eigens anreiste, um sich mit uns solidarisch zu erklären. Aber es gab auch andere, die nicht unserer Einladung folgten, sondern sich von irgendeinem Reisebüro einreden ließen, doch nicht »gerade jetzt« nach Israel zu fahren. Natürlich konnte ich niemandem versichern, dass er nicht in einen Anschlag verwickelt werden würde. Aber bis heute glaube ich, dass damals die Gefahr, im Straßenverkehr einer belebten deutschen Großstadt einen schweren Unfall zu erleiden, größer gewesen ist als die, in Israel bei einem Anschlag verletzt zu werden. Aber freilich machte es wohl keinen »Spaß«, in so einer Zeit nach Israel zu reisen.

Auch die Schule der Kinder stellte sich auf die neue Gefahr ein. Die Zeiten des Unterrichtsbeginns und -endes wurden so verändert, dass die Kinder nicht zu Stoßzeiten auf der Straße sein mussten. Ein besonderes Ereignis vor der französischen Nachbarschule führte dazu, dass auf Wunsch der amerikanischen Diplomaten eine höhere Mauer um unser Schulareal gezogen wurde: Als wir eines Morgens zur Schule gefahren waren, hatte sich nur 300 Meter vor uns am Lyzeum ein Attentäter in die Luft gesprengt. Wir selbst bekamen von dem Anschlag nur den Knall und die Erschütterung des Bodens mit. Philipp durfte bald nach den ersten Anschlägen nicht mehr allein Bus fahren. Die Kleinen taten das ohnehin noch nicht. Die Familie stieg aufs Taxi um. Im eigenen Wagen wurde vor der Ampel das »Busspiel« erfunden: entweder noch schnell vor dem Bus über die Kreuzung fahren oder in weitem Abstand hinter dem Bus halten; nur nicht neben einem Bus aufs Grün der Ampel warten. Wir gewöhnten uns daran, dass vor jedem Geschäft oder Café ein Sicherheitsmann die Taschen kontrollierte, bangten mit ihm und setzten uns hinten in eine Ecke mit Blick auf die Tür.

Und nach jedem Anschlag der Anruf, ob alles in Ordnung sei. Einmal allerdings wäre meine Familie fast in ein Attentat verwickelt worden. An diesem Nachmittag hatte meine Frau die drei Kinder später als gewöhnlich von der Schule abgeholt. Auf Drängen von Philipp hielt Christiane dann aber, obwohl sie es eilig hatte, bei der ersten Ampel nach Verlassen der Schule, obwohl die noch nicht auf Rot gesprungen war. So kam sie nicht näher an die 200 Meter entfernte Bushaltestelle hinter der nächsten Kurve heran, an der im nächsten Augenblick eine Bombe explodierte. Eine Häuserreihe stand schützend dazwischen. Aber die Familie hörte den Knall und spürte die machtvolle Druckwelle, die den Wagen anhob. Dann prasselten Glassplitter auf das Auto. Friedrich, der eine Hand aus einem Seitenfenster herausgehalten hatte, wurde von einigen Splittern getroffen. Christiane wendete unverzüglich den Wagen und nahm einen anderen Weg nach Hause. Auch ich hatte die Explosion daheim gehört, kannte den Aufenthaltsort der Familie, aber erreichte sie per Mobiltelefon nicht. Bange Minuten folgten. Die Angst ist unvergessen.

Der Sohn unserer besten Freunde, George Khoury, starb in der Nacht auf einen Samstag im März 2004 an seinen schweren Verletzungen. Wir wollten an jenem Tag erst zum Baden ans Tote Meer fahren und von dort direkt zum Mittagessen bei seinen Eltern Rima und Elias Khoury im Osten von Jerusalem. In der Nacht davor klingelte das Telefon. Ein gemeinsamer Bekannter unterrichtete uns von dem Terroranschlag und der Ermordung von George Khoury. Am Morgen besuchten wir die trauernde Familie und damit ein Haus, in dem, wie in so vielen auf beiden Seiten des Konflikts, kein Lachen mehr möglich sein würde.

Aus palästinensischer Sicht war George Khourys Ermordung ein schlichter Irrtum gewesen. Die palästinensischen Attentäter der militanten al Aqsa-Brigaden hatten ihn am Freitagnachmittag hinterrücks angeschossen, als er seine übliche Joggingstrecke zurücklegen wollte, vom Haus der Familie im Viertel Schuafat zu seiner Universität auf dem Skopus Berg und zurück. Sie hatten den jungen Mann für einen Israeli gehalten, denn »ein normaler Araber läuft nicht, und schon gar nicht durch jüdische Wohngebiete«. Bereits der Großvater war in den siebziger Jahren bei einem palästinensischen Attentat in Jerusalem ums Leben gekommen.

In der Friedhofskapelle des griechisch-orthodoxen Gottesackers auf dem Zionsberg war kein Platz mehr frei. Ganz Jerusalem schien zu dieser Beerdigung gekommen zu sein. Auch die Stadtverwaltung hatte Vertreter geschickt. Geistliche aus anderen Kirchen waren da, Lehrer und Schüler aus unserer Anglican International School. Elias Khoury war ein bekannter israelisch-arabischer Anwalt, bestens vernetzt und mit vielen Freunden auf allen Seiten. Gemeinsam mit Ehud Olmert hatte er sein Studium absolviert. Nun lag knapp ein Jahr nach dem Abitur der Sohn im offenen Sarg. Die Familie war um den Toten versammelt und konnte nicht von ihm lassen. Draußen war Frühling, und der gesamte Friedhof erstrahlte im roten Glanz der Anemonen.

Nachdem der Bischof die Sterbesakramente gespendet hatte, drängte sich ein PLO-Sprecher vor. Er las aus einem Brief von PLO-Chef Arafat an die Familie vor, in dem dieser das Geschehen bedauerte. Es müsse der Familie aber ein Trost sein, ließ Arafat mitteilen, dass George Khoury nun ein Märtyrer für die palästinensische Sache geworden sei. Der Sprecher hatte das Wort Märtyrer kaum ausgesprochen, als die Mutter von George zusammenbrach. Elias beschimpfte den Redner, und sein Bruder Moin forderte den Mann auf, seinen Auftritt sofort zu beenden. Ein empörtes Raunen ging durch die Menge: Warum wollte Arafat diesen Mord auch noch politisch ausschlachten? Warum gerade diese Phrase vom Märtyrer? Schweigend setzte sich die Prozession zum Grab in Bewegung.

Unsere letzten Tage in Jerusalem, als unsere Wohnung schon aufgelöst war, verbrachten wir bei den Khourys, wo ein Bild von George im Wohnzimmer an der Wand hing. Diese Freundschaft haben wir mit nach Rom genommen. Wir besuchen uns weiter.

Arafat tritt ab

Auf den Anschlag auf eine Pessach-Gemeinde im Parkhotel von Netanja, bei dem am 27. März 2002 zwanzig Menschen umkamen, antwortete Israel mit der groß angelegten Militäroperation »Defensive Shield«, die auch zu den Kämpfen im Flüchtlingslager von Dschenin führen sollte. Zudem wurde PLO-Chef Arafat von der israelischen Armee in seinem Hauptquartier in Ramallah festgesetzt, das Militär zerstörte sogar Teile davon. Es begannen die Wochen, in denen Arafat dankbar war, wenn ihn ausländische Gäste besuchten. Er gab Interviews ohne Ende. Er saß da, den rechten Fuß in ständiger Bewegung. Seine weißen Händchen schienen noch kleiner und fahler zu sein als früher. Der charismatische Führer von einst war nicht mehr wiederzuerkennen. Ohne Ende erzählte er die Mär vom palästinensischen Unschuldslamm, das nur den Frieden wolle, während die Israelis palästinensische Kinder zum Beispiel mit vergifteten Bonbons töten wollten. Immer wieder schnitten die Israelis das Hauptquartier von der Stromversorgung ab. Arafat beschloss, das propagandistisch zu nutzen. Er ließ an einem sonnenhellen Tag die Fenster verhängen, und sein Kabinett musste bei Kerzenlicht tagen.

Mein letztes Gespräch mit Arafat war eine Farce. Da er nur noch in längst bekannten Phrasen antwortete und der Gesprächstext nach dem Interview ohnehin nochmals autorisiert werden musste, schrieb ich den »Interviewtext« selbst. Das sparte Zeit. Ich traf Arafat dann für einige Zeit zum Austausch von Freundlichkeiten, während sein Minister Nabil Schaath den Text durchging und hier und da ein paar Änderungen vornahm, die er mit seinem Chef kurz auf Arabisch absprach. Früher hatte es bei einem solchen Anlass einen Kaffee gegeben. Arafat trank aber nichts, und ich bekam auch nichts. Eine sonderbare Stimmung herrschte in dem Raum. Ich kann mich noch daran erinnern, dass mir die Topfpflanzen leidtaten, die in so viel Tristesse leben mussten.

Mitte Oktober 2004 wurde dann über eine rätselhafte Erkrankung Arafats berichtet, man sprach von einer Entzündung im Verdauungstrakt. Er esse nichts mehr. Ärzte aus Amman mussten eingeflogen werden, denn Arafat wollte Ramallah nicht verlassen. Israel hatte ihm keine freie Rückkehr zugesagt. Ende des Monats kam dann doch der Morgen, er war grau und wolkenverhangen, an dem Arafat in einen Helikopter stieg. Über Amman sollte er nach Paris ausgeflogen werden. Er hatte keine Springerstiefel mehr an, sondern Winterpantoffel. Es war zwar kalt, aber nicht übermäßig, sodass die Pelzmütze, die er sich aufgesetzt hatte, etwas deplaziert wirkte. Über seinem Schlafanzug trug er seinen abgewetzten Militärmantel. Als der alte Mann noch einmal aus der sich schließenden Hubschraubertür winkte, ahnte man, dass dies ein endgültiger Abschied war. Er starb am 11. November in einem Krankenhaus bei Paris.

Bis heute wollen die Gerüchte über eine angebliche Ermordung Arafats nicht verstummen; von Vergiftung ist die Rede oder von einer künstlich herbeigeführten Viruserkrankung. Das wurde zunächst auch aus seiner unmittelbaren Umgebung durch Politiker wie Schaath dementiert. Doch sein Neffe Nasser al Kidwa, einst palästinensischer Botschafter bei den Vereinten Nationen und kurzfristig Außenminister der Autonomieregierung, ließ von dem Vorwurf nie ab. Er machte ihn auch beim Fatah-Kongress im August 2009 zum Thema. Daraufhin stellten alle 2000 Delegierten einstimmig fest, »Arafat sei von Israel vergiftet worden«. Israel hat dies unverzüglich als haltlose Verschwörungstheorie zurückgewiesen. Eines ist klar: Arafat hatte viele Feinde auch im eigenen Lager. Und er lebte ungesund.

Am 12. November 2004 kehrte der Sarg mit Arafats sterblichen Überresten nach Ramallah zurück. Einige Zehntausend Menschen empfingen ihn auf dem Areal vor dem alten Hauptquartier, wo man ein Grab ausgehoben hatte. Da es aber nicht abgesichert war, drückte die schiebende Menge manchen Lebenden kurzfristig in diese Grube. Der Pilot des Helikopters mit dem Sarg an Bord wusste angesichts der Menschenmassen nicht, wo er landen sollte. Der vorgesehene, mit Kreide markierte Platz war aus der Luft nicht mehr auszumachen. Ein zweiter Helikopter drehte sofort wieder ab. Als die erste Maschine es dann doch irgendwie geschafft hatte, auf dem Boden aufzusetzen, konnte der Wagen mit der geschmückten Lafette nicht zum Hubschrauber vordringen. Es waren zu viele Menschen.

In der Halle im Hauptquartier warteten die Diplomaten und Würdenträger auf den Sarg. Arafats Foto an der Wand war mit einer schwarzen Schleife geschmückt worden. Der damalige Finanzminister Salem Fajad saß neben Arafats Finanzberater Mohammed Raschid vorn in der ersten Reihe. Draußen tobten die Massen. Der Sarg wurde, über die Köpfe gehoben, durch die Menge getragen, jeder wollte ihn berühren. Schüsse fielen. Auf meinem Notizbuch landete eine Patronenhülse. »Das haben wir so an uns«, sagte ein Vater mit seinem Kind neben mir im Getümmel. Er trug das Kreuz der Christenheit an einem Halskettchen. »Wir schießen gerne hier in Palästina«, fügte er in resigniertem Ton hinzu.

Die Trauerfeier war eher chaotisch als würdevoll. Irgendwann lag der Sarg dann schließlich in der Grube. So groß der Tumult bei der Beerdigung in jenen Novemberstunden gewesen war, so totenstill wurde es bald danach um das Grab. Als ich es meinem Vater am Ende desselben Jahres zeigen wollte, war es zwar von Blumen und Kränzen überhäuft, es war auch ein Glasdach darüber errichtet worden, aber die beiden Wachsoldaten hatten es sich auf zwei Stühlen bequem gemacht. Wir mussten sie erst aus ihrem Dämmerschlaf wecken, damit sie ihre Habachtstellung einnehmen konnten. Arafats Foto ist noch immer in allen palästinensischen Amtsstuben zu finden. Aber Leistung und Versagen, Lobpreis und Anklage halten sich bei ihm so sehr die Waage, dass die Erinnerung an ihn keine Kraft für die Gestaltung der Zukunft gibt.

Gewiss ist Arafat zur Symbolfigur für die palästinensische Nation geworden. Keiner verkörpert heute so, wie er es tat, die Nation, die sich erst unter zionistisch-israelischer Bedrängnis bildete und durch ihren Kampf für einen eigenen Staat zusammenwuchs. Arafats PLO hielt das Leid der Palästinenser in den Schlagzeilen, auch wenn meist von Terror und Gewalt die Rede war. Er gründete eine Befreiungsbewegung, scheiterte aber als Präsident der palästinensischen Autonomie. Im Nachhinein ist verständlich, dass er damals ungern nach Jericho kam, um die Verpflichtungen aus den Verträgen von Oslo zu erfüllen. Manche sagen, der Kämpfer habe nicht für den Frieden getaugt. Das mag sein. Er ließ aber auch neben sich niemanden zu, der nach ihm die PLO hätte verwandeln können. Sie ist auch mit ihrer stärksten Gruppe, der Fatah, noch immer keine Partei geworden, die in der Lage wäre, eine Demokratie aufzubauen.

Andere behaupten, in seinen letzten Monaten habe Arafat nicht mehr das Heft des Handelns in der Hand gehabt. Gewiss hat er auf die israelischen Militärmaßnahmen nur noch reagieren können. Aber unter den Palästinensern blieb er bis zum Schluss der unangefochtene Feldherr, der stets die Waffe und den Olivenzweig in Händen hielt. Ich kann mich an die Begegnungen mit seinen Ministern erinnern. Mit wenigen Ausnahmen wie zum Beispiel dem späteren Premier Fajad waren sie nur Befehlsempfänger. Der Innenminister beziehungsweise die Polizeichefs waren für Arafat die wichtigsten Untergebenen. Für die Ressorts Bildung oder Schule hatte er kein besonderes Interesse. Ihn interessierte auch nicht die Entwicklung eines Rechtssystems oder der Aufbau einer unabhängigen Justiz. Arafat war mithin kein Staatsmann.

Allerdings war er auch kein korrupter Obrist der Dritten Welt. Arafat bereicherte sich nicht selbst. Sein Geld floss woanders hin; nicht zuletzt an seine Frau Suha Tauwil, die in jenem zweiten Helikopter gesessen haben soll, der am Tag der Beerdigung in Ramallah nicht landen konnte. Ich habe sie übrigens einmal bei einem Weihnachtsgottesdienst in der Weihnachtskirche von Bethlehem kennengelernt. Sie war von ihrer Mutter in die Ehe mit Arafat gedrängt und mit ihrer Rolle in der Öffentlichkeit nie froh geworden. Arafat nutzte die Neigung der Menschen, sich korrumpieren zu lassen, als Herrschaftsmittel. Zunächst positionierte er die ihm willfährige Elite aus dem Exil, die »Abus«, in allen Regionen der besetzten Gebiete, um seine Macht zu sichern und die wirtschaftlichen Monopole an sein System zu binden. Dann korrumpierte er die Bevölkerung: Gehälter gab es nach Wohlverhalten im Kuvert; wer eine teure Operation haben wollte, konnte Arafats Büro darum bitten; wenn die Israelis ein Haus zerstörten, das einem gehorsamen und wichtigen Fatah-Politiker gehörte, dann waren die Chancen groß, dass der Obdachlose ein neues Heim erhielt. Inzwischen ist die mit Arafat ins Land gekommene Elite genauso verschwunden wie er selbst.

Arafat hatte jeden Kompromiss gefürchtet. Weil es aber keinen Frieden ohne Kompromisse gibt, war er auch nicht friedensfähig. Ihm graute vor Zugeständnissen, weil er um seine Macht und Bedeutung bangte, die ihm wichtiger waren als der Friede. So war er schon geschwächt, isoliert in seinem Hauptquartier und am Ende seiner Laufbahn angelangt, als er Anfang 2001 im ägyptischen Taba am Roten Meer mitten in der zweiten Intifada doch noch dem Ausgleich mit Israel zustimmte. Er hatte endlich verstanden, dass er durch den Krieg nichts mehr gewinnen konnte; dass ihm aber vielleicht der Frieden mit Ministerpräsident Barak eine neuerliche Anerkennung vonseiten Israels und die Machtgarantie durch die westlichen Staaten einbringen könnte. Dafür aber war es nun zu spät. Die jungen Leute der zweiten Intifada, solche wie der Gehilfe im Gemüseladen in Bethlehem, hatten sich von Arafat losgesagt und waren bereit, mit ihren Kalaschnikows gegen Israels Panzer anzutreten. Als selbst ernannte Krieger versetzten sie Israels Militär immer wieder schmerzhafte Nadelstiche, als Selbstmordterroristen trafen sie Israels Ordnung ins Mark und gaben der israelischen Armee so die Gelegenheit, mit äußerster Härte gegen den schwachen Nachbarn vorzugehen und fürs Erste jedes Risiko eines bewaffneten Konflikts auszuschalten.

Im Nachhinein ist unverständlich, dass Arafat, Ministerpräsident Rabin und Außenminister Peres 1994 der Friedensnobelpreis zuerkannt wurde. Das lässt sich nur mit der Begeisterung für den Oslo-Prozess erklären, der in jenen Monaten als ein sicherer Weg in Richtung Frieden angesehen wurde. Alle Welt war davon überzeugt, dass der entscheidende Schritt zu einem Ausgleich getan worden war. Stattdessen stand noch mehr Blutvergießen bevor. Mit Arafats Tod starb auch die Figur des Freiheitskämpfers. Alle Politiker seither ähneln mehr Bankiers und Bürokraten. Arafats Nachfolger, Präsident Abbas, hat das hinterlassene Vakuum nicht füllen können. Er wollte freilich auch nie Freiheitskämpfer sein, sondern war immer ein Mann des Ausgleichs. Doch noch hat er es nicht verstanden, die palästinensische Nation vom Befreiungskampf zum Aufbau eines Staates zu führen und selbst zum Staatsmann zu werden. Ob deswegen Arafat nachgetrauert wird? In den amtlichen Büros und bei der Polizei hängt, wie erwähnt, weiterhin sein Foto – neben dem von Präsident Abbas. Palästinas Weg zwischen Arafat oder Abbas scheint weiter ungeklärt.

Benjamin Netanjahu und Ehud Barak –
Die neue Generation

Der Aufstieg der jungen Ministerpräsidenten Benjamin Netanjahu und Ehud Barak zur Macht löste die alte Generation der israelischen Politiker ab. Auch wenn mit Ministerpräsident Ariel Scharon, Premier von 2001 bis zu seinem Schlaganfall Anfang Januar 2006, der Generationswechsel für wenige Jahre unterbrochen wurde und Präsident Schimon Peres, der schon für den Staatsgründer David Ben-Gurion gearbeitet hatte, stets ein Garant für Kontinuität blieb: Die neuen Parteiführer prägten eine neue politische Kultur in Israel. Beide sahen sich, wie nach ihnen Ehud Olmert und Tzippi Liwni, als Erben – und doch stehen sie zugleich für einen Bruch mit der Tradition. Sie symbolisieren das Ende des Pathos' der Staatsgründung. Für Netanjahu und Barak, selbst Kinder von Gründungsvätern aus dem rechten und dem linken Lager, war der Staat Israel schon zu Beginn ihrer Karriere eine Selbstverständlichkeit geworden.

Ideologien wichen dem Pragmatismus und Genügsamkeit wurde von Hedonismus abgelöst. Die Gesellschaft trat in den Hintergrund und machte dem Individuum Platz. Gemeinsinn wurde durch Eigensinn ersetzt. Das soll kein Vorwurf sein. In Israel vollzog sich derselbe Generationswechsel wie in anderen demokratischen Staaten. In Deutschland ist dieser Wandel mit dem Begriff der Toskana-Fraktion verbunden. Bundeskanzler Gerhard Schröder und Teilen seiner SPD wurde vor bald zwanzig Jahren vorgeworfen, sie verstünden ihren Dienst an Deutschland nicht mehr als schwere Arbeit, sondern genossen dabei das Leben mit italienischem Rotwein und kubanischen Zigarren. In Niedersachsen zum Beispiel brachte der Wechsel von Landeschef Ernst Albrecht zu Schröder längere Dienstzeiten für das Personal. Der neue Ministerpräsident unterhielt seine Gäste, anders als sein puristischer Vorgänger, bis in die Nacht hinein; und es wurde als selbstverständlich vorausgesetzt, dass Kellner im Gästehaus der Landesregierung auch Nachtschichten einlegten. Ein neues Regiment war angetreten, sozialdemokratisch nur dem Anstrich nach. Statt Sekt nun Champagner.

In Israel war der Nachholbedarf an Luxus noch weitaus größer als in Deutschland. Endlich konnte man in Israel das kaufen, was früher nur bei Auslandsreisen in den Duty-free-Shops am Flughafen Ben-Gurion beschafft werden konnte und auch gleich für die gesamte Großfamilie gehortet wurde: Parfum, Cognac und Whiskey. Auch früher hatte der ehemalige Bürgermeister von Jerusalem, Teddy Kollek, zwar nur ungern auf eine gute Zigarre verzichtet, im Übrigen aber blieb sein Lebensstil spartanisch. Er und seine Frau Tamar hatten nur eine Putzfrau, keine Haushälterin. Die Hausfrau richtete selbst den Kaffeetisch. Bei Rabins gab es den Scotch. Sonst aber sah es nicht viel anders aus. Solche Szenen der privaten Bescheidenheit scheinen bei den jungen Politikern in Israel undenkbar. Es wird repräsentiert. Personal ist ein Muss.

Luxuriöse Autos, deren Besitz vor zwanzig Jahren noch dazu geführt hätte, dass man einem zwielichtigen Milieu zugerechnet wird, sind heute Standard. Israelische Politiker, die in Europa oder in den Vereinigten Staaten in den großen Gästehäusern der Regierungen logieren, wollen sich daheim nicht lumpen lassen. Israels Außenministerium, das einst am Eingang Jerusalems in mehreren Behelfsbauten hauste, die an die Ära Golda Meir erinnerten, wenn nicht gar an die Mandatszeit, residiert heute in einem modernen Gebäude, das auch in Berlin oder London stehen könnte. Langsam häutet sich Israel, lässt die Baracken des militärischen Anfangs hinter sich und zieht die Kampfstiefel aus. Vorbei ist die Zeit der Provisorien. Die politische Elite präsentiert sich in den Maßanzügen internationaler Designer.

Früher galt es als selbstverständlich, dass das jüdische Exil reich und Israel arm war. Die reichen Juden in der Welt gaben und Israel nahm. Jetzt heißt es, Israel müsse dem jüdischen Exil zeigen, dass es selbst auch wohlhabend und attraktiv geworden ist. Für viele Politiker stellt sich das Problem, dass sie gern mit den wenigen superreichen jüdischen Industriellen und Geschäftsleuten im Ausland mithalten würden, den Lauders oder Murdochs, die mit ihren Stiftungen das soziale Leben und die Kultur Israels fördern. Gegenüber jenen Multimillionären aber sind Ministerpräsidenten wie Netanjahu, Barak oder Olmert arme Schlucker, und das scheint zu schmerzen. Es ist ein Schmerz, der zur Korruption verführt, zur Neigung, sich Luxushotels von Gönnern zahlen zu lassen und Reisen mehrfach abzurechnen.

Der auseinanderdriftenden Gesellschaft sind kaum noch solche gemeinschaftsbildende Erinnerungen vergönnt wie die Operation Salomon vom Mai 1991. Bedrängt durch das äthiopische Regime unter Mengistu Haile Mariam, wurden damals innerhalb von 48 Stunden 14 000 äthiopische Juden mit Transportflugzeugen nach Israel gebracht. Es ist in der Geschichte gewiss nicht oft vorgekommen, dass ein Staat die Einwanderung fast der gesamten Minderheit eines anderen Staates organisiert; noch dazu holte sich ein »weißer« Staat »schwarze« Mitbürger ins Land. Schon in der Bibel hatte es geheißen: Auf Adlers Schwingen werden die Kinder Israels nach Zion zurückkehren. Das taten nun die Falaschen in jenen Metalladlern ohne Sitze und Sicherheitsgurte. Die vermeintlichen Nachkommen der nach der Zerstörung des Nordreiches Israel durch die Assyrer um 721 v. Chr. über Ägypten und Nubien nilaufwärts gewanderten Juden kehrten zwar in die Heimat zurück, aber in der war ihnen alles fremd.

Doch sie wurden mit offenen Armen aufgenommen. Zumindest in den ersten Wochen und Monaten konnten sie auf die Gastfreundschaft der gesamten Nation bauen, die sie mit Windeln und Spielzeug, mit Jeans und Poloshirts, aber auch mit guten Ratschlägen überhäufte. Sie waren fremd und fern, sie kamen wie aus einem anderen Jahrhundert, in weiße Tüllgewänder und in den Duft von Moschus gehüllt. Vor allem die würdigen Gesichter der Alten und die neugierigen, ungläubig schauenden Augen der Jungen sind mir in Erinnerung geblieben. Aber eben auch die geschäftige Liebenswürdigkeit der arrivierten Israelis als Gegenpol dazu. Die grazilen, langsamen Bewegungen auf der einen – das hastige Verhalten auf der anderen Seite. Natürlich bemängelten die orthodoxen Rabbiner bald, dass diese Falaschen keine richtigen Juden seien, und setzten eine Rückkehr zum wahren Glauben durch, eine unwürdig erscheinende »jüdische Neutaufe«. So erlahmte allmählich der anfängliche Jubel über diese Einwanderung nie gekannter Vettern. Bald bildeten die schwarzen Juden nach den Russen die unterste Schicht in der Hierarchie der Einwanderer. Sie haben es noch heute schwer. Als Soldaten oder Polizisten fallen sie nicht selten dadurch auf, dass sie besonders ruppig mit den Arabern umgehen, als müssten sie beweisen, dass auch sie zur herrschenden Nation gehören.

Politik ohne Visionen

Nach der Ermordung Rabins im November 1995 hatte sein Stellvertreter Peres das Amt des Premiers übernommen. So sehr diese beiden Politiker in der letzten Phase ihrer Zusammenarbeit auch zu Partnern, wenn nicht gar Freunden geworden waren, der Rabin-Bonus reichte nicht aus, um Peres an der Macht zu halten. Er drängte auf baldige Neuwahlen, aber sie wurden erst für den folgenden Mai angesetzt. Peres hoffte, nach einer Kette eigener Wahlniederlagen die Trauer über den Verlust Rabins endlich in einen Wahlsieg für sich umwandeln zu können. Inzwischen aber nutzten die palästinensischen Gegner eines Ausgleichs das entstandene politische Vakuum, und es wurden mehr Terroranschläge denn je verübt. Israel wurde zudem in eine militärische Auseinandersetzung mit der schiitischen Hizbullah gedrängt, die ihrerseits mit Provokationen gegen Israel die Stimmung anheizen wollte. Laut lachten Israels Rundfunk und Presse, als sich der Zivilist Peres bei einem Truppenbesuch im Norden in lederner Kampfjacke zeigte. Der Versuch, ein neuer Rabin zu werden, erntete nur Häme.

So verlor Peres die Wahlen vom Mai 1996 gegen den charismatischen, aber als Leichtgewicht geltenden Likud-Führer Benjamin Netanjahu. Die Oslo-Fraktion erlitt eine Niederlage gegen jene Partei, die Oslo stets für einen schweren Fehler, wenn nicht für ein Verbrechen an Israel gehalten hatte. Kein Wunder also, dass der Oslo-Prozess ins Stocken geriet. Bibi, wie er von seinen Eltern und ziemlich bald dann auch in der Öffentlichkeit genannt wurde, war 1949 in Israel geboren worden und in Jerusalem aufgewachsen. Da sein Vater, der über die Geschichte der spanischen Juden forschte, später in den Vereinigten Staaten lehrte, verlebte der Sohn prägende Jahre in Amerika. Bibis Hebräisch galt darum zunächst als mangelhaft. Viele warfen ihm vor, er tauge besser zum Möbelverkäufer in einem amerikanischen Discountladen als zum Staatsmann. Tatsächlich hatte er als Student zeitweilig Möbel verkauft.

Außerdem hatte es Netanjahu schwer, aus dem Schatten seines Bruders Jonathan herauszutreten, auch wenn er selbst es als Soldat in der Elitetruppe der Aufklärer des Generalstabs, Sayerekt Matkal, bis zum Rang eines Hauptmanns gebracht hatte; und das nicht zur Schande dieser Einheit. Der Bruder, ein Oberst, hatte sein Leben bei der Operation

Entebbe 1976 im Kampf mit den Terroristen verloren und war zum Helden geworden. Um aus dem scheinbar überlebensgroßen Schatten des älteren Bruders herauszutreten, widmete sich der jüngere der Terrorismusforschung, lud 1979 zu einer ersten Terrorismuskonferenz ein und schrieb 1995 ein Buch, das seinem hohen Anspruch allerdings nicht gerecht wurde. Es sollte, wie der Untertitel der englischen Ausgabe des schmalen Bandes verhieß, eine Anleitung dafür sein, wie »demokratische Staaten die nationalen und internationalen Terroristen besiegen können«. Das Thema des Buches findet sich auch in der Politik des Ministerpräsidenten wieder. Für Netanjahu ist die Gefahr durch Terror das Hauptmotiv seines Handelns. Wer freilich stets von Terror spricht, schürt Ängste. Während Rabin und Peres vor ihm versuchten, Hoffnung zu säen, hat die konservative Politik Netanjahus keine Vision für die Zukunft. Er will zunächst nicht viel mehr, als die Gegenwart vor Terror zu bewahren: »Israel muss sicher sein.«

Auf Wunsch des damaligen Botschafters in Washington, Mosche Arens, zog Netanjahu 1982 neuerlich in die Vereinigten Staaten und wurde Arens' Stellvertreter. Der väterliche Freund verhalf ihm zwei Jahre später zum Posten des UN-Botschafters, auf dem sich der rhetorisch gewandte Netanjahu profilieren konnte. Er war tatsächlich das Sprungbrett für ihn: 1988 zog er als Likud-Abgeordneter in die Knesset ein und wurde rasch stellvertretender Außenminister. Bis zum Oktober 1991 förderte Netanjahu die Nahost-Friedenskonferenz in Madrid. Er wollte als Mann der jungen Garde unter dem alten Premier Schamir erscheinen und sah sich zudem als der Politiker mit den besten Kontakten nach Washington. Nachdem er schon bei Außenminister George Shultz in hohem Ansehen gestanden hatte, war es nahe liegend, dass er auch ein Vertrauter von Außenminister James Baker werden würde.

Die Wahlnacht im Mai 1996 ist unvergessen. Die Israelis gingen mit der Gewissheit schlafen, Peres gewählt zu haben, und wachten mit einem Premier Netanjahu auf – der einen knappen Vorsprung von 50,5 gegen 49,5 Prozent erzielte. Viele Menschen hatten noch nicht verdaut, dass Bibi zu den Aufrührern gegen Jitzchak Rabin gehört hatte. Dessen Familie war entsetzt über die Wahl ausgerechnet dieses Nachfolgers. Die Witwe Leah Rabin gab dem neuen Ministerpräsidenten nicht einmal die Hand. An Bibis Wahlsieg schien Blut zu kleben; hinzu kam die Häme der rechten Wahlsieger. Während seiner gesamten ersten Amtszeit bis 1999 musste Netanjahu hart um das Vertrauen der Nation ringen. Ich gehörte zu denen, die, reichlich unprofessionell, ihm keine besondere Leistung zutrauten. Bis heute leidet Netanjahu unter diesem Misskredit. Ziemlich bald verspielte er damals das größte politische Kapital, das Israel besitzt: Seine Nahostpolitik kostete ihn das Vertrauen Washingtons. Die Türen des Weißen Hauses verschlossen sich. Er wurde zur Persona non grata. Statt zu Gesprächen nach Washington reiste er in den Süden der Vereinigten Staaten, wo er noch willkommen war, und hielt Vorträge vor messianischen Christen und konservativen Protestanten. Sein Ansehen bei diesen Gruppen war größer als bei den meisten jüdischen Organisationen. Wie sonderbar, dass sich das im Jahr 2010 in seiner zweiten Amtszeit zunächst ähnlich wiederholen sollte!

Netanjahu war gewählt worden, weil Peres den Terror nicht in den Griff bekommen hatte. Dem neuen Premier schien das für eine Zeit zu gelingen. Nach den zahlreichen Anschlägen Anfang März vor den Wahlen, bei denen mehr als dreißig Menschen ums Leben gekommen waren, beruhigte sich die Lage zunächst. Da der Terror direkt von Arafat ausgehe, sei Härte angebracht, hieß es in der Regierung Netanjahus: Israel werde den Palästinensern nur etwas geben, wenn diese zuvor ihrer Pflicht nachkämen und den Terror bekämpften. Auf Drängen der Vereinigten Staaten stimmte Netanjahu 1998 schließlich dem Abkommen von Wye zu. Diese Vereinbarung sollte den Vertrag Rabins mit PLO-Chef Arafat aus dem Jahr 1995 umzusetzen helfen. Vor allem ging es in Wye um die Aufteilung von Hebron. Das jüdische Getto im Zentrum rund um die Machpela (H 2) sollte weiter allein von Israel kontrolliert werden; autonom wurde nur die Stadt (H 1) darum herum.

Mit Netanjahus erster Amtszeit bleibt so einerseits die den Alltag unerträglich belastende Aufteilung Hebrons verbunden, aber auch das Zugeständnis eines konservativen Likud-Politikers, dass die judäische Königsstadt Hebron letztlich palästinensisch ist, auch wenn der Schrein der Patriarchen Abraham und Isaak zum israelitischen Urerbe gehört. Netanjahu wurde der erste Likud-Politiker, der Teile einer arabischen Stadt im Westjordanland unter arabische Verwaltung stellte. Jedes weitere israelische Zugeständnis aber wurde an eine palästinensische Vorleistung geknüpft. Die schwachen Palästinenser sollten zunächst für Sicherheit sorgen. Weil das aber nicht gelang, ließ Netanjahu den Nahost-Friedensprozess allmählich einfrieren. Aussicht auf Tauwetter besteht bis heute kaum. Auch die bilateralen Gespräche mit den Palästinensern, die Netanjahus Regierung im September 2010 auf Druck der Amerikaner aufgenommen hat, wecken trotz aller Beteuerungen bei niemandem große Hoffnungen.

1996 kam es in Jerusalem zu einem Blutbad. Bürgermeister Ehud Olmert und Netanjahu hatten beschlossen, den lange gesperrten hasmonäischen Durchgang längs der Klagemauer zu öffnen. Dreitägige Unruhen, die etwa achtzig Tote forderten, waren die Folge der Baumaßnahmen für diesen Tunnel von der Klagemauer bis zur Via Dolorosa, die genau in jenem Jahr durchgeführt wurden, in dem die Muslime am Tempelberg gegen den Willen der Israelis unter dem herodianischen Plateau eine Wintermoschee für 10 000 Gläubige eingerichtet hatten. Der Weg im Dunkeln auf zweitausend Jahre alten Pflastersteinen entlang der zunächst herodianischen und dann noch zweihundert Jahre älteren hasmonäischen Stützmauer des Tempels ist für jeden Jerusalembesucher ein besonderes Erlebnis. Er führt ihn in das 2. Jahrhundert v. Chr. zurück, als das Judentum über Zion herrschte. Für die Muslime ist dieser Tunnel daher stets ein Ärgernis gewesen, zeigt er doch jedem Besucher, dass die Geschichte des Tempelbergs nicht erst mit dem Islam begann. Außerdem verläuft der Tunnelgang unter dem Verwaltungsgebäude der Waqf-Stiftung des Haram as Scharif hindurch. Seit seiner Öffnung fürchten die Muslime, die Israelis könnten den Tunnel erweitern und die islamischen Gebäude darüber zum Einsturz bringen und so gegen die »Unverletzlichkeit der heiligen Stätte«, die von den Muslimen eingefordert wird, verstoßen.

In ökonomischer Hinsicht war Netanjahus erste Amtszeit von 1996 bis 1999 ein Erfolg. Als Mann der Marktwirtschaft leitete er eine seit Jahren fällige Haushaltskonsolidierung ein, verurteilte den Staat zum Sparen und stellte damit die Weichen für einen Wirtschaftsaufschwung. Die israelische Währung, der Schekel, konnte sich bald frei konvertierbar mit anderen Währungen messen. Mit diesem Wirtschaftskurs öffnete sich aber auch die Schere zwischen Arm und Reich noch weiter. Plötzlich wurden soziale Fragen zum Hauptgesprächsgegenstand und verdrängten das Dauerthema Sicherheit. Netanjahus zur Schau gestellte

Selbstsicherheit, seine neureichen Attitüden stießen auf ätzende Kritik. Zum Schluss schoss sich die Presse auf seine Frau Sara und deren Umgang mit Haushaltshilfen und Au-pair-Mädchen ein. Ganze Zeitungsseiten wurden mit Berichten über ihren angeblich arroganten und ungerechten Umgang mit den jungen Angestellten gefüllt. Die private Nutzung von Staatsgeschenken war über Wochen hin ein weiteres Lieblingsthema der Presse, die den Regierungschef selbst als inkompetent und korrupt hinstellte. Dass Netanjahu nach seiner Wahlniederlage gegen Ehud Barak im Frühling 1999 auch den Vorsitz des Likud hinwarf und seinen Sitz in der Knesset aufgab, verstärkte den Eindruck, dass es sich bei ihm um ein politisches Leichtgewicht handelt. Ich habe Netanjahu als aalglatte Erscheinung mit Fuchsblick in Erinnerung. Es ist schwer, ihm in die Augen zu sehen. Er weicht den Blicken aus.

Politik ohne Erfolge

Der Wahlsieg von Ehud Barak war da wie eine Erlösung. Es gab eine Wahlparty im Café auf der Etage unter dem Büro des Regierungspresseamtes, bei der selbst treue Beamte der Likud-Regierung Erleichterung bekundeten. An die Freude über jenen Wahlsieg erinnern sich viele deswegen besonders gut, weil die Enttäuschung über die dann folgenden Misserfolge der Barak-Regierung vom Frühling 1999 bis Anfang 2001 solche Ausmaße annahm, dass sich seither jeder Optimismus im Nahen Osten zu verbieten scheint. Seit 1996 war Barak Chef der Arbeiterpartei und Oppositionsführer in der Knesset gewesen. Ich hatte zu ihm von Anfang an eine bessere Beziehung als zu seinem Vorgänger, der vor allem die amerikanischen Kollegen hofiert hatte. Der 1942 in einem Kibbuz geborene frühere Generalstabschef Barak war dagegen europäisch orientiert. Bei meinem ersten Gespräch mit ihm konnte ich zudem auf gemeinsame Bekannte hinweisen, auf den einen oder anderen General, der einmal unter ihm gedient hatte, und auf seine damalige Schwägerin Schlomit Brog, unsere Yogalehrerin. Mit Barak wurde der Geist Rabins für einige Monate wieder lebendig.

Doch wir kannten auch Mitarbeiter seines Teams, die sich schon während der Wahlkampagne von ihm abwandten. Er sei weder kommunikations- noch lernfähig, lautete ihr Urteil, vielmehr autistisch und selbstzufrieden: ein egomaner Herumpussler, der die Gesellschaft wohl für ein Uhrwerk hielt, das man nach Belieben auseinandernehmen und wieder zusammensetzen könne. Wie aber konnte ein solcher Eigenbrötler Generalstabschef geworden sein, fragte ich mich? Mir schien das unmöglich zu sein. Als Oppositionsführer hatte Barak regelmäßig einen Kreis von Korrespondenten in sein Büro in einem schicken Hochhaus in Ramat Gan bei Tel Aviv eingeladen. Es hätte uns schon damals auffallen müssen, dass er unsere Fragen selten beantwortete. Stattdessen dozierte er – aber eben nicht schlecht, sondern gewandt und interessant. Wir kamen meist unzufrieden, aber um ein Gran informierter aus Baraks Büro zurück. Als Ministerpräsident war er dann nicht mehr an der ausländischen Presse interessiert. Unser Kontakt lockerte sich.

In besonderer Erinnerung ist mir geblieben, wie mich Bundeskanzler Schröder beim offiziellen Abendessen für ihn anlässlich seines Besuchs in Jerusalem im Oktober 2000 dem israelischen Gastgeber vorstellen wollte. Barak lächelte nur und meinte: »Den kenne ich schon.« Darauf entgegnete Schröder, er hoffe, Barak habe mit mir mehr »fun«, als er selbst in seiner Zeit als Ministerpräsident von Niedersachsen in Hannover mit mir gehabt hätte. Barak schmunzelte, hielt einen Moment länger meine Hand und meinte, es wäre gut, wenn israelische Journalisten ähnlich aufmerksam berichten würden. Hinter dieser vordergründig wohlwollenden Bemerkung war unschwer die Kritik an der israelischen Presse zu erkennen, die gemeinhin als aggressiv und oberflächlich beschrieben wird. Vor allem Barak hatte bald Probleme mit den Medien, zu denen er keinen rechten Draht fand. Ich nehme nicht an, dass er je die *Frankfurter Allgemeine Zeitung* in Übersetzung gelesen hat; aber wir kannten einander, ich war für ihn zeitweilig ein vertrautes Gesicht. Und meine Zeitung genießt seit jeher einen guten Ruf in Israel.

Auch ein anderes Gespräch mit Barak ist mir in Erinnerung geblieben. Es muss vor dem Treffen in Camp David im Juli des Jahres 2000 stattgefunden haben und ist ein Beleg dafür, wie sehr Barak damals auf den bevorstehenden Frieden vertraute. Ich warf ihm vor, es vertrage sich nicht mit seiner auf Ausgleich bedachten Politik gegenüber der Autonomiebehörde, dass er das Moratorium über den Siedlungsausbau nicht fortsetze, sondern neue Siedlungshäuser genehmige. Der Ministerpräsident antwortete, er könne das ruhig tun. Es werde ohnedies nicht mehr zum Bau dieser Häuser kommen. Aber die Genehmigung dafür zu erteilen, das beruhige die Opposition. War er sich wirklich des Friedens so sicher, oder wollte er letztlich doch diese Siedlungen, die er auch heute wieder als Verteidigungsminister im zweiten Kabinett von Netanjahu unterstützt?

Im Rückblick zeigt sich, dass Barak nur einen Erfolg für sich verbuchen konnte, und auch der hatte Dellen. Überraschend zog er in einer Nacht im Mai des Jahres 2000 alle Soldaten aus dem Libanon ab. Die schiitische Hizbullah behauptete zwar, die Soldaten seien im Schutz der Dunkelheit vor den libanesischen Widerständlern geflohen, aber es war schon eine beachtliche Leistung, alle Soldaten und fast alles Gerät ohne Kampf und Blutvergießen aus der bis dahin noch besetzten Zone im Süden des Zedernstaates herauszubringen. Die israelische Regierung hatte eingesehen, dass die Besatzung nur zu weiteren militärischen Verwicklungen führen würde, Israels Sicherheit aber nicht verbessern konnte. Klüger wäre es natürlich gewesen, vor dem Abzug auch sämtliche militärischen Installationen zu zerstören. Das war aber nicht geschehen, konnte vielleicht auch gar nicht geleistet werden. Die Hizbullah durfte sich daher in den betonierten Unterständen und Bunkern festsetzen. Das wiederum hatte für die Israelis jene bittere Überraschung vom Sommer 2006 zur Folge, als Ministerpräsident Olmert in den zweiten Libanonkrieg zog und auf heftigen Widerstand stieß. Zudem bot der Abzug Hizbullah-Generalsekretär Hassan Nasrallah die Gelegenheit, vom Sieg über die Israelis zu reden. Diese Propaganda ließ wohl die Palästinenser hoffen, auch sie könnten, wie es angeblich die Schiiten vorgemacht hatten, die Israelis vertreiben. Eine Illusion, die wohl die zweite Intifada beseelte.

Dass Barak sich bei der Regierungsbildung nach dem Rücktritt Olmerts im Herbst 2008 intensiv, wenn auch vergeblich, darum bemühte, im Kabinett einer möglichen Ministerpräsidentin Tzippi Liwni den Auftrag für Friedensgespräche mit Syrien zu erhalten, hängt damit zusammen, dass er noch heute gern einen schweren Fehler aus seiner Amtszeit als Ministerpräsident korrigieren würde. Den Misserfolg von Camp David im Juli 2000 kann man Barak auf keinen Fall allein zuschreiben. Vielleicht aber das Scheitern der Friedensgespräche mit Syrien vor Israels Abzug aus dem Libanon: Es waren die letzten Monate des erkrankten syrischen Präsidenten Assad, der Mitte Juni 2000 während eines Telefonats mit dem libanesischen Präsidenten Salim Hoss einer Herzattacke erlag. Hafez Assad hatte viel getan, um mit Israel Frieden zu schließen. Er hatte sogar Damaskus verlassen und war im März nach Genf gereist, um dort mit Präsident Clinton über ein mögliches Abkommen zu sprechen. Doch im Streit um ein paar Meter Gelände am Ostufer des Sees Genezareth verweigerte sich Barak. Mit mehr Geschick und Menschenkenntnis, heißt es heute, wäre der Frieden möglich gewesen.

Dieser Fehlschlag hatte gravierende Folgen. Assads Sohn Baschar hat bis heute, mehr als zehn Jahre nach Amtsantritt, weder die Macht noch das Charisma seines Vaters. Er ließ sich sowohl von den alten Kadern um Außenminister Walid Muallem treiben wie von den mächtigen Nachbarn, vor allem vom Iran und von der Hizbullah. Nach einem Friedensschluss mit Israel durch seinen Vater wäre es nicht zu einer so starken Bindung Syriens an den Iran gekommen, von der das Land erst jetzt wieder abrücken möchte, nach den Umbrüchen, die durch die Wahlfälschungen von Präsident Mahmud Ahmadinedschad ausgelöst worden waren. Die Hizbullah wäre nicht weiter gestärkt und vom Iran vollends unter die Fittiche genommen worden. Eine schwächere Hizbullah hätte Israel nicht mit Katjuscha-Raketen oder der Geiselnahme von Soldaten provoziert. Vielleicht wäre es dann nicht zum Libanonkrieg von 2006 gekommen. Damaskus wäre schon länger nicht mehr der Hort der sunnitischen Hamas, die den Ausgleich im Nahen Osten erschwert. Ein Syrien, das mit Israel Frieden geschlossen hätte, wäre schließlich nicht für geraume Zeit ein Durchgangsland für Terroristen mit dem Ziel Irak geworden.

Freilich verbietet es sich für den Historiker, so zu argumentieren. Aber gerade von Barak kennt man die Begeisterung für Planspiele. Gerade er, der kühle Rechner, weiß, wo er während seiner Amtszeit als Ministerpräsident versagte. Er selbst hat das natürlich nie zugegeben, doch aus seiner nächsten Umgebung sind entsprechende Aussagen bekannt geworden.

Während der zwanzig Jahre, in denen ich mich mit der Politik Israels befasst habe, kam es niemals zu parallelen Fortschritten, wenn gleichzeitig mit Syrien und den Palästinensern Gespräche geführt wurden. In der Regel wurde der eine Weg gegangen und damit zugleich der andere vernachlässigt. Netanjahu schien in den ersten Monaten seit seinem Amtsantritt im Frühjahr 2009 auf die syrische Karte zu setzen. Das Land gab damals zu erkennen, dass es in einen Dialog mit Israel eintreten wolle. Diese Bereitschaft scheint langsam einzuschlafen.

Baraks Amtszeit ging im Terror der zweiten Intifada unter. Die Unruhen waren schon längst über Israel und die besetzten Gebiete hereingebrochen, als der Ministerpräsident im ägyptischen Taba zum Jahreswechsel 2000/2001 noch einen Friedensvertrag verhandeln ließ, der den Palästinensern tatsächlich fast die gesamten besetzten Gebiete zurückgegeben hätte. Die Gespräche endeten im Januar mit zufriedenen Gesichtern. Es fehlte nicht mehr viel zu einem gültigen Vertrag, aber Barak hatte längst schon keine Mehrheit mehr im Parlament, und bald verlor er auch sein Amt. Bei den Wahlen am 6. Februar 2001 siegte Ariel Scharon – der nie einen Hehl daraus gemacht hatte, dass er für ein Groß-Israel in den biblischen Grenzen eintrat – mit 62 Prozent der Stimmen gegen nur 37 Prozent für den bisherigen Amtsinhaber. Damit waren die Verhandlungsergebnisse von Taba Makulatur. Wie Netanjahu vor ihm fühlte sich auch Barak persönlich verletzt und warf nach seiner Niederlage alles hin. Er gab den Sitz in der Knesset und das Amt des Oppositionsführers auf und verließ sogar immer häufiger Israel, um als Berater und Redner durch die Welt zu reisen.

Auf dem Weg in eine unsolidarische Gesellschaft

Während eine Operation wie die Aufnahme der schwarzen Juden aus Äthiopien ein Jahrzehnt zuvor das Gemeinschaftsgefühl in Israel gestärkt hatte, trieb nun der Selbstmordterror der zweiten Intifada die ohnedies egoistisch gewordene Gesellschaft in eine noch größere Vereinzelung. Das hatte praktische Ursachen. Es war nicht mehr ratsam, in ein belebtes Café zu gehen, um sich dort mit jemandem zu treffen. Letztlich bemühte sich jede Familie um ihren eigenen Schutz. Die scheinbar unbesiegbare und zudem wohlhabend gewordene israelische Gesellschaft sah sich durch den Terror tief getroffen. Das lebenslustige Tel Aviv sollte nicht mehr feiern dürfen? Geeint fühlte sich Israel nur noch durch die Bedrohung, und da ein Frieden mit den Palästinensern für ausgeschlossen gehalten wurde, begann Israel sich abzuriegeln.

Von der Linken ging die Idee zum Bau einer Schutzanlage an der Grenze zu den besetzten Gebieten aus, und die Rechte wollte ihr Groß-Israel nicht länger verteidigen. Die Sehnsucht nach Sicherheit bewirkte in beiden ideologischen Strömungen einen Wandel: Die Rechten mussten einsehen, dass sie das Land jenseits der Mauer nicht würden halten können; die Linken gaben ihre Hoffnung auf Dialog auf. Dabei war die Mauer vor allem Medizin für verwundete Seelen, auch wenn sie den Terror hemmte. Es darf aber nicht vergessen werden, dass die Hamas kurz nach Beginn der israelischen Offensive »Defensive Shield« im Frühling 2002 die Selbstmordattentate aufgab und zudem das meiste Terrorgeld aus dem Ausland in den Irak für den Kampf gegen die Amerikaner umgeleitet wurde.

Die Vereinzelung der israelischen Gesellschaft schritt trotzdem weiter voran. Als von 2001 an und verstärkt seit dem Jahr 2006 Raketen der islamistischen Hamas auf Sderot im israelischen Süden fielen und auch auf andere Siedlungen nahe des Gazastreifens, interessierte das die Bürger in Tel Aviv oder Jerusalem wenig. Im Dezember 2007 schlugen an einem Tag mehr als zwanzig Raketen ein. Im Januar und Februar 2008 waren es in jedem Monat schon mehr als eintausend. Aber mir ist nur eine einzige Stadtrundfahrt des schlechten Gewissens durch Sderot in Erinnerung geblieben, an der einige tausend Israelis teilnahmen. Offenbar gab es auch nie genügend staatliche Gelder, um zumindest die Dächer aller Kindergärten und Schulen zu verstärken. Die israelische Mehrheit empfand den Bürgermeister der Stadt Eli Moyal, der solche Forderungen stellte, als lästigen Nörgler, der die Staatskasse plündern wolle, wie in der Presse zu lesen war.

Heute, zwei Jahre später, sieht sich die israelische Gesellschaft offenbar im Frieden angekommen. Bisweilen geht eine Rakete auf Sderot nieder, bisweilen erfolgt ein Terroranschlag. Aber die Israelis denken erst einmal an ihre Ferien auf Zypern oder in der Türkei. Auch teurere Ziele wie Berlin oder Rom sind gefragt, denn die Gehälter sind weiter gestiegen. Das Bruttosozialprodukt pro Einwohner ist höher als das in Saudi-Arabien. Der Israeli sieht sich kaum mehr durch die Politik seiner Regierung vertreten. Die Gesellschaft und jeder einzelne in ihr empfindet sich als stark genug, will keine Abhängigkeit mehr von Staat und Regierung. Aber hat Israel wirklich Frieden? Das Land ist immer noch ohne feste anerkannte Grenzen, Jerusalem ist noch immer nicht die international anerkannte Hauptstadt, und weiter drohen Feinde mit Gewalt. Früher hieß es, solange es Feinde gebe, werde die Solidarität unter den Israelis stark sein. Das scheint heute nicht mehr zu gelten. Unklar ist dabei, ob Israel seine Feinde nicht mehr sieht oder ob es seit dem Sechstagekrieg tatsächlich davon überzeugt ist, jeden Konflikt letztlich kontrollieren zu können. Vielleicht aber ist Israels Gesellschaft einfach nur müde, müde an seiner eigenen Geschichte geworden.

Muslime, Juden und Christen im Heiligen Land

Der Mufti von Jerusalem sagte es mit aller Bestimmtheit:»Lassen Sie sich nicht einreden, es gebe eine jüdische Geschichte auf diesem heiligen Berg. Alle Mauern sind arabisch.«Ich fragte nach, wies besonders auf die Stützmauer des Tempelplateaus aus herodianischer Zeit hin, zu der auch der Kotel, die Klagemauer, gehört. Aber Ekrima Said Sabri beteuerte, auch diese Steine wären arabisch und muslimisch. Sonderbar. Warum behauptete er einen solchen Unsinn, obwohl auch jeder Muslim wissen musste, dass zur Zeit von König Herodes, also vor zweitausend Jahren, immerhin sechs Jahrhunderte vor Mohammed, nichts im Heiligen Lande arabisch und schon gar nicht muslimisch gewesen sein konnte? Als ich Faisal Husseini einmal darauf ansprach, sagte er nur, das sei tönerne Propaganda.»Hör einfach weg!«Auch die säkulare muslimische Familie des palästinensischen Ministerpräsidenten Salem Fajad empfand Sabris Äußerung als Ärgernis. Sie sei falsch und müsse nicht debattiert werden.

In Reiseführern der dreißiger Jahre des letzten Jahrhunderts, herausgegeben von der muslimischen Tempelbergstiftung, dem Waqf der al Aqsa, wurde noch ganz selbstverständlich berichtet, dass der Berg eine israelitische Vorgeschichte hat. Jerusalems zentrale Bedeutung für die Muslime besteht ja gerade darin, dass sie sich auf diesem Berg als neue Religion etablierten, mit dem Anspruch, das Erbe des Judentums anzutreten. Der geweihte Platz wurde von der jüngeren Religion übernommen und neu geprägt. In der Sprache der Archäologen heißt das: einmal heilig, immer heilig. Nach der islamischen Eroberung Jerusalems 638 n. Chr. führte der Überlieferung nach ein jüdischer Bürger der Stadt den Kalifen Omar auf den heiligen Berg. Die Anhöhe, auf der nach der Bibel Urvater Abraham den Altar zur Opferung seines Sohnes Isaak errichtet haben soll, war bis in jene byzantinische Zeit auch nicht, wie manche Quellen behaupten, unbebaut gewesen. Es hatte dort Kirchen und Klöster gegeben. Erst jüngst wurde der Rest eines byzantinischen Mosaiks geborgen.

Aber nach der Zerstörung des herodianischen Tempels 70 n. Chr. durch den römischen Feldherren Titus und nach der Zulassung des Christentums unter Kaiser Konstantin knapp drei Jahrhunderte später war das bisherige Zentrum der Welt ein paar hundert Meter nach Westen gerückt worden. Die Christen ersetzten den jüdischen Tempel durch die Grabes- und Auferstehungskirche, die Anastasis. Nach den Quellen fand der Kalif, der Nachfolger des Propheten, den heiligen Berg – trotz einiger Kirchen – von den Christen entweiht vor. Er reinigte ihn und weihte ihn neu – aber nun seinem Islam. Diese Geschichte hätte der Mufti jedem Journalisten mit Stolz erzählen können. Er hätte darauf hinweisen können, dass ja wohl nicht zufällig ein Jude den heiligen jüdischen Berg dem muslimischen Kalifen »übergeben« hatte. Stattdessen unterstützt selbst die muslimische Wissenschaft den Mufti. So schrieb noch 2004 der ägyptische Archäologe Abed Barakat: »Der Mythos des erfundenen Tempels ist unter den historischen Fälschungen das größte Verbrechen.«

Der Kampf des Islam gegen die Säkularisierung

Der Obermufti von Jerusalem ist die höchste religiöse Autorität der Muslime in der Region. Berüchtigt war in den dreißiger Jahren der Onkel von Faisal Husseini, Großmufti Mohammed Amin al Husseini, der zu einem Anhänger Hitlers wurde und häufig zu Gast in Berlin war. 1948 setzte ihn der jordanische König ab und verwies ihn des Landes. Im Kairoer Exil wuchs in seinem Schatten Jassir Arafat, sein Neffe, auf. Bis 1993 hatte der jordanische König, ein Nachkomme des Propheten, die Oberhoheit über die al Aqsa. Diesen Anspruch bekräftigte er mit dem Einsatz seines eigenen Vermögens. Er spendete kostbare Teppiche und verkaufte ein Haus in London, um 1994 die Vergoldung der Kuppel auf dem Felsendom zu finanzieren. Meine Frau und ich waren damals auch auf dem Dachgerüst des Doms und sahen zu, wie die Kuppel von deutschen Handwerkern mit feinstem Blattgold belegt wurde. Die befreundete Fotografin Varda Polack-Sahm dokumentierte diese Arbeit mit wunderbaren Aufnahmen; besonders beeindruckend ist in ihren Fotografien der Blick vom heiligen Bezirk hinunter auf die

Stadt. Oder aber die Ansicht des goldenen Daches vor dem tiefblauen Himmel. Nach seiner Machtübernahme in den besetzten Gebieten entriss PLO-Chef Arafat dem König das Protektorat über den heiligen Platz und setzte Sabri ein.

Bei den Massen genoss der charismatische Geistliche hohes Ansehen. Allein deswegen hätten Muslime wie Faisal Husseini oder Salem Fajad nicht weghören dürfen, als Sabri anfing, die Geschichte der al Aqsa zu verfälschen. Womöglich aber wollten sie auch einem Konflikt mit Arafat aus dem Weg gehen. Erst Arafats Nachfolger, Präsident Abbas, setzte Sabri 2006 wegen seiner dubiosen Äußerungen und politischen Einmischungen ab. Der Nachfolger, Mufti Muhammad Achmad Hussein, ist schweigsamer. Allerdings wurde, kaum war er im Amt, ein Zitat von ihm bekannt, wonach Selbstmordanschläge eine »vertretbare Taktik« im »legitimen Widerstand« gegen Israel seien. Niemals zuvor hat man nach meiner Kenntnis im Waqf darüber debattiert, ob Selbstmörder tatsächlich Märtyrer sein können, ob Selbstmordattentäter tatsächlich Gnade vor Allah erhalten.

Das zwiespältige Verhältnis der Palästinenser zur jüdischen Vorgeschichte ihrer Region zeigte sich auch in einem Seminar, das der deutsche Archäologe Gunnar Lehmann von der Negev-Universität in Beerschewa vor Jahren für palästinensische Archäologiestudenten abhielt. Die Teilnehmer nahmen mit großem Interesse zur Kenntnis, dass Lehmann den historischen Wahrheitsgehalt der biblischen Texte zu David und Salomon infrage stellte. Seine These, dass man keine Reste des Salomonischen Tempels nachweisen könne, gefiel ihnen. Als Lehmann aber ebenso muslimische Texte wie die 17. Sure diskutieren wollte, in der von der nächtlichen Himmelfahrt des Propheten berichtet wird, erntete er Protest.

Nach der Überlieferung war Mohammed in der Stadt Jerusalem mit seinem Pferd Buraq in den Himmel aufgebrochen, um dort von Allah den Koran in Empfang zu nehmen. Eine Vertiefung im Marmor auf dem Areal der al Aqsa wird von den islamischen Gläubigen als »Hufabdruck« von Mohammeds Pferd angesehen. Wie die christliche stellte Gunnar Lehmann auch diese islamische Überlieferung infrage. Dabei aber machten seine Studenten nicht mehr mit. Das sei eine Beleidigung der Religion, wurde Gunnar entgegengehalten. Ihr »Verständnis von

Wissenschaft« lasse Zweifel an der wundersamen Nachtreise des Propheten nicht zu, meinten die jungen Muslime. Lehmann muss man die Enttäuschung angesehen haben, denn nach der Vorlesung kam nicht einer, es kamen nacheinander mehrere Studenten, wenn auch einzeln, zu ihm und gestanden eigene Zweifel ein. Natürlich müsse Wissenschaft nachfragen können, fanden sie plötzlich unter vier Augen. Es gebe keine spezielle muslimische Wissenschaft.

Dies ist nur ein Beispiel dafür, wie sich der gesellschaftliche Druck in der muslimischen Gesellschaft auswirkt, der vor allem die Geisteswissenschaften und die Theologie lähmt. Etwas wohlhabendere Eltern, die ihre Kinder in einer freieren Bildungswelt aufwachsen lassen möchten, schicken sie darum nicht in die staatlichen muslimischen Schulen, sondern in private, meist christliche Einrichtungen. Längst ist eine Ausbildung in einer christlichen privaten Schule auch ein Statussymbol, das den gesellschaftlichen Rang der Eltern belegt. Vor allem aber geht es Familien wie zum Beispiel der von Ministerpräsident Fajad darum, ihre Kinder dem freien Diskurs auszusetzen, um sie auf eine Ausbildung jenseits der muslimischen Welt vorzubereiten. Der älteste Sohn des Regierungschefs Fajad studiert inzwischen wie einst der Vater in Texas; die Tochter, die mit unserem Philipp in derselben Klasse war, am Massachusetts Institute of Technology (MIT) in Boston.

In den privaten Schulen nehmen die muslimischen Kinder auch am christlichen Religionsunterricht teil. Sie setzen sich mit Fragen von Religion und Säkularisierung auseinander, lernen die inneren Spannungen im Christentum kennen, während muslimische Glaubensfragen tabu bleiben. Bei einem interreligiösen Treffen in der jordanischen Hauptstadt Amman Mitte der neunziger Jahre unter der Schirmherrschaft des damaligen Kronprinzen Hassan erklärte mir ein Imam, die Haltung bei vielen Christen, Glaubensinhalte zu hinterfragen, sei schon ein Zeichen von Säkularisierung. Diese Kritik führe zu Zweifeln am Glauben selbst und schließlich in ein Glaubensvakuum, in das dann der Islam eindringen könne. Darum gebe es in westlichen Ländern so viele Konvertiten; darum werde Europa auf lange Sicht muslimisch werden. Der Islam selbst brauche sich kritischen Fragen nicht zu stellen, denn der Glaube sei von Allah gegeben und die letzte einzig wahre göttliche Offenbarung in der Menschheitsgeschichte. Basta!

Nur langsam dringt der christlich geprägte Westen in diesen muslimischen Schutzraum geistiger Abgeschlossenheit vor. Heute, mehr als zehn Jahre nach dem Treffen in Amman, müsste sich der Imam zum Beispiel mit den Äußerungen von Papst Benedikt XVI. in seiner Regensburger Rede vom September 2006 zur Gewaltbereitschaft des Islam auseinandersetzen. Mittlerweile gibt es an Hochschulen in Kairo und anderswo muslimische Gelehrte, die sich dem Anspruch des Islam auf ewige Wahrheit und Vollkommenheit widersetzen und die auf die Widersprüche hinweisen, die sich durch die Rückständigkeit muslimischer Gesellschaften gegenüber christlich geprägten Nationen ergeben. Die Rede des Papstes stieß eine Debatte an, in der sich die verschiedenen Orientierungen im Islam deutlich zeigten. Auch im Islam gibt es mittlerweile Tendenzen der Säkularisierung. Und der Papst treibt diese Debatte voran. Für Oktober 2010 lud er seine Bischöfe zu einer Nahost-Sondersynode nach Rom ein.

Selbst die islamistische Hamas im Gazastreifen rückt inzwischen von der reinen Lehre ab. Sie würde sich zum Beispiel hüten, die Ideen der afghanischen Taliban zu übernehmen. Als viele Frauen, auch Christinnen, im Winter 2008 im Gazastreifen nur noch vollständig verschleiert auf die Straße gegangen sind, ließen die Machthaber der Hamas erklären, dass dies im Islam zwar wünschenswert, aber nicht von ihnen dekretiert worden sei. Längst hat die Hamas neben sich eine noch radikalere »islamistische« Gefahr ausgemacht. So tötete sie im August 2009 in Rafah an der ägyptischen Grenze einen aufrührerischen Imam und seine bewaffneten Anhänger, die ein eigenes Kalifat im Gazastreifen ausgerufen hatten. Und solche Konflikte werden immer häufiger.

Gleichzeitig werden allerdings immer noch überall dort, wo Muslime die Mehrheit bilden, Christen und Juden in eine Sonderrolle gedrängt. Der Koran übernimmt zwar die biblischen Gestalten von Abraham bis Jesus und Maria, und der Islam erkennt auch Judentum und Christentum als Religionen an, die heilige Bücher besitzen, aber die Mitglieder dieser Schriftreligionen gelten als Dhimmis (»Schutzbefohlene«), haben weniger Rechte in der Gesellschaft und vor Gericht. So schreibt die nie offiziell verabschiedete palästinensische Verfassung die Vorrangrolle des Koran fest und unterwirft sich den muslimischen, alle Menschen einbindenden Rechtssätzen der Scharia, zu der auch diese Dhimmi-

Regelung gehört. Gleichzeitig bekennt sich der Verfassungstext zu den bürgerlichen und demokratischen Rechten, zu denen wiederum auch die Religionsfreiheit zählt. So kann jeder aus diesem Widerspruch herauslesen, was er will. Letztlich aber regiert die muslimische Mehrheit und verweist Christen und Juden ins zweite Glied.

Bedrängt von allen Seiten: Christen in Israel

In diesem Zusammenhang ist wichtig, dass aus muslimischer Sicht das gesamte Heilige Land eine muslimische Stiftung ist und mithin dem Waqf gehört. Alle kirchlichen Institutionen stehen auf muslimischem Land und sind nur geduldet. Das gilt auch für die Geburtskirche in Bethlehem sowie die Grabes- und Auferstehungskirche, die Anastasis, für deren Erhalt in Jerusalem die griechisch-orthodoxe Kirche jahrhundertelang bei den osmanischen Kalifen Genehmigungen erknien, erbetteln und bezahlen musste. Bis heute halten Muslime den Schlüssel für die Anastasis in ihrem Besitz. Die Ursache dafür ist nicht so sehr der schwelende Streit unter den in dieser Jerusalemer Kirche vereinten Religionsgemeinschaften – der griechisch-orthodoxen Kirche, der Armenier, Franziskaner, Syrer, Kopten und der äthiopischen Orthodoxen. Wer den Schlüssel hat, ist auch der Eigentümer, darauf kommt es den Muslimen an.

Rechts vor dem Eingang in die Anastasis liegt bis heute eine Holzplatte auf dem Boden. Sie verdeckt eine Marmorplatte, das Grab eines Kreuzfahrers. Es ist die einzige Grabplatte, die aus dem Mittelalter übrig geblieben ist und nicht von der griechischen Kirche fortgeschafft wurde, um die Spuren der westlichen Kreuzfahrer zu verwischen. Dieses Grab aber konnten die Griechen nicht verschwinden lassen, weil die Muslime darauf einen Tisch samt Bodenplatte gestellt und fest montiert hatten, an dem sie bis zum Beginn des 19. Jahrhunderts von den Pilgern Geld kassierten. So wird, von einer Holzplatte geschützt, das Andenken an den Kreuzfahrer Philippe d'Aubigny gewahrt, einen Mitunterzeichner der Magna Charta, der offenbar 1236 in Jerusalem starb.

Es scheint einen allgemeinen Konsens darüber zu geben, dem Konflikt mit Muslimen aus dem Weg zu gehen. Die Evangelische Kirche in Deutschland (EKD) und der Lutherische Weltbund (LWB) sahen weg, als am Südrand des Areals der Auguste Victoria-Stiftung auf dem Ölberg auf deutschem Eigentum eine Moschee errichtet wurde: »Es ist ja nur ein ganz kleiner Teil des Grundstücks.« Die deutschen Stiftungen aus der Kaiserzeit gehören heute zur EKD, dem Eigentümer der Anlage, die aber seit dem Krieg treuhänderisch vom LWB verwaltet wird. Immerhin war das gesamte Grundstück zu Beginn des 20. Jahrhunderts, zusammengestückelt aus mehreren Dutzend Parzellen, dem deutschen Kaiser übertragen worden. Mit der stillschweigenden Hinnahme des Rechtsbruchs durch die Muslime wurde in Jerusalem die Dominanz des Waqf akzeptiert.

Freilich wird das Gelände der Auguste Victoria-Stiftung auch durch die anderen Herren des Landes bedroht. Beit Orot (»Haus des Lichtes«), eine nationalistische Talmudschule der Israelis, erwarb ein früher armenisches Haus jenseits der Grundstücksgrenze und ging sofort daran, das eigene Gelände widerrechtlich zu erweitern; nicht zuletzt durch einen Weg, der über das deutsche Grundstück führen sollte. Es musste am Ende ein fester Zaun gezogen werden, um die Grundstücksverletzung zu verhindern. Hätte die Kirche nicht innerhalb von sieben Jahren reagiert, wäre nach den Usancen der Region aus dem Gewohnheitsrecht an der Wegstrecke ein Eigentumsanspruch erwachsen.

Bisweilen kommt es allerdings selbst innerhalb einer christlichen Gemeinschaft zum Streit um ein Grundstück. Autonomie-Chef Arafat griff einmal in einen solchen Konflikt ein. Seine Polizei besetzte im Januar 2000 das Gartenkloster in Jericho, das damals der weißrussischen Kirche im Exil gehörte, der vorrevolutionären Kirche des Zaren. Zuvor hatte Arafat mit dem Patriarchen der rotrussischen Kirche Alexej aus Moskau einen bis dahin in der Öffentlichkeit nicht bekannten Vertrag geschlossen. Die palästinensische Polizei rückte in der Nacht an und verprügelte die Nonnen. Nur weil eine von ihnen, Maria Stephanopolous, die Schwester eines engen Mitarbeiters von Präsident Clinton war, schaltete sich das Weiße Haus ein. Per Telefon konnte das Weiße Haus bei Arafat erreichen, dass ein Teil des Geländes an die Schwestern zurückgegeben wurde, wenn auch nur die Gartenlaube. Die Schwestern widersetzten sich fast drei Monate lang der Aufteilung und forderten das gesamte Kloster zurück, allerdings ohne Erfolg. Sie mussten sich mit einem Wohncontainer zufriedengeben und einem Teil des Gartens. Heute sind die weißrussische und die rotrussische Kirche wieder vereint. Manche sagen freilich, die roten Popen hätten mit Hilfe des russischen Staates die weiße Zarenkirche geschluckt.

Noch unglaublicher ist folgende Geschichte: Nach der Rückkehr von einer Reise stellte ein griechisch-orthodoxer Bischof des Patriarchats von Jerusalem fest, dass die Tür zu seinem Ein-Zimmer-Apartment vermauert worden war. Die Muslime aus der benachbarten Kanga-Moschee hatten seine Abwesenheit genutzt, um die Wand zu durchbrechen und sich das Zimmer des Bischofs anzueignen. Zugleich hatten sie die Tür in Richtung Patriarchat vermauert. Das ist bis heute so geblieben. Ich habe mir einmal die Grundrisse der beiden Gebäude angesehen. Da fiel mir auf, dass die Wohnung des Bischofs in das Gebäude der Moschee hineinragte. Hatte sich vielleicht irgendwann einmal das Patriarchat zu einer ähnlichen Tat hinreißen lassen wie jetzt die Muslime?

Das Christentum durchlebte Humanismus, Reformation und Aufklärung. Das Judentum erwies sich in vielen Häutungen immer wieder im Gang der Zeit als anpassungsfähig und als offen für Forschung und Technik. Es gibt die Ultraorthodoxen, aber auch die moderne Orthodoxie; es gibt die Konservativen und das liberale Judentum. Jede Richtung schlägt einen engeren oder weiteren Kreis um das geheiligte Zion und legt die jüdischen Religionsgesetze der Halacha strenger oder weitherziger aus. Nationalorthodoxe wie die von der Talmudschule Beit Orot aber wollen letztlich nicht nur ein kleines Grundstück der Auguste Victoria-Stiftung in Besitz nehmen, sondern sie beanspruchen die gesamte Nachbarschaft, das ganze Heilige Land, auf das nach ihrer Auffassung weder Muslime noch Christen ein Anrecht haben.

Gerade der Ölberg ist für Beit Orot besonders wichtig. Das hängt mit dessen Bedeutung bis zur Zerstörung des salomonischen Tempels zusammen. Vom Ölberg stieg der Überlieferung der Weisen nach für alle sichtbar das »Licht göttlicher Präsenz« gen Himmel. Dies Licht auf dem Berg diente den Reinigungsritualen für den Tempel; denn auch Licht kann reinigen. Daraus ergibt sich für die nationalreligiösen Juden eine Einheit zwischen Tempelberg und Ölberg. So wie diese Juden den Tempelberg zurückhaben wollen, so reklamieren sie auch das Areal des Ölbergs für sich.

Die angeblich heiligen Ansprüche – gleich ob sie von den Muslimen, vorgetragen von Obermufti Sabri, stammen oder von Juden wie denen aus der Talmudschule Beit Orot – erschweren das Leben der Christen, die aus ihrer Bibel keine territorialen Ansprüche ableiten. Zwar ist festzuhalten, dass die Mehrheit der Juden und Muslime solche totalitären Forderungen ihrer Glaubensbrüder ebenso ablehnen wie die Christen; mit der Masse der Juden und Muslime haben die Christen mithin keine Probleme. Aber im Nationenstreit zwischen mehrheitlich muslimischen Palästinensern und mehrheitlich jüdischen Israelis stehen sie auf verlorenem Posten. Das lässt sich auch in Zahlen ausdrücken: Nur noch knapp ein Prozent der Bevölkerung in den palästinensischen Gebieten sind Christen. Von den ehemals rein christlichen Orten sind die meisten heute wie Bethlehem mehrheitlich muslimisch; in Beit Jala stieg die Zahl der Muslime nach inoffiziellen Angaben auf etwa die Hälfte der Einwohner. Nur noch im Dorf Beit Sahur halten die Christen die Mehrheit. Auf der anderen Seite der Trennlinie, in Israel selbst, steigt zwar die Zahl der Christen, allerdings prozentual nicht so stark wie die der Muslime, die in der Regel früher heiraten und mehr Kinder bekommen.

Es war kein Zufall, dass zu Beginn der zweiten Intifada im Herbst 2000 vor allem muslimische Guerillakämpfer von christlichen Häusern in Beit Jala auf das Jerusalemer Stadtviertel Gilo schossen. Die Christen versuchten, sich den sinnlosen Attacken mit Kalaschnikows auf Gebäude und israelische Panzer jenseits des weiten Tales zu widersetzen. Ich konnte bei einer mutigen Familie aus diesem Ort miterleben, wie der Widerstand gebrochen wurde. Die Terroristen holten Verstärkung aus ihren Dörfern und drangen mit Gewalt in die Häuser dieses christlichen Clans ein. Zudem drohten sie, einen »Skandal« zu machen, sollten sich die Christen dem »nationalen Widerstand gegen die israelische Unterdrückung« verweigern. Das würde die Position der Christen im Land weiter schwächen; nach muslimischer Auffassung müssen sie sich wegen des jüdischen Teils der Bibel – sie seien »halbe Juden«, heißt es oft – ohnehin besonders patriotisch verhalten. Die Christen hingegen sagten: Wir sind zwar für den Widerstand gegen die Besatzung, aber nicht für Waffengewalt. Manchen blieb in dieser Situation nichts anderes übrig, als Beit Jala zu verlassen und zu ihren schon früher ausgewanderten Verwandten nach Südamerika oder Australien zu ziehen.

Krieg um die Geburtskirche

Die israelischen Panzer kamen während der zweiten Intifada nicht nur nach Beit Jala. Im Frühling 2002 rückten sie auch in Bethlehem ein und trieben schießende Terroristen vor sich her. Am 2. April verschanzten sich etwa zweihundert bewaffnete Palästinenser in der im Jahre 326 von Kaiser Konstantins Mutter Helena in Auftrag gegebenen Geburtskirche im Herzen der Stadt. Es war der katholische Patriarch Michel Sabbach, der das Heiligtum für die Kämpfer geöffnet hatte. Nur hatte er ihnen gegenüber nicht durchzusetzen vermocht, dass sie das Gebäude ohne Waffen betraten, um das von alters her geltende Recht des Kirchenasyls auch in angemessener Weise in Anspruch zu nehmen. Schlimmer noch, der Patriarch von Jerusalem hat in dieser Kirche gar keine Befugnisse. Dem Patriarchen und der katholischen Kirche gehört nicht ein einziger Stein der Kirche. Sabbach aber konsultierte weder die franziskanischen Brüder der Kustodie, die seit dem 14. Jahrhundert einen kleinen Teil des Komplexes besitzen und zudem die angrenzende Katharinenkirche aus dem 19. Jahrhundert, noch den griechisch-orthodoxen Patriarchen oder den armenischen, die gemeinsam über den größten Teil des Gebäudekomplexes verfügen.

Die israelische Armee schloss in einem engen Zirkel die Kirche ein, und es begann die Belagerung, die 39 Tage dauern sollte. Noch bevor am 4. April die ersten Schüsse fielen, intervenierte der Heilige Stuhl. Papst Johannes Paul II. wies Sabbach an, keine weiteren Schritte zu unternehmen und künftig zu schweigen. In den Nachrichten hieß es nur, der Außenminister des Heiligen Stuhls, Erzbischof Jean-Louis Tauran, habe die Botschafter Israels und der Vereinigten Staaten im Vatikan zu getrennten Gesprächen gebeten. Der Papst wollte die Belagerung so schnell wie möglich beenden. Aber er scheiterte zunächst.

Die Kirche forderte freies Geleit zumindest für die unbewaffneten Menschen in der Kirche. Doch der israelische Präsident Mosche Katzav lehnte dies in einem Brief an den Papst ab. Er verlangte Klarheit über die Identität aller dort eingeschlossenen Personen. Er wollte zudem eine weiße Flagge sehen; die Palästinenser sollten sich ergeben. Am 10. April wurde ein armenischer Mönch von israelischen Soldaten angeschossen, als er aus einem Fenster hinausschauen wollte. Die Armee verstärkte den Druck auf die Palästinenser und hängte einen Lautsprecher, nach dem damaligen Ministerpräsidenten »Scharon-Orgel« genannt, an einen Kran über das ehrwürdige Gebäude, der vor allem in der Nacht einen nervenzerrüttenden Lärm machte. Immer wieder fielen Schüsse, aus der Kirche heraus und von der Straße.

Als am 28. April noch immer keine Lösung in Sicht war, in der Kirche zunehmend über Durst und Hunger geklagt wurde und der Leichengestank schon die Luft verpestete, beauftragte Johannes Paul II. den französischen Kardinal Roger Etchegaray, in das Krisengebiet zu fahren. Wenig später verließen die ersten 28 Palästinenser die Geburtsbasilika, andere folgten. Doch der militante Kern der Palästinenser blieb – und schoss weiter. Am 1. Mai brachen im franziskanischen und orthodoxen Teil des Klosters Brände aus. Israel verweigerte Kardinal Etchegaray die Erlaubnis für die Fahrt von Jerusalem nach Bethlehem. Am 4. Mai wurde unter britischer und amerikanischer Vermittlung eine Liste der 123 noch in der Kirche befindlichen Personen zusammengestellt und der israelischen Regierung übergeben.

Mehrere Staaten boten sich an, die bewaffneten Terroristen aufzunehmen, die Israel nicht auf freien Fuß setzen wollte. Manche von ihnen befinden sich heute noch in diesen Gastländern. Andere wurden gegen ihren Willen nach Gaza gebracht, von wo die meisten aber mittlerweile in ihre Heimatorte zurückkehrt sind. Als sich schließlich Zypern am 9. Mai bereit erklärte, dreizehn von Israel als Spitzenterroristen bezeichnete Männer aufzunehmen, endete am Tag darauf der Krieg um das Heiligtum. Von der gegenüberliegenden Seite des Krippenplatzes aus konnte ich beobachten, wie die Männer einer nach dem anderen die Kirche verließen, von Soldaten durchsucht wurden und in Bussen verschwanden.

Eine Freundin von uns, Marie von Mirbach, half mit Besen und Schrubber bei den Aufräumarbeiten im franziskanischen Teil der Kirche; unsere Freundin und evangelische Pastorin Petra Heldt ging in den griechischen Teil, um sich dort an der Reinigung zu beteiligen. Wenn zweihundert Menschen über einen Monat lang fast ohne Versorgung mit Nahrungsmitteln, ohne Betten und ohne Waschräume zusammenleben müssen, kann man sich in etwa vorstellen, wie es danach aussehen muss. Doch es war nicht nur das. Offensichtlich hatten manche Kirchenbesetzer auch ihre Verachtung für das Christentum ausgelebt. Die liturgischen Bücher hatten als Toilettenpapier herhalten müssen; Altäre, und nicht irgendwelche Ecken, waren als Pissoir missbraucht, Ikonen waren zerschossen oder zerschnitten worden.

Dabei hatten die meist muslimischen Besetzer nicht einmal den Respekt gegenüber ihrer eigenen Religion bewahrt. Die Weine der Franziskaner für die Abendmahlsfeiern, der Cognac der Armenier, jede Flasche Alkohol in dem Kirchenkomplex war ausgetrunken worden. Nicht wenige fanden sich auf den Altären wieder. Die griechisch-orthodoxe Kirche drehte damals einen Film, den sie bis heute nur ungern zeigt, weil das ohnehin belastete Verhältnis der Christen zu den Muslimen nicht noch schlechter werden soll. Dabei muss sofort hinzugefügt werden, dass sich auch viele Muslime tief erschrocken über die Schändungen in der Kirche zeigten.

Die Kirche im Heiligen Land und der Kirchenstaat in Rom waren machtlos gewesen. Selbst Washington hatte nichts erreichen können, obwohl doch oft behauptet wird, Israel beuge sich stets amerikanischen Wünschen. Besonders hilflos zeigte sich der Auslandsbischof der evangelischen Kirche in Deutschland, Rolf Koppe. Am 5. April jenes Jahres wurde er im Deutschlandradio zu dem Thema »Kann die evangelische Kirche Brücken zwischen Israelis und Palästinensern bauen?« befragt. Die Kirche halte Kontakt, erklärte Koppe, zu den lutherischen Partnern in Bethlehem und Beit Jala. Das Büro des einen Partners, Pastor Mitri Raheb, in Bethlehem sei von der israelischen Armee durchsucht und der zum Pastorat gehörige Kindergarten zerstört worden. Dabei seien doch solche Einrichtungen »Brücken des Friedens und der Versöhnung«. Er wisse nicht, ob man bei den »interreligiösen Gesprächen zwischen Muslimen, Juden und Christen« weiterkomme, bekümmerte sich Koppe. Und er hatte auch den Schuldigen ausgemacht: Das »ist die Schwierigkeit der israelischen Regierung, da sie überhaupt keine Rücksicht« genommen habe, »auch nicht auf die Heiligen Stätten«. Koppe warf fälschlich allein den Israelis einen Tabubruch vor. Dabei hätte er den Patriarchen kritisieren müssen, der den freien Einlass gewährte, und die von drinnen nach draußen schießenden Muslime.

Auf die Frage, ob man die Palästinenser nicht hätte daran hindern müssen, sich in der Geburtskirche zu verschanzen, antwortete Koppe:

»In einer bestimmten Situation ist die Kirche sicherer als die Straße.« Aber sie seien bewaffnet gekommen. Hätte nicht wenigstens das vereitelt werden müssen? Koppe darauf: »Waffen gehören nicht in die Kirche. Aber man muss die gesamte Lage sehen. Ob das rechtlich in Ordnung ist, mit Asyl oder nicht: Es ist ein Zeichen der Ohnmacht, dass man in solch einer Situation Kirchen aufsucht.« Koppes Herz schlug in dem Moment allein für die Belagerten. Er sah nicht, dass die bewaffneten Muslime wie in Beit Jala einen doppelten Krieg führten: vorrangig gegen die israelische Besatzung, zugleich aber auch gegen die Christen. Während man noch nachvollziehen kann, dass Christen im Heiligen Land eine Konfrontation mit der muslimischen Mehrheit scheuen und lieber von ihren brüderlichen Kontakten zu ihnen sprechen, erscheint mir unverständlich, warum nicht zumindest Christen andernorts die gesamte Wahrheit aussprechen. Hilft es den Christen im Heiligen Land, wenn der Westen schweigt? Bisher hat es das nicht getan. Die Lage der Christen wird immer schwieriger.

Viele Christen im Heiligen Land gingen in der Beurteilung des Geschehens um die Geburtskirche sogar noch weiter. »Müssen wir nicht stolz darauf sein, dass die Kämpfer nicht den Schutz der Moschee gegenüber suchten, sondern sich bei uns in der Kirche sicherer fühlten?«, hieß es da. In der Tat, warum fand der Kampf nicht in der Moschee auf der gegenüberliegenden Seite des Krippenplatzes statt? Nur weil er einen muslimischen Gebetsort entweiht hätte? Darum ging es sicherlich nicht. Im Gazastreifen und in den besetzten Gebieten werden Moscheen oft als Waffenlager genutzt. Eine Moschee ist nicht jederzeit ein Heiligtum, sondern wird das nur während des Gottesdienstes. Wahrscheinlich glaubten die Muslime, sie könnten in der christlichen Kirche auf den Schutz der westlichen Welt bauen. Denn für sie ist eine Kirche zugleich auch eine Repräsentanz der traditionell christlichen Staaten vom Vatikan über die Europäische Union bis zu den USA. Tatsächlich aber sieht sich von diesen Staaten nur noch der Heilige Stuhl als christlich an. Das traditionelle Glaubensband zwischen den europäischen Nationen, die wie das protestantisch geprägte deutsche Kaiserreich, das katholische Frankreich, das anglikanische England oder das orthodoxe Zarenreich ihre christlichen Institutionen im Heiligen Land errichtet hatten, ist längst brüchig geworden.

Die vorauseilende Rücksichtnahme auf tatsächliche oder vermeintliche Empfindlichkeiten der Muslime nahm bizarre Formen an. Griechisch-orthodoxe Priester und armenische Mönche, die die Schuld für die Schändung der Geburtskirche nicht nur bei den Israelis, sondern auch bei den muslimischen Kämpfern suchten, wurden abberufen. Ein Bischof wurde nach Australien verschickt, weil sein Verbleiben womöglich die muslimische Mehrheit brüskiert hätte. In der Presse wurde in jenen Tagen gern über den schwer verwundeten Mann der islamistischen Hamas berichtet, dem ein Priester in der Kirche das Leben rettete. Sollte Hilfe gegenüber dem Nächsten nicht selbstverständlich sein? Selbstverständlich war jedenfalls, dass an einem jener Tage während der Belagerung in der jüdischen Hadassah-Klinik vor Jerusalem auf demselben Operationstisch erst ein Terrorist operiert wurde und sofort danach ein Soldat. Vorrangig scheint es für die Christen im Heiligen Land darum zu gehen, sich gegenüber den Muslimen zu rechtfertigen. Sinnbildlich lässt sich ihre Haltung durch einen an Brutus gerichteten Satz von Cassius in Shakespeares *Julius Cäsar* charakterisieren. Cassius sagt in der zweiten Szene des ersten Aktes: »Nicht durch die Schuld der Sterne, lieber Brutus, durch eigene Schuld nur sind wir Untertanen.«

Der palästinensische, in Deutschland ausgebildete Pastor Mitri Raheb beschreibt in dem Buch *Bethlehem hinter Mauern* jene Tage der Belagerung im Jahr 2002: Er schildert, wie israelische Soldaten beim Vorrücken auf die Geburtskirche in seinem Gemeindezentrum Unterschlupf verlangten; wie die Soldaten in der Eingangshalle seines Gästehauses ein Feuer gegen die Kälte anzündeten und er ihnen Decken und Essen gab, weil die Basis nur wenige Kilometer entfernt auf der anderen Seite der Grenze die Truppe nicht ausreichend versorgt hatte. In jenen Tagen telefonierte ich häufig mit Mitri, denn ich konnte nicht nach Bethlehem hinein. Er berichtete, wie sein Schwiegervater einen Herzinfarkt erlitt, es aber dem Notarzt nicht gelang, an den Sperren der Armee vorbeizukommen. Dann erzählte er, es lägen im Erdgeschoss des Hauses schräg gegenüber der Kirche zwei Tote; die Israelis hätten sie erschossen. Aber niemand könne die auf einem Sofa zusammengesunkenen Leichen bergen, das Rote Kreuz werde nicht in das Haus gelassen.

Wenig später wurde er selbst krank und bat unsere Kirche in Jerusalem um dringend benötigte Medikamente und Nahrungsmittel. Mitri war in einer verzweifelten Lage. In seinem Buch versucht er trotzdem, der bitteren Realität des Krieges etwas entgegenzusetzen und Hoffnung zu säen. Mitri hat immerhin Partner in der Welt, die ihm beistehen. Niemand aber kommt den etwa dreitausend syrisch-orthodoxen Christen in Bethlehem zu Hilfe, die während der zweiten Intifada besonders zu leiden hatten. Durch das Ausbleiben der Pilger hatten sie keine Arbeit und sie sahen sich schutzlos den wachsenden Repressionen der muslimischen Mehrheit ausgesetzt. Sie haben eben keine wohlhabende Lobby in der Welt und sind ganz auf sich selbst gestellt.

Eine Mauer um Bethlehem

Bethlehem zum Jahreswechsel 1999/2000 muss man sich als Stadt im Hochzeitskleid vorstellen. Alle Welt – Briten und Schweden, Amerikaner und Japaner, Deutsche und Italiener – hatten Jesu Geburtsstadt festlich geschmückt. Häuser waren zu diesem Anlass verputzt, Straßen neu gepflastert worden. Papst Johannes Paul II. stattete Bethlehem einen Besuch ab. Ein halbes Jahr darauf begann die zweite Intifada. Zwei Jahre später sah Bethlehem wieder aus wie im alten Jahrtausend, kaputt und verrottet. Die israelische Armee wütete in der Stadt und richtete oft ohne jeden Grund Zerstörungen an. Ein Beispiel dafür war das vormals beste Hotel am Platz, der »Jacir Palast«, den die Intercontinental-Kette im Frühjahr 2000 nicht weit vom Grab der Erzmutter Rachel eröffnet hatte, mit großem Garten und Schwimmbad. Der Vorfall wird noch heute vor dem Obersten Gericht in Jerusalem verhandelt.

Christiane und ich hatten sogar einmal in dem Hotel übernachtet; ein Geschenk meiner Frau zu meinem Geburtstag im Juni 2000. Auf unserem Zimmer fanden wir als Willkommensgruß Rosen und Kuchen vor. Der Raum war mit kostbarem Teakholz vertäfelt, verfügte über eine moderne Fernseh- und Stereoanlage. Auch das Bad war mit seinen Kacheln und eleganten Armaturen eine Augenweide. In diesem Haus fühlte man sich nach New York oder Berlin versetzt. Dann aber begann die zweite Intifada, und in Bethlehem wurde das Grabgebäude der Erzmutter Rachel zum umkämpften Platz. Palästinenser wollten die israelische Enklave einnehmen und das Militär vertreiben. Sie schossen oder warfen mit Steinen. Die Soldaten schossen zurück. Das dem Kampfgeschehen nahe Hotel wurde für die israelische Armee ein strategisch wichtiger Platz. Sie verlangte fünf Zimmer mit Blick auf das Grabgebäude und besetzte sie.

Aber eben nicht nur das. Inzwischen muss sich das Militär vor Gericht dafür verantworten, dass es in den fünf Zimmern nicht nur Quartier bezog, sondern sie auch verwüstete. Auch in anderen Räumen des Hotels wurde die komplette Einrichtung von Duschen, Betten und Schreibtischen über Teppiche und Bilder bis zu Lampen, Fernseher und Wandvertäfelungen zerstört. Ein Schaden in Millionenhöhe. Elias Khoury, dem mit uns befreundeten Anwalt, fiel es nicht schwer, die Sachlage vor Gericht darzustellen. Er bezog sich auf einen Artikel des israelischen Reporters Ronnie Shaked für seine Zeitung *Yediot Ahronot*, der seinen anklagenden Bericht aus jenen Kampftagen mit eindrucksvollen Fotos belegen konnte. Damit die Armee nicht für die vielfache Zerstörung ohne militärischen Wert zur Verantwortung gezogen werden konnte, verabschiedete die Knesset nach den Kämpfen ein Gesetz, das die Armee rückwirkend von jeder Schuld freisprach. Damit gab Israel indirekt das begangene Unrecht zu. Heute liegt auch gegen dieses beispiellose Gesetz eine Klage bei Gericht vor.

Acht Jahre nach Belagerung und Plünderung ist Bethlehem im Lande Juda von einer Mauer umschlossen. Die Christen auf beiden Seiten können nur selten zueinander kommen. Die Idee des früheren Bürgermeisters von Jerusalem, Teddy Kollek, der in den siebziger Jahren mit seinem Bethlehemer Kollegen Elias Freidsch darüber gesprochen hatte, beide Städte zu vereinen, klingt heute weltfremd. Nur an Weihnachten öffnet sich für einige Tage die Mauer einen Spalt breiter als im übrigen Jahr, weil auch die Christen aus Bethlehem dann zum Fest nach Jerusalem dürfen. In diesen Tagen empfangen die israelischen Soldaten am ausgebauten Kontrollpunkt Pilger mit Bonbons und wünschen am Eingangstor zur Geburtsstadt Jesu ein frohes Fest. Ein Poster auf der israelischen Seite der Mauer spricht zynisch vom Frieden in der Welt. Meine Kinder reagierten auf diese Avancen immer leicht angeekelt. Sie nahmen die Tüten mit den Bonbons und gaben sie – obwohl auf Süßigkeiten versessen – unverzüglich an die ersten Kinder auf der Straße in Bethlehem weiter.

Die Muslime in der Stadt lassen sich das Weihnachtsfest gefallen. Sie verdienen mit daran. Gegenüber dem Haupteingang zu Mitris Gemeindezentrum hat die islamistische Hamas ein mannshohes Graffito angebracht, in der grünen Farbe des Propheten. Im Haus sagte mir Mitri: »Bethlehem wird immer muslimischer. Das ist eine Tatsache, aber auch Deutschland wird ständig muslimischer. Wenn man so will, eigentlich die gesamte Welt.« Er bleibe hoffnungsvoll, aber nicht optimistisch. »Hoffnung ist das Weihnachtsfest, die Geburt Christi. Unser Messias ist vor zweitausend Jahren gekommen. Wir brauchen auf keinen neuen zu warten, weder auf Bush noch auf Tony Blair oder Angela Merkel. Es ist gut, an den Heiland zu glauben und nicht auf Politiker setzen zu müssen, die nur leere Versprechungen machen.« Klingt so Hoffnung auf ein besseres und gerechteres Leben hier auf Erden?

Kirchenpolitik und Spiritualität

Manchmal glaube ich, es wäre für mich aufregender gewesen, zu Beginn des 20. Jahrhunderts in Jerusalem gelebt zu haben. Welch ein Aufblühen! So viel Neues: feste Straßen und Droschken, Postämter, Strom- und Wasserleitungen. Archäologen begannen nach der Geschichte der Stadt zu graben. Geografen vermaßen das Land. Treibende Kraft war neben der allgemeinen Neugier die Sehnsucht der Menschen im Westen, mehr zu erfahren über die Ursprünge ihres jüdischen oder christlichen Glaubens im Orient. Könige und Kaiser zeichneten Pläne, schickten Architekten und brachten so von der zweiten Hälfte des 19. Jahrhunderts an vor allem Jerusalem auf den Weg in die neue Zeit. Das Herz der christlichen Stadt, die Anastasis, lag in einem Tal, man musste die Kirche suchen. Nun wuchsen ringsherum auf den Hügeln die neuen Gebäude in die Höhe, weit sichtbar. Aus der Ferne könnte Jerusalem heute geradezu für eine halb christliche und halb muslimische Stadt gehalten werden: Kirchtürme und Minarette beherrschen die Silhouette. Die Synagogen, obwohl in der Überzahl, fallen weniger auf.

Der Strukturwandel hatte freilich auch ein Opfer. Europa zog seinen Nutzen daraus, dass die Pforte, die Regierung des Sultans in Istanbul, immer schwächer wurde, bis das türkische Reich schließlich im Ersten Weltkrieg 1918 unterging. In den Jahrzehnten davor hatte es immer häufiger die Bildung eigenständiger Institutionen im damaligen Südsyrien zulassen müssen, neue Kirchen, christliche Krankenhäuser oder Schulen; und das, obwohl diese Region als muslimischer Waqf galt, als eine von Allah nur dem Islam übertragene Stiftung, die vom Mittelmeer bis über die arabische Halbinsel hinaus reicht, wie noch heute bei der Behörde der al Aqsa-Moschee in Jerusalem zu erfahren ist.

Die westlichen Kirchen, vor allem römische Katholiken und Protestanten, traten so an die Seite der lokalen östlichen Glaubensgemeinschaften, die stets im Land hatten bleiben dürfen, vor und nach den Kreuzzügen, wenn auch von den Muslimen nur geduldet und streng kontrolliert. Zu diesen lokalen Denominationen gehörten auch die Kirchen, die sich die Anastasis teilen: die griechisch-orthodoxe Mutterkirche, die Armenier aus der ältesten christlichen Staatsnation im alten Königreich Armenien, die syrisch-orthodoxen Christen, die Kopten aus Ägypten und die orthodoxen Äthiopier. Die lateinische Kirche war nach der Vertreibung der Kreuzritter nicht mehr im Heiligen Land präsent. Nur die franziskanischen Brüder durften im 14. Jahrhundert als westliche Wächter der heiligen Stätten zurückkehren, um im Auftrag des Papstes die Kustodie zu begründen. Sie erhielten auch einen Anteil an der Grabes- und Auferstehungskirche.

Dass das ferne Istanbul im 19. Jahrhundert Land um Jerusalem an christliche Kaiser und Könige in Europa abgab, hat die örtlichen islamischen Würdenträger zu allen Zeiten verärgert. Ihr Zorn ist bis heute nicht verebbt. Zum interreligiösen Gespräch, das Papst Johannes Paul II. zum Abschluss seiner Pilgerreise im Frühling 2000 in seinem Gästehaus Notre Dame an der Grenze zu Ostjerusalem veranstaltete, kam zwar der jüdische Oberrabbiner, nicht aber der arabische Obermufti. Er schickte seinen Stellvertreter, den Islamjuristen Taysir Tamimi. Der wollte dem Gast aus Rom sogleich klarmachen, dass in diesem Land einzig die Muslime die Chefs seien und alle anderen, einerlei ob Christen oder Juden, nur Schutzbefohlene, abhängige Dhimmis, wie schon von der westlichen Invasion vom Beginn des 19. Jahrhunderts an. Der ohnedies von der langen Reise ermattete Papst sank noch tiefer in seinen Sessel, als könne er den aggressiven Worten dadurch ausweichen.

Auch viele Muslime waren peinlich berührt. Mein Platznachbar in der Kongresshalle, ein säkularer Muslim, sprach mit Blick auf Tamimis Auftritt von einer »Eiszeit aus Dummheit«. Die Töne vom Waqf passten nicht zu dem feierlichen Versuch des Papstes, Brücken zu schlagen. Aber Tamimi wollte und will keine Brücken. Je angespannter die politische und wirtschaftliche Lage ist, je mehr der Islam Gemeinschaft und Identität prägt, desto radikaler werden Wortführer wie Tamimi, desto mehr nähern sich die Führer des Waqf der islamistischen Hamas an. Im Frühjahr 2009 drängte sich Tamimi im selben Saal wieder an das Mikrofon, um nun Papst Benedikt XVI. anzugreifen und auf der muslimischen Vorherrschaft zu bestehen. Doch der Papst verstand die arabische Suada zunächst nicht und lächelte nur.

Die Konfessionen: Konkurrenten an dem einen leeren Grab

1838 hatten die Briten in Jerusalem das erste westliche Konsulat gegründet. Mit ihnen kamen vor allem deutsche Missionare, von der anglikanischen Kirche angeworben, nach Jerusalem. 1841 entstand das anglikanisch-preußische Bistum und provozierte die Wiedereinrichtung des Lateinischen Patriarchats von Jerusalem im Jahr 1847. Über Jahrhunderte hatte der Patriarch in Rom residiert. Die katholisch geprägten Österreicher eröffneten 1863 das erste Gästehaus in der Altstadt Jerusalems. Das Österreichische Hospiz an der Via Dolorosa, einst zugleich Sitz des Konsulats, lockt mit seiner Kapelle der österreichischen Großherzöge, seinem weiten Blick von der Dachterrasse über die Altstadt und der Wiener Sachertorte im Gartencafé immer noch viele Besucher an. Am österreichischen Nationalfeiertag spielt manchmal ein Orchester aus der Heimat zum Tanz auf.

Der Zar baute von 1860 bis 1864 den Russian Compound, der 1872 von der Dreieinigkeitskirche gekrönt wurde. Dieser Komplex auf knapp 70 000 Quadratmetern hatte nicht zuletzt ein Gästehaus mit 2000 Betten zu bieten, das größte seiner Zeit in der Stadt. Die Briten richteten dort am Ende des Ersten Weltkriegs eine ihrer Sicherheitszonen ein. Auch die Israelis nutzten den Compound später als Polizeirevier und Untersuchungsgefängnis. Erst 2008 fielen Teile des Gebiets wieder an den russischen Staat zurück, eine Geste des guten Willens für den damaligen Staatspräsidenten Wladimir Putin. Im prachtvollen Glanz erstrahlt bis heute die weiße Kathedrale.

Welche politische Bedeutung das Heilige Land schon immer für die Europäer hatte, zeigte bereits der Interessenskonflikt zwischen den Konfessionen, der zum Ausbruch des Krimkriegs 1853 führte. An einem Tag im Jahr 1841 war plötzlich aus der Grotte unter dem Altar der Basilika von Bethlehem der silberne Stern verschwunden, der sich an der Stelle befand, wo nach der Überlieferung Jesus Christus geboren worden war. Sultan Abdülmacid ersetzte ihn zwar 1842 wieder und versuchte, zwischen den unterschiedlichen christlichen Konfessionen zu vermitteln, die auch ihre Ansprüche auf die Grabeskirche in Jerusalem anmeldeten, aber vergebens. Das katholische Frankreich unter Napoleon III. bestand darauf, die Aufteilung der Anastasis zugunsten der

Katholiken zu verändern. Istanbul hatte sich damit auch schon längst abgefunden. Doch Zar Nikolaus I., der Schutzherr der Orthodoxen, widersetzte sich nicht nur einer Aufteilung der Anastasis. Der Protektor der Orthodoxen forderte darüber hinaus das Protektorat über alle Christen. Am Ende setzten sich der Sultan und seine europäischen Verbündeten durch. Die jeweiligen Rechte der Glaubensgemeinschaften an den heiligen Plätzen, vor allem in der Anastasis, wurden festgeschrieben. Sie gelten bis heute, auch wenn die Israelis einseitig ihre Ansprüche auf die Klagemauer ausdehnten.

Vor allem in Preußen war seit Mitte des 19. Jahrhunderts mit König Friedrich Wilhelm IV. ein romantischer Protestantismus erwacht, der auch ins Ausland getragen werden sollte. Der König zeichnete Pläne für eine Kirche in Jerusalem. Zwei Generationen später entwarf dann Kaiser Wilhelm II. den Kirchturm der heutigen Erlöserkirche von Jerusalem und verschrieb sich einem geistigen Kreuzzug, der nach Aussage des israelischen Historikers Alex Carmel »nicht nur als religiöse Randkomponente des kaiserlichen Imperialismus gesehen werden« darf. Dafür setzten sich laut Carmel der Kaiser und seine Frau, die im Volksmund Kirchenjule genannte Kaiserin Auguste Viktoria, zu eifrig für den Bau von vielen Dutzend Kirchen eben nicht nur daheim im Kaiserreich ein, sondern auch in Jerusalem, Rom oder Madrid. Freilich hätte Wilhelm II. mit seinen drei Kaiserkirchen in Jerusalem keine so tiefen Wurzeln schlagen können, wäre nicht der Sultan von der deutschen Unterstützung in Krieg und Frieden abhängig gewesen.

Ist seither in zwei Weltkriegen der deutsche Militarismus auch besiegt, das Nazireich überwunden und Deutschland eine in Europa integrierte Demokratie geworden, das kaiserliche Erbe in Jerusalem hat die Zeiten überdauert. Die Benediktiner auf dem Zionsberg und die evangelische Gemeinde in der Erlöserkirche und der Himmelfahrtkirche auf dem Ölberg sind alljährlich das Ziel vieler Zehntausend Pilger aus Deutschland, die Anteil haben wollen an dem »Nachduft des heiligen Geschehens«, wie es Gregor von Nyssa, Bischof aus Kleinasien, im 4. Jahrhundert einmal ausgedrückt hatte. So wie fast alle Kirchen der Welt ihre Vertretungen in Jerusalem haben, in Form von Klöstern oder Studienzentren, so ist auch die deutsche evangelische Kirche mit ihren unterschiedlichen Strömungen in Jerusalem aktiv.

Vieles zur Spiritualität des eigenen Glaubens, was in Deutschland womöglich verborgen bliebe, lässt sich in Jerusalem wiederentdecken oder neu erfahren. Zudem lernen die Besucher aus Deutschland in Jerusalem die Bedrängnis der hier lebenden Christen kennen, und sie begegnen Gläubigen anderer, ihnen bisweilen fremder Kirchen. Unvergessen ist mir das verdutzte Gesicht eines Patensohnes in der Grabes- und Auferstehungskirche, der noch nie etwas von den Griechisch-Orthodoxen oder gar den Kopten gehört hatte. Wahrscheinlich geht es vielen so. Wir wissen in Europa wenig über die östlichen Kirchen und ihre Anfänge. Der für den Westen so bedeutsame Heilige Augustin von Hippo Regius in Numidien, eine Generation jünger als Gregor von Nyssa, konnte schon auf vier Jahrhunderte Kirchengeschichte zurückblicken, die aber lange Zeit in den Kirchen, die sich an Rom orientierten, kaum Beachtung fand. In der byzantinischen Anastasis lässt sich leicht begreifen, dass Kirche älter ist, als man es in einem barocken Dom wie Sankt Peter in Rom erspüren kann; dass Glauben stets umkämpft ist, immer in Veränderung und allzeit bedroht.

Jerusalem hält aber auch viel sehenswerte sakrale Architektur parat. Wer sich einen Eindruck davon verschaffen möchte, wie die im Zweiten Weltkrieg zerstörte Kaiser-Wilhelm-Gedächtniskirche auf dem Berliner Ku'damm einmal ausgestattet war, kann dies in der deutschen Himmelfahrtkirche tun: Dort findet man prachtvolle, byzantinisch anmutende Mosaike, die quer durch die Zeiten von König David über die Passion Jesu zum Berliner Kaiserhof führen. Diese Ahnenkette ist so falsch wie unterhaltsam; dennoch, bei manchem Besucher mag sie die Sehnsucht danach wecken, sich selbst in die Kette des heiligen Geschehens zu stellen, das in Jerusalem freilich weit vor David und dem salomonischen Tempel vielleicht mit Abraham begann. Für den Christen bleiben die Passion Jesu, seine Kreuzigung, Auferstehung und Himmelfahrt sowie das Pfingstwunder der Kirchenschöpfung spiritueller Mittelpunkt einer Reise nach Jerusalem.

Unseren Vorfahren, die im vorletzten und letzten Jahrhundert die Kirchen und Krankenhäuser, Schulen und Waisenhäuser in Jerusalem bauten, ließe sich freilich vorwerfen, sie hätten die älteren dort ansässigen Kirchen, vor allem die der Griechen, dadurch geschwächt, dass sie ihnen die Gläubigen abspenstig machten. Auch wenn zum Beispiel der anglikanisch-preußische Bischof Samuel Gobat – eine Generation lang, von 1846 bis 1879, war er im Amt – Wert darauf legte, dass niemand aus Bequemlichkeit die Kirche wechselte. Er lockte nicht mit einem günstigen Arbeitsplatz und mehr Lohn. Erst nach vollständiger Ausbildung in einem Beruf und nach einer Prüfung durfte ein beitrittswilliger Handwerker Protestant werden. Der orthodoxe Erzbischof Timotheos, der in den neunziger Jahren Generalsekretär des griechischen Patriarchen Diodorios war, begann in einem Gespräch mit mir fast zu weinen, als er sich darüber beklagte, dass die Westchristen gar nicht wüssten, »wie hart es über Jahrhunderte für meine Kirche war, auf Knien alljährlich vor dem Sultan um Genehmigungen dafür zu bitten, weiter die heiligen Stätten betreiben zu können. Wir haben uns gedemütigt für den Glauben. Ihr habt geerntet.«

Diese christliche Mutterkirche, die sich auf die erste Gemeinde Jesu beruft und mit ihren Patriarchen auf Bischof Jakobus, wohl Jesu Halbbruder, wurde aber nicht nur von den Christen aus dem Westen, die doch eigentlich Muslime und Juden bekehren wollten, unter Druck gesetzt. Heute sind es die palästinensisch-orthodoxen Christen, die den Patriarchen bedrängen, endlich eine palästinensische Priesterhierarchie in der griechischen Kirche zuzulassen, denn bisher gibt es nur zwei arabische orthodoxe Bischöfe. Doch der Patriarch will das Oberhaupt einer rein griechisch-orthodoxen Kirche bleiben. Für ihn ist der griechische Ursprung der überkommenen Hierarchie wichtiger als das Kirchenvolk, das dem Patriarchen nicht zuletzt Immobiliengeschäfte »gegen die palästinensische Sache« vorwirft. Er sei korrupt und »schachere mit den Juden«. Die orthodoxe Kirche ist in Jerusalem tatsächlich der größte Landbesitzer. Sie überlässt zum Beispiel in Erbpacht für je 99 Jahre das Gelände der Knesset und des Obersten Gerichtes dem israelischen Staat. Die armenische Kirche ist der nächstgroße Landeigentümer; dann erst folgt der jüdische Nationalfonds.

Die Israelis ihrerseits versuchen, die Kirche dazu zu bewegen, das Land dauerhaft herauszugeben. Der israelische Staat muss wie die anderen Obrigkeiten im Kirchensprengel, der König von Jordanien und die palästinensische Autonomiebehörde in Ramallah, die Wahl eines jeden von der Synode der orthodoxen Bruderschaft der Anastasis bestimmten Patriarchen bestätigen. Israel verknüpft die fällige Unterschrift gern mit meist unbilligen Forderungen: Tinte für Land oder für politisches Wohlverhalten. Die letzten drei Patriarchen Diodorios, Irenäus und der heutige Amtsinhaber Theophilos stehen unter dem Verdacht, palästinensisches Land direkt oder über Mittelsmänner an jüdische Gruppen verkauft und das eingenommene Geld womöglich veruntreut zu haben.

Spektakulär ist der Fall zweier Hotels am Jaffa Tor, die jüdische Investoren und Siedler über angesehene Anwälte wie Gilad Sher, den Berater von Ehud Barak, erwarben. Dabei soll zunächst der griechische Finanzberater von Irenäus die Unterschrift des Patriarchen gefälscht haben. Ob der Vorwurf zutrifft oder nicht, jedenfalls verschwand dieser berüchtigte Berater bald darauf mit gestohlenem Schmuck und seiner Ehefrau ins Ausland. Noch heute liegt der Fall beim Obersten Gericht; aber es sieht nicht gut aus für die jetzigen griechisch-orthodoxen Betreiber der Hotels. Trotz der vermutlich gefälschten Unterschrift sind die Aussichten für die israelische Seite nicht schlecht. Sie kann dem Vernehmen nach auf Absichtserklärungen des Patriarchen verweisen. Die Hotels werden wohl israelischen Siedlern anheimfallen, und damit wird der Eingang in das arabisch-christliche Viertel ein neues Gesicht erhalten.

Ein machtbewusster Bischof in gefährlicher Mission

Bald nach unserer Ankunft 1991 wurden meine Familie und ich Mitglied der evangelischen Gemeinde deutscher Sprache in Jerusalem, die zunächst noch von Propst Johannes Friedrich, dem heutigen bayerischen Landesbischof, geleitet wurde, dann, die für uns längste Zeit, von Propst Karl Heinz Ronecker, der auch unsere Kinder Friedrich und Anna taufte. Meine Frau Christiane arbeitete fünfzehn Jahre im Kirchengemeinderat mit, und ich gehörte zur Redaktion des Gemeindeheftes, das viermal im Jahr erschien. Die Erlöserkirche war nicht nur für uns eine Heimat, sondern auch für die meisten deutschsprachigen Pilger und Besucher von Jerusalem ein wichtiger Treffpunkt. Wir mussten jedoch miterleben, wie sich die Stellung der Gemeinde und der EKD in Jerusalem über die Jahre veränderte und sie an Bedeutung verloren.

Die Erlöserkirche in der Altstadt ist der Sitz des Propstes, des Oberhauptes der evangelischen Einrichtungen und deutschen Stiftungen in den palästinensischen Gebieten und Amman. Die Propstei ist aber auch Bischofssitz der Evangelisch-Lutherischen Kirche Jordaniens und des Heiligen Landes (ELCJHL). Zu dieser Kirche gehören nach einem nicht enden wollenden Exodus nunmehr weit weniger als zweitausend Mitglieder. Die meisten davon leben in Jerusalem und in Beit Jala bei Bethlehem. Gleichwohl hat diese kleine Kirche seit den siebziger Jahren einen Bischof. 1998 wurde Munib Younan zum Oberhirten der ELCJHL gewählt, und die Spannungen zwischen Propst und Bischof verschärften sich, ganz gleich, welcher Propst von der EKD entsandt wurde.

Der machthungrige Bischof, der anders als die Pastoren seiner Kirchen in Beit Jala oder Bethlehem ohne Gemeinde und Gemeindewerk ist, fordert gesicherte Nutzungsrechte an der Erlöserkirche, die deutsches Eigentum ist. In gemeinsamen Gottesdiensten wollte er demonstrieren, dass er das geistige Oberhaupt auch unserer Gemeinde sei. In der Ökumene machte Munib Younan, der sich mittlerweile gern Erzbischof nennt, ein Alleinvertretungsrecht für alle Protestanten in Jerusalem geltend. Die evangelische Kirche sei eine Missionskirche, die nur zur Unterstützung und Missionierung der Palästinenser gekommen sei, behauptete er. Dabei hatten die Väter unserer Kirche ihren Auftrag eindeutig gefasst: Sie gründeten eine Stiftung zur Mission und eine weitere für die eigene Gemeindearbeit – und zu dieser Stiftung gehört die Erlöserkirche. Auch die Auguste Victoria-Stiftung soll nach ihrem ursprünglichen Auftrag vornehmlich deutschen Interessen dienen.

Die Mitglieder der Gemeinde und die EKD sahen sich in den letzten Jahren immer wieder gezwungen, ihre Rechte deutlich zu machen und nicht zuletzt für die deutschen Pilger auf die Selbstständigkeit der deutschen evangelischen Einrichtungen zu pochen. Die EKD und verschiedene deutsche Landeskirchen unterstützen die arabisch-lutherische Kirche bei vielen Projekten. Sie bestreiten auch einen großen Teil des Haushalts dieser Kirche. Doch sie mischen sich nicht in deren Arbeit ein. So sollte es auch umgekehrt bei einer selbstständigen deutschsprachigen Arbeit für Pilger, Besucher und Gemeindeglieder bleiben. Die Erlöserkirche und die Himmelfahrtkirche auf dem Areal der Auguste Victoria-Stiftung auf dem Ölberg sollten weiterhin gemäß ihrem Gründungszweck den Deutschen vor Ort dienen. Und der Propst sollte als

Oberhaupt der deutschsprachigen Gemeinde und als Hausherr dieser Kirchen in der Öffentlichkeit sichtbar bleiben.

Nach einem zweijährigen Konsultationsprozess, an dem auch meine Frau teilnahm, wurde im April 2007 ein Vertrag zwischen EKD und ELCJHL geschlossen, der eigentlich die Zusammenarbeit regeln und verbessern sollte. Nach diesem Vertrag blieb die EKD Eigentümer der beiden Kirchen in der Altstadt und auf dem Ölberg. Doch es folgten weitere bittere Streitigkeiten; und die EKD in Hannover unterstützte den Propst nicht ausreichend. Das alles führte dazu, dass die Erlöserkirche heute in geringerem Maße gesellschaftlicher und kirchlicher Treffpunkt für die Deutschen in Jerusalem ist als noch vor zehn Jahren, als sich die EKD nicht so sehr in das Gemeindeleben einmischte. EKD und Gemeinde haben sich entfremdet; und der Propst hat es schwer.

Vor mir liegt ein Brief aus dem Jahr 2007, in dem sich der Landesbischof der lutherischen Kirche in Bayern, der frühere Propst Friedrich, über einen *FAZ*-Artikel vom April jenes Jahres beschwerte, in dem ich voraussagte, dass der Partnerschaftsvertrag für den palästinensischen Bischof nur eine Etappe auf dem Weg zu weiteren Forderungen sein würde. Er verstehe nicht, schrieb der Landesbischof, wie ich zu der Behauptung komme, »der palästinensische Bischof sei nicht zufrieden mit dem Vertrag. Der Vertrag ist ja unterschrieben und soll genau diese Dinge endgültig klären und festlegen. Ich halte es nicht für hilfreich, wenn in Ihrem Bericht Behauptungen aufgestellt werden«, die nicht zu belegen seien. Doch in dem Vertrag wurde offenbar nichts endgültig geklärt. Younan kämpft bis heute weiter.

Dabei ist die Unabhängigkeit der Deutschen von essenzieller Bedeutung. Der Propst muss zwischen den Stühlen sitzen, sagte Propst Ronecker einmal, um von beiden Seiten anerkannt zu werden, von den mehrheitlich jüdischen Israelis und den mehrheitlich muslimischen Palästinensern. Das dient auch den Palästinensern. Gegenüber den Israelis bekennen wir uns nämlich – aufgrund der eigenen historischen Erfahrungen und besonders mit Blick auf die Schoah – mit einer Verbindlichkeit zur Sicherheit des Staates Israel, wie man es von Palästinensern nicht verlangen kann. Die Israelis achten im Allgemeinen unsere Kirche. Darum können wir glaubwürdig Partei für die Bruderkirche ergreifen. Zugleich fordern wir Gerechtigkeit für die Palästinenser auf ihrem

Weg zu einem eigenen Staat. Wir sind mithin »leidenschaftlich auf beiden Seiten«, wie ich einmal geschrieben habe. Nur eine unabhängige deutsche Kirche kann sich zudem gegenüber den Muslimen außerhalb der Dhimmi-Struktur behaupten und muss sich nicht den Zwängen der palästinensischen Kirche beugen. Die deutsche Kirche wird von den Muslimen als Auslandskirche ernster genommen als die kleine arabische Ortskirche.

Immer wieder fordert der palästinensische Bischof Younan, dass bisher deutsche Institutionen de facto ihre Eigentumsrechte abtreten. Sollte das Areal der Auguste Victoria-Stiftung, treuhänderisch in der Obhut des Lutherischen Weltbundes, dessen Präsident der Bischof seit seiner Wahl in Stuttgart am 24. Juli 2010 ist, eines Tages palästinensisch werden, dann würde beim nächsten Konflikt das israelische Militär gewiss den Berg besetzen. Aus Israels Sicht ist der Ölberg westlich der Trennanlagen strategisch bedeutend, von ihm herab ließe sich fast jeder Stadtteil Jerusalems beschießen. Der Lutherische Weltbund unter Younan und eine palästinensische Kirche mit einem nationalpalästinensischen Bischof an der Spitze sind für Israel keineswegs im gleichen Maße verlässliche Partner wie die deutsche Kirche mit der Regierung in Berlin im Hintergrund.

Einen kleinen Vorgeschmack davon, wie Israel mit Younan und dem Lutherischen Weltbund umgehen könnte, erhielt der Bischof bereits; er musste erfahren, wie sich Israel gegenüber unliebsam gewordenen »Partnern« verhält. Im Dezember 2009 war Younan als Sprecher aller Kirchenführer Palästinas aufgetreten und hatte ein vermeintlich von allen verantwortetes Dokument »Kairos Palestine« vorgelegt. Tatsächlich spielten die Kirchenführer in Jerusalem keine Rolle, sie hatten nur ein wohlklingendes Vorwort unterzeichnet. Bischof Younan war – neben dem katholischen Ex-Patriarchen Michel Sabbach – der einzige Kirchenführer, der, unterstützt lediglich von zweitrangigen Priestern, im Haupttext die Kirchen weltweit dazu aufrief, Israel die Legitimation abzusprechen und zu boykottieren. Er bezeichnete die »militärische Besetzung unseres Landes als Sünde gegen Gott und die Menschlichkeit« und verharmloste den palästinensischen Terror als »berechtigten Widerstand«, wobei er nicht zuletzt die Existenz der Hamas leugnete, die ihren »Widerstand« gar nicht von der Besatzung abhängig macht, sondern nach eigener Aussage so lange kämpfen will, bis Israel nicht mehr existiert. Israel gefiel das Papier nicht und erkannte Younan den VIP-Status ab. Der Bischof beklagte sich darüber, dass er nun am Flughafen genauso lange bei der Abfertigung warten müsse wie andere Menschen, zum Beispiel deutsche evangelische Pastoren wie der Propst, die aus demselben EKD-Topf bezahlt werden wie Younan. So unerträglich muss das Leben für den Bischof geworden sein, dass er sich bald von »Kairos Palestine« distanzierte. Welche politische Haltung vertritt er nun wirklich? In der Überschrift zu seinem Porträt nach der Wahl zum lutherischen Weltpräsidenten wurde Younan in meiner *FAZ* als »geschmeidig« bezeichnet.

Die für die Unabhängigkeit ihrer Institutionen eintretenden Deutschen wollen auch deutlich machen, dass der Ölberg dereinst zur palästinensischen Hauptstadt al Quds gehören sollte. Das Auswärtige Amt versucht, die EKD und den Lutherischen Weltbund davon zu überzeugen, Teile des Areals der Auguste Victoria-Stiftung langfristig an den Bund zu vermieten, damit dort die Residenz für den deutschen Botschafter bei den Palästinensern errichtet werden könne. Aber das stößt bei der Kirche auf Widerstand.

Brücken zwischen den Kirchen und Religionen

1998 schrieb der Johanniterorden, in Deutschland bekannt durch seine Unfallhilfe, durch seine Krankenhäuser und Altenheime, Kirchengeschichte. Er knüpfte als erste Ordensinstitution seit den Kreuzzügen vor 800 Jahren wieder Kontakt zum griechisch-orthodoxen Patriarchen von Jerusalem. Während meiner ersten Jahre in Jerusalem und der Zugehörigkeit zum Orden war ich immer wieder auf die seltsame Berührungsangst zwischen der Kirche des Patriarchen und der unseren aufmerksam geworden. Ich wollte eine Verbindung herstellen, und so suchte ich Patriarch Diodorios, seinen Generalsekretär Timotheos und Bischof Aristarchos auf, den Deutsch sprechenden Chef der Bibliothek des Patriarchats, eine wahre Fundgrube zur Geschichte der Väter des christlichen Glaubens. Auf der anderen Seite konnte ich die Ordensregierung der Johanniter in Berlin für das Vorhaben gewinnen. Am

25. Oktober 1998 zogen wir, geführt von Ordensdekan Ruprecht Graf von Castell-Rüdenhausen, Auslandsbischof Rolf Koppe und Propst Karl Heinz Ronecker, in das Patriarchat. Wir baten freilich nicht um Verzeihung für die Gräuel von 1204, die begangen wurden, als das Kreuzfahrerheer, zu dem auch die Hospitalier vom Hospiz des heiligen Johannes in Jerusalem gehörten, Konstantinopel überrannte. An dieses Ereignis wird noch heute im orthodoxen Kirchenjahr erinnert.

Wir Johanniter baten vielmehr darum, von nun an gemeinsam mit der orthodoxen Kirche dieses Verbrechens gedenken zu dürfen. Als Zeichen der neuen Verbindung gingen wir danach mit den orthodoxen Mönchen zur Geburtskirche unseres Ordens, der griechisch-orthodoxen Gemeindekirche Sankt Johannes. Sie liegt auf demselben Areal wie die Erlöserkirche, gehörten doch beide Grundstücke im Mittelalter zum Gelände des Ordens. Wir besuchten die Krypta der Kirche aus spät-byzantinischer Zeit, wo wohl schon Ordensgründer Meister Gerhard Jahrzehnte vor der Belagerung der Stadt 1099 durch die Kreuzfahrer eine Bruderschaft zum Dienst an den »Herren Kranken« unterhalten hatte. Ich berichtete über dieses Ereignis in meiner Zeitung, und die Johanniter sind seither immer wieder Gast in jenem alten Gotteshaus.

Dieser Bußgang wäre nicht möglich gewesen ohne die Hilfe der Jerusalemer Pastorin Petra Heldt von der Berliner Landeskirche. Sie lebt seit mehr als dreißig Jahren mit ihrem Mann, dem walisischen Theologen und Philosophen Malcolm Lowe, in der Stadt und ist einer der besten Brückenbauer zwischen den Kirchen und Religionen. Die Ecumenical Theological Research Fraternity in Jerusalem bringt unter ihrer Leitung seit 1966 christliche und jüdische Wissenschaftler zusammen, die mehr über die Traditionen und theologischen Denkgebäude der jeweils anderen Seite erfahren wollen. Kaum jemand ist so mit den Kirchenvätern und ihren weisen Lehren vertraut wie diese Dozentin der Patristik. Ihr Rat wird von Kirchen weltweit gesucht. Seit Jahren unterstützt sie tatkräftig die syrisch-orthodoxen Christen in Bethlehem, die ohne Lobby sind. 1997 entkam sie nur knapp einem Anschlag auf dem Markt von Jerusalem. 2005 erhielt sie für ihre Leistungen vom deutschen Bundespräsidenten das Bundesverdienstkreuz.

Für mich war es eine große Gunst, gemeinsam mit ihr den orthodoxen Patriarchen für die neue Partnerschaft mit dem Orden gewinnen zu können. Petra Heldt wurde darüber zur engen Freundin. Stets habe ich ihre Frömmigkeit bewundert. Und ihren Mut, nach dem schweren Terroranschlag, der nur äußerliche Spuren hinterließ, wieder von Neuem zu beginnen. Immer findet sie auch ein gutes Wort selbst für Personen, in deren Feuer sie leben muss. Petra Heldt hat sich mit ihrer klaren Haltung zu den kirchenpolitischen Vorgängen im Heiligen Land und ihren deutlichen Worten darüber einige Feinde gemacht. In einer Welt, die von Ökumene und Dialog träumt und für diese Sehnsucht nach Ausgleich eher bereit scheint, die eigene Identität und die eigene Leistungskraft zu opfern, als kluge Grenzen zu ziehen, kann der souveräne Überblick und die genaue Kenntnis von Zusammenhängen auch einsam machen.

Firm in der alten syrischen Sprache, übersetzte Petra Heldt unter anderem Glaubensväter aus dem kleinasiatischen Raum. Besonders schätzt sie Ephrem den Syrer. Er lehrte erst im kleinasiatischen, heute türkischen Nisibis und dann bis zu seinem Tode im Jahre 373 in Edessa. Ephrem kann als Erfinder des Kirchenliedes gelten, wie Petra einmal schrieb, sammelte er doch die bekannten, auf den Straßen gespielten Melodien seiner Zeit und veredelte sie mit geistlichen Texten. Im 8. Jahrhundert wurde seiner noch gedacht. Über Irland und Schottland erreichte sein Erbe Jahrhunderte später die westliche Kirche. Aber wer kennt heute noch Ephrem, den ersten Paul Gerhardt der Kirchengeschichte?

Für uns protestantische Johanniter war es wichtig, unsere Kirche, die ja erst seit etwa 150 Jahren am Ort ist, in die uralte Geschichte der Region einzubetten. Der Orden konnte damit über die vielen Probleme, die eine gegenseitige Anerkennung der Kirchen erschweren, hinweg wirken und eine Gemeinsamkeit schaffen, auch wenn aus theologischen Gründen kein gemeinsamer Gottesdienst mit den orthodoxen Griechen möglich ist. Den Protestanten im Heiligen Land geht es heute noch weniger als im 19. Jahrhundert um Konversion, sondern um die gemeinsame Arbeit für die Schwachen und Bedürftigen.

Seit dem 1. April 1858 unterhalten die Johanniter in der Altstadt Jerusalems ein Gästehaus, das einst für fahrende Handwerker eingerichtet wurde, heute allerdings nicht vom Orden selbst, sondern von der charismatischen Marburger Bewegung »Christustreff« geführt wird. Dabei handelt es sich meist um junge Theologen, die vor allem jene jungen

Christen um sich scharen, die sich mit der Amtskirche schwertun und einen offeneren Gottesdienst suchen. Ich bin in dem Johanniter-Hospiz gern zu Gast gewesen und würde es doch andererseits sehr begrüßen, wenn die bayerische Genossenschaft des Ordens nicht nur das Hospiz verwalten würde, sondern der gesamte Orden in Jerusalem aktiver wäre. Im Jahre 2000 errichtete die Johanniter-Unfallhilfe aus Köln unter der Leitung des damaligen Präsidenten der Gesamtorganisation, Graf Wilhelm von Schwerin, einen Erste-Hilfe-Punkt direkt vor der Geburtskirche in Bethlehem. Er musste im November desselben Jahres schon wieder geräumt werden, weil die örtlichen Politiker seit dem Beginn der zweiten Intifada nicht mehr für Sicherheit garantieren konnten, obwohl die Hilfsstation noch in ein festes Gebäude umgezogen war, um dort den Opfern der blutigen Auseinandersetzungen zwischen Palästinensern und dem israelischen Militär am Grab der Rachel zu helfen. An einem verregneten Novemberabend lud ich die verbliebene Mannschaft in meinen Wagen und fuhr sie an brennenden Reifen vorbei zurück nach Jerusalem. Wenig später brannten die Johanniter-Rettungswagen, die der Orden in Bethlehem zurückgelassen hatte. Sie waren offenbar für den Transport von Terroristen missbraucht und von israelischen Raketen beschossen worden.

Andere Ordensaktivitäten sind glücklicherweise lebendig geblieben. Die britischen Johanniter etwa unterhalten traditionell ein Augenkrankenhaus in Ostjerusalem mit mobilen Einrichtungen im Westjordanland und im Gazastreifen. Der katholische Bruderorden der Malteser ist in Bethlehem Träger des besten arabischen Geburtskrankenhauses der Region.

Orte der Spiritualität

Krieg und Kirchenpolitik konnten mir nicht die Sinne verschließen für die Spiritualität des Heiligen Landes. Die erste Gelegenheit, davon etwas zu erfahren, bot ein Gottesdienst in einer syrisch-orthodoxen Kirche, bei dem mir die Arabistin Angelika Neuwirth, heute Professorin an der Freien Universität in Berlin, als Übersetzerin hilfreich zur Seite stand. Wir hatten die Islamwissenschaftlerin in Beirut kennengelernt, als wir sie dort nach dem Bürgerkrieg Anfang der neunziger Jahre besuchten. Sie war damals Leiterin des Instituts der Deutschen Morgenländischen Gesellschaft. Unvergessen sind mir ihre Führungen durch die mamelukkischen Quartiere in der Altstadt von Jerusalem: Dort lässt sich zeigen, dass die herrschenden Muslime in jener Zeit, als die Kreuzfahrer endgültig vertrieben waren, der Stadt gewiss keine große politische, aber eine hohe spirituelle Bedeutung gaben. Während in Damaskus damals rund um die Moschee das Leben pulsierte und Gewerbe betrieben wurden, richteten die führenden Familien von al Quds in der Zeit der Mamelucken ihre Grabhäuser in der Nachbarschaft zur al Aqsa ein. Diese Häuser lassen sich bis heute mit ihrer großen Tür für das Hineintragen der Särge und den kleinen Fenstern darüber für den Austritt der Seelen gut erkennen.

Nachhaltig in Erinnerung geblieben ist für mich auch das Eintauchen in die griechisch-orthodoxe Liturgie. Der Ursprung selbst des modernsten Gottesdienstes in einer charismatischen Gemeinde von heute liegt in der Liturgie von Jerusalem. Ihr Anliegen ist es, an den Gottesdienst der Urgemeinde und das jüdische Versöhnungsfest des Jom Kippur anzuknüpfen, also den Teilnehmer am gegenwärtigen Gottesdienst mit den Anfängen seines jüdischen Christentums zu verbinden. Zugleich soll die Liturgie mit ihrer strengen Form, die Vertrauen einflößt und Festigkeit gibt, sollen Weihrauch und Lobgesang Priester und Gemeinde aus dem Alltag herauslösen. Für die Zeit der Liturgie soll es weder Raum- noch Zeitgrenzen geben, soll ein Stück Paradies erlebbar werden. Dazu braucht es weder Orgel noch Predigt, auch jeder prunkende Barock ist überflüssig. Die Zeit steht still, wenn die Mönche mitten in der Nacht, von wenigen Kerzen beleuchtet, in den heiligen Büchern lesen und singen: ein paar Menschen in der dunklen Wüste, aus der plötzlich Frömmigkeit und Besinnung sprießen.

Eines meiner Lieblingsbücher wurde so die *Geistige Wiese* des Mönches Johannes Moschos, der kurz vor Beginn der islamischen Eroberungen um 550 n. Chr. das reiche geistliche Leben in und um Jerusalem für uns festhielt. Moschos wollte darlegen, dass Glauben und Philosophie eine Einheit bilden – ein Ansatz, den heute Papst Benedikt XVI. wieder in den Vordergrund rückt, wenn er rationales Denken und Glauben miteinander versöhnen will.

In Jerusalem lernte ich, dass am Beginn der Klostergeschichte nicht das gemeinschaftliche Leben von Mönchen hinter Mauern stand, so wie wir das heute kennen, sondern die asketische Einsamkeit eines Eremiten in seiner Einsiedelei. Schon bald freilich bildeten sich Mönchssiedlungen, genannt »Lauren«, in denen die Einsiedeleien sich um ein Zentrum gruppierten. Der griechische Begriff Laura lässt sich mit »Weg« oder »Straße« übersetzen, er kommt im 4. Jahrhundert in Palästina auf. In ihrer Einsamkeit setzten sich die Anachoreten in der Wüste den Urgewalten der Natur aus: Tag und Nacht, Hitze und Kälte, Wasser und Trockenheit, Leben und Tod. Dabei scheinen die Übergänge zu fehlen: Der Tag bricht innerhalb kürzester Zeit an; die Nacht sinkt innerhalb von Minuten hernieder. Es gibt weder Herbst noch Frühling. Entweder es ist trocken oder die Wüste überflutet.

Jene frühbyzantinischen Anachoreten hatten oft noch die letzten Christenverfolgungen römischer Kaiser erlebt oder von jenem Martyrium der Väter gehört. Genau das wollten sie nun nachempfinden, mit der Bibel oder dem Stundenbuch in der Hand, ein Gottesdienst aus dem Nichts. Aus dem eigenen Geist wollten sie die Quellen sprudeln lassen, die Wüste zur »geistigen Wiese« machen. Weil aber die Einsiedler die gemeinsame Feier mit Beichte und Eucharistie zum Ende der Woche brauchten, jedoch nur ein geweihter Priester diese abnehmen beziehungsweise spenden konnte, baute wohl um 275 n. Chr. der Mönch Chariton aus dem kleinasiatischen Iconium, heute Konya, rund um seine Höhle das erste Kloster als geistlichen Mittelpunkt für diese Lauren. Es hatte bis zum Ende der Kreuzfahrerzeit Bestand, groß und prächtig mit Charitons Höhle von Ain Farah bei Jericho in der judäischen Wüste als seinem Herzen. Dort trafen sich die Einsiedler am Ende der Woche wie die Juden zum Schabatmahl, um am Samstag und am Sonntag, dem »achten Tag der Woche«, dem Tag des Herrn, vom Priester das Abendmahl zu empfangen. Mit den letzten gesegneten Krumen und frischem Wasser wurden sie dann wieder in ihre Einsiedeleien entlassen.

Im Kloster selbst wurden die jungen Mönche, noch ohne Bart, auf die Einsamkeit vorbereitet, und hierhin durften sich die gebrechlichen Brüder an ihrem Lebensende zurückziehen. Bis heute zeigen die Reste des byzantinischen Klosters in der israelischen Siedlung Maale Adumin zwischen Jerusalem und Jericho die alten Wasserwege; Leitungen, an denen sich die modernen Siedler bei der Suche nach dem richtigen Gefälle orientierten. Weil dort einst ein Kloster überdauern konnte, lockte die Siedler von heute dieser Platz überhaupt erst an. Diese historischen Zentren mit ihren Backstuben und Arztzellen waren für ihre Zeit relativ modern ausgestattet. Sie waren nicht nur der Sammelpunkt für die Mönche, sondern auch für die Bevölkerung der Umgebung. Die Mönche wiederum stellten sich dieser Herausforderung. Sie verteilten Medizin und gaben klugen Rat. Auch damals schon war es rund um Jerusalem schwer, Einsamkeit zu finden. Da war es auch keine gute Idee, wie Simeon in Syrien auf eine Säule zu steigen. Dort sah ihn jeder, und jeder wollte Rat. Berühmt sind seine Predigten von der Säule herab.

Dank des griechisch-orthodoxen Patriarchen durfte ich einige Tage im Kloster Mar Sabas südöstlich von Bethlehem in der Wüste über dem Fluss Kidron verbringen, wo einst die wichtigste Bibliothek dieser Kirche, die heute im Patriarchat steht, aufbewahrt wurde. Der heilige Sabas kam im Jahr 483 dorthin, starb nach einem fast hundert Jahre langen Leben im Kloster und liegt noch heute wie lebendig in der Hauptkirche aufgebahrt. In einer Höhle dort arbeitete Sabas an eben jener Liturgie von Jerusalem. Als die Omaijaden den Christen bereits die Herrschaft entrissen hatten, übersetzte hier Johannes von Damaskus griechische Klassiker und manche Kirchenväter ins Arabische, aus dem sie in der Renaissance wieder ins Griechische oder Lateinische zurückgeholt wurden. Für mich bedeuteten die Tage im Kloster: nur natürliches Licht, karges Essen. Eine Zelle mit nichts außer Bett, Schrank, Stuhl und Tisch – und einer Ikone des heiligen Georg an der Wand. Auch kein Gespräch mit den Mönchen, denn ich konnte kein Griechisch. Erst später kamen amerikanische Mönche nach Mar Sabas. Was da blieb? Die mitgebrachte Bibel, die man auswendig lernt. Die Erkenntnis, dass Vögel laut singen, dass der Fluss Kidron unten durch das Tal hämmert und dass man der Sonne ausweichen muss, weil sie die Konzentration stört.

Ich habe in Jerusalem auch gelernt, wie heilige Orte wirken können. Eine starke mythische Kraft geht vom Tempelberg aus, vom weiten, ja erhabenen Platz zwischen der al Aqsa-Moschee und der goldenen Kuppel des Felsendoms. Das Plateau muss dazu gar nicht menschenleer sein. Es reicht die Kraft der archaisch wirkenden Gemäuer, der blaue Himmel, der sich in den blauen Kacheln des Felsendoms spiegelt. Da also soll sich dereinst wieder die Pforte zum Paradies öffnen und das Jüngste Gericht seinen Abschluss finden.

Über größte spirituelle Kraft verfügen das Katharinenkloster auf dem Sinai und die es umgebenden Berge. Das Kloster ist zwar selbstständig, aber es ist dem Patriarchen von Jerusalem so beigeordnet, dass mir sein Empfehlungsschreiben die Tür öffnete und ich im Kloster wohnen durfte. In jeder Nacht konnte ich an der Liturgie teilnehmen, und am Tage begleitete ich einen der Brüder, die in verschiedenen Einsiedeleien die Ikonen »beleben« sollten. Diese Einsiedeleien waren längst nicht mehr bewohnt, bisweilen kaum mehr zu finden. Manche von ihnen lagen mitten in der Wüste, es gab aber auch Plätze, die sich unvermutet als Oasen präsentierten. Der Mönch musste vor dem Gnadenbild eine Kerze anzünden und ein Gebet sprechen. Danach war der ehrwürdige alte Ort mit seiner Ikone »wieder lebendig« und konnte an einen seiner früheren Bewohner erinnern, an Heilige wie Cosmas oder Damian, Mittler zwischen Mensch und Gott. Unvergessen ist mir die Liturgie am »brennenden Dornbusch« um drei Uhr in der Nacht. Manche sagen, diese Kapelle hinter der Hauptkirche von St. Katharinen könne nicht der Platz gewesen sein, an dem Gott aus dem brennenden Busch zu Moses sprach. Aber ist das wichtig? Für die Mönche und ihre Besucher ist das der Platz, an dem an jenes Geschehen erinnert und es in die Wirklichkeit des Glaubens geholt wird.

Im Kloster habe ich auch Norbert kennengelernt. Schon als ich mit einem Taxi quer über den Sinai fuhr, fiel er mir auf: Ein etwa fünfzig Jahre alter Mann, einen Rucksack auf dem Rücken und ein zerfleddertes Buch in der Hand, ging mit einem Wanderschuh an dem einen und einer Sandale am anderen Fuß am Straßenrand entlang. Den Rest des Weges saß er neben mir im Wagen und berichtete darüber, wie er als Masseur der Deutschen Fahrradmannschaft das erste Mal auf dem Sinai gewesen sei. Nun habe ihm seine Frau einen Urlaub hier gegönnt. Mit einem Buch über die fernöstliche Harmonielehre, über Yin und Yang, wolle er nun, müde von Stress und Arbeit, zur inneren Ruhe finden. Norbert schlief draußen im Gästehaus des Klosters.

An jedem Tag trafen wir uns wieder, am Kloster oder irgendwo in der Wüste. Das konnte kein Zufall sein; auch nicht, dass mich seine fernöstlichen Neigungen in dieser für mich so christlich aufgeladenen

Umgebung beunruhigten. Ich lernte bei den Wanderungen mit den Mönchen mehr über das Leben der heiligen Väter, über ihre Auffassung von der Harmonie zwischen Mensch und Natur. Auch die Alten suchten natürlich ihre menschliche Enge spirituell zu überwinden. Ihre Weisheiten haben uns bis heute viel zu sagen, nicht zuletzt hatten sie sehr modern anmutende Kenntnisse über eine gesunde Lebensführung. Norbert jedenfalls reizte mich so sehr, dass ich ihm immer wieder Predigten über meine Eindrücke und Erfahrungen halten musste. Am letzten Tag geschah es: Ich hatte mich vor dem Ansturm der Pilger zur kurzen Stunde zwischen Tag und Nacht auf den Gipfel des Moses-Berges zurückgezogen und saß mit einer Tasse Tee bei Jesus – bei Issa, wie dieser Name auf Arabisch heißt. So ließ sich der junge Beduine rufen, der die Pilger am Tage mit Wasser oder Tee und in der Nacht vor allem mit Decken versorgte.

Da kam Norbert angeschlappt. Ich konnte ihn schon hören, bevor ich ihn sah, und einen Moment spürte ich den Impuls in mir, mich hinter dem nächsten Felsen zu verstecken. Ich wollte schließlich diesen letzten Abend allein sein, gerade hier an dieser Stelle, an der die Christenheit die Erinnerung daran pflegt, wie Gott einst Moses die zehn Gebote übergab. Aber wegen dieser Gebote blieb ich dann doch, und Norbert setzte sich zu mir. »Du hattest recht«, hob er an. »Ich brauche dieses fernöstliche Buch nicht mehr. Meine eigene Kultur bietet mir alles das, was ich dort bisher nur vergeblich suchte.« Was sollte ich darauf sagen? Ich sah ihn wohl mit großen Augen an. Mir war die Situation peinlich. Welche fromme Floskel ich stammelte, habe ich vergessen. Ich versuchte jedenfalls, besonders höflich zu sein, und brach doch unvermittelt auf. Der Platz und sein göttliches Mysterium hatten auf ihn und auf mich gewirkt. Ich hörte mein Blut rauschen, schien reicher zu leben als sonst und sah den Sternenhimmel prunkvoll nur für uns beide wachsen.

Ariel Scharon und Ehud Olmert – Die ungleichen Verbündeten und Netanjahus Chance

Warum trauerten selbst Politiker, die den Oslo-Prozess mitgetragen hatten, als der unerbittliche Verfechter eines »Groß-Israels«, Ariel Scharon, von der politischen Bühne abtrat und im Januar 2006 ins Koma fiel? Scharon war doch die meiste Zeit seines politischen Lebens »Dampfwalze« genannt worden, und bis zuletzt bezeichnete er die in Norwegen ausgehandelte Vereinbarung zwischen Israel und der PLO als »großes Verbrechen«, auch im Gespräch mit mir. Jahrzehntelang hatte Scharon die Ansicht vertreten, jeder Hügel im palästinensischen Gebiet müsse mit Siedlungen besetzt und für Israel eingenommen werden. Hätte das nicht zuallererst den Rechten gefallen müssen? Natürlich. Aber denen schmeckte nicht, dass Scharon, anders als die Ministerpräsidenten der Oslo-Ära, Rabin, Peres und Barak, die Siedlungsmaschinerie tatsächlich anhielt und Soldaten und Siedler aus dem Gazastreifen abzog. Damit hatte der aus dem revisionistischen Lager kommende Scharon eine neue Zeit eingeleitet. Die Rechte sah sich betrogen. Für sie war Scharon zum Linken geworden.

Scharon war 1929 in Kfar Malal etwa dreißig Kilometer nordöstlich von Tel Aviv geboren worden. Kfar Malal war ein Moschaw, eine landwirtschaftliche Siedlung, in der im Gegensatz zum Kibbuz privater Landbesitz erlaubt war. Die Eltern gehörten zur politischen Rechten und waren damit Außenseiter in dem Dorf. All ihre Nachbarn waren Mitglieder der Mapai-Bewegung, die in der vorisraelischen Gesellschaft eine bedeutende Rolle spielte, weil sie zu der fast alles beherrschenden Gewerkschaft Histradut gehörte. Die Mapai galt als moderate zionistisch-sozialistische Partei. Familie Scharon empfand zionistisch, aber nicht sozialistisch; schon deshalb wurde der kleine Ariel von den Nachbarkindern gehänselt. Zudem sahen die Scharons von vornherein in den Arabern ihre Feinde. Die Mutter gab dem Sohn früh den Rat: »Trau nur dir selbst und behalte stets alles unter Kontrolle!«

Aber der junge Ariel suchte nach Anerkennung, wie er sich auch später immer wieder um Bestätigung in Kreisen des Militärs und der

Politik bemühte. Die Sehnsucht nach Akzeptanz wurde zum Leitmotiv seines Lebens. Die fand der junge Ariel erstmals als Teenager, als er sich anschickte, gemeinsam mit den Nachbarjungen »arabische Terroristen« zu jagen. Damit war auch sein militärischer Weg vorgezeichnet. Doch der vollzog sich zunächst als politische Kehrtwende, denn Scharon schloss sich dem militärischen Arm der linken Histradut an und wurde in der Hagana aktiv, der Vorläuferin der israelischen Armee. Damit wird ein zweites Leitmotiv seines Lebens erkennbar: Scharon war letztlich ein Pragmatiker. Und damals war jedermann klar, nur in der Hagana konnte man Karriere machen.

Die »Dampfwalze« rollt

In der Hagana hatte Scharon allerdings wegen seiner Herkunft keinen leichten Stand unter der linken Elite. Er musste besser sein als die anderen. Um selbst »Chef« zu werden, gründete er 1953 die geheime Sondereinheit 101, die mit unversöhnlichen Mitteln den wachsenden arabischen Terror bekämpfte. Die Generäle rümpften zwar die Nase über die Methoden Scharons – schon war die »Dampfwalze« zu erkennen –, aber sie waren zugleich dankbar dafür, dass sich ein Außenseiter die Hände schmutzig machte und ihnen selbst damit das Leben erleichterte. So ließ man Scharon gewähren. Ähnlich war es im Jom-Kippur-Krieg 1973. Der Reservist Scharon war in den aktiven Dienst zurückgeholt worden und kommandierte eine Division im Kampf gegen Ägypten. Seine Truppen waren auf dem Sinai in einen Hinterhalt geraten, der Generalstab riet zum Rückzug. Scharon aber machte aus dem Nachteil einen Vorteil: Er ging in die Offensive und überquerte den Suezkanal in Richtung Kairo. Das war weder befohlen, noch hatten die Generale je daran gedacht. Aber der Erfolg der Operation machte Scharon zur Legende.

Ebenso eigenmächtig agierte Scharon bei seinem Libanon-Feldzug im Jahre 1982. Nachdem ihm die politische Führung die Position des Generalstabschefs vorenthalten hatte, nutzte er sein Amt als Verteidigungsminister zur Revanche und griff, offenbar ohne Ministerpräsident Menachem Begin im Detail informiert zu haben, militärisch und politisch tief in das Geschehen im Libanon ein. Diesmal aber ließ ihn das Glück im Stich. Scharons Partner in Beirut, die christlichen Falangisten, scheiterten. Zudem sahen Scharons Truppen tatenlos zu, wie diese Verbündeten in den Beiruter Lagern von Sabra und Schatila ein Blutbad unter den Palästinensern anrichteten. Die Untersuchungskommission, die gegen ihn und andere führende Generäle ermittelte, untersagte Scharon, jemals wieder für das Amt des Verteidigungsministers zu kandidieren. Scharon war politisch angeschlagen; gleichwohl schaffte er es 1999, wenn auch nur als vermeintlicher Übergangskandidat, Chef des Likud zu werden, des Sammelbündnisses von nationalen und wirtschaftspolitisch liberal eingestellten Strömungen, das er 1973 selbst mitgegründet hatte.

Anfang 2001 wurde er aus der Not heraus sogar Premierminister, »für den Übergang«, wie es wieder hieß. Baraks Friedenskurs war mit dem Ende der Verhandlungen von Camp David gescheitert, und Scharons Besuch auf dem Tempelberg, er war damals noch Oppositionsführer, hatte die Explosion der zweiten Intifada ausgelöst. Die Karriere des »Kompromisskandidaten« und »Auslaufmodells«, die eigentlich hätte zu Ende sein sollen, begann nun erst. Jetzt erschuf sich Scharon so, wie man ihn heute in Israel in Erinnerung hat.

Das Resümee seiner ersten Amtsmonate im Jahr 2001 fiel freilich zwiespältig aus. Zwar bekam Scharon die Terrorwelle halbwegs in den Griff; aber das war nicht nur auf seine harten militärischen Operationen zurückzuführen. Die islamistische Hamas verzichtete ihrerseits zunehmend auf Selbstmordanschläge, und nicht etwa, weil sie militärisch geschlagen war. Der Hamas-Politiker Mahmud Zahar, heute noch der Chefideologe im Gazastreifen, sagte mir in jener Zeit, als er selbst zwei Söhne verlor, die Bewegung könne nur im Konsens mit dem palästinensischen Volk agieren. »Wir würden weiterkämpfen. Der Sieg folgt dem Blut, folgt den Opfern. Aber wir machen uns die Nation zum Gegner. Die Nation ist schwächer als wir.« Scharon hatte seine Militärschläge ohnehin auf die säkulare Fatah-Bewegung von Arafat konzentriert und nicht auf die Islamisten der Hamas. Scharon wollte die Ära Arafat beenden. Statt aber in der Fatah nur jene auszuschalten, die tatsächlich Krieg gegen Israel führten, zerschlug Scharon das gesamte Polizeisystem, zerstörte die meisten Ministerien und ließ staatliche, vor allem statistische

Unterlagen rauben oder vernichten. Die Dampfwalze wollte offenbar die Autonomiebehörde insgesamt auslöschen. Nicht einmal mehr das Bevölkerungsregister sollte den Palästinensern erhalten bleiben.

Scharon hoffte auf weiße Fahnen als Eingeständnis der Niederlage. Tatsächlich aber bekam Israel die grüne Flagge des Propheten und der Hamas-Bewegung zu sehen. Die Islamisten wurden zum Sieger der zweiten Intifada. Ihr Triumph bezeugte, dass Scharons militärische Operationen für Israel letztlich kein Erfolg waren. Einst hatte Rabin mir gesagt, er müsse sich mit dem Oslo-Prozess beeilen, bevor die Islamisten zu mächtig würden. Jetzt waren sie es auch dank Scharon geworden. In seiner Not stimmte Scharon dem Bau der Trennanlage zwischen Israel und den besetzten Gebieten zu, die er so lange hatte verhindern wollen. Als General wusste Scharon, dass eine solche Anlage auf Dauer keine Sicherheit schaffen konnte; allenfalls ließ sich damit eine zeitweilige Beruhigung der Bevölkerung erreichen. Für sein politisches Lager aber war diese Trennmauer das Eingeständnis einer ideologischen Niederlage.

Nach drei Jahren Krieg gegen die Autonomiebehörde formierte sich von der Mitte des Jahres 2004 an langsam ein Widerstand aus der eigenen Bevölkerung gegen die Politik Scharons; er richtete sich gegen das Blutvergießen und die damit verbundene politische Stagnation. Selbst unter den Soldaten rumorte es. Piloten verweigerten Bombenabwürfe auf Häuser, in denen sich nach Erkenntnissen des Militärs nicht nur palästinensische Kämpfer, sondern auch Zivilisten aufhielten. Scharon musste »Ballast abwerfen« und die »politische Initiative zurückgewinnen«. Bei der Suche nach Ballast stieß er vor allem auf die »demografische Gefahr« durch die wachsende arabische Bevölkerung, wie er es im Gespräch mit mir formulierte. Nachdem die russische Einwanderung dramatisch zurückgegangen war, nachdem monatelang mehr Aus- als Einwanderer gezählt worden waren, kam Scharon zu dem Schluss, er könne den Gazastreifen mit seinen damals 1,4 Millionen Arabern aufgeben. Im Sommer 2005 zog er darum nach einem schweren innenpolitischen Kampf Siedler und Soldaten aus dem Küstenstreifen ab. Zunächst hoffte Scharon wohl, mit diesem Abzug die Besetzung des Westjordanlandes sichern zu können. Dann aber war in den letzten Wochen seiner politischen Präsenz von weiteren einseitigen Abzügen die Rede.

Schon mit dem Abzug aus Gaza hatte Scharon sein Leben aufs Spiel gesetzt. Er hatte in den Augen seiner politischen Klientel ein Tabu gebrochen. Extremistische Siedler drohten ihm mit dem Tod. Der Likud versagte ihm die Gefolgschaft. In dieser prekären Situation musste Scharon das pragmatische Bündnis mit dem noch älteren Politiker Schimon Peres vom linken Lager eingehen. Vielleicht vertraute Scharon seinem alten Gegner sogar. Man kannte sich schließlich seit den Anfangstagen Israels. Gemeinsam gründeten die beiden »Politiker der ersten Generation« Ende 2006 die Kadima-Partei, ein Bündnis aus rechten Politikern der Arbeiterbewegung Awoda und mehr »links« eingestellten Mitgliedern des rechten Likud. Mit dieser Partei, einem Zusammenschluss der pragmatischen Mitte, hätte Premierminister Scharon bei den Wahlen im März 2006 gewiss einen Triumph über Likud und Awoda feiern können. Doch Anfang Januar 2006 beendeten mehrere Schlaganfälle und Hirnblutungen sein politisches Leben. Hätten sich die Ärzte schon nach dem ersten Zusammenbruch Ende 2005 nicht dem Willen Scharons gefügt, sondern ihn wie einen normalen Patienten behandelt und im Hospital behalten, so wären ihm wohl die Jahre des Komas erspart geblieben. Aber Scharon wollte seiner Krankheit keine Zugeständnisse machen. Er sah sich als starker Mann und in historischer Mission.

Wie schon Rabin in seinen letzten Monaten war auch Scharon am Ende seiner Laufbahn zum »Vater der Nation« geworden. Es war kein Zufall, dass in seinem Büro ein Foto von Rabin hing, das einzige Porträt an der Wand. Scharon bewunderte an dem politischen Gegner wohl dessen Integrität und Entschlossenheit. Wie Rabin war auch er ein Mann der Tat. Körperlich so groß wie jener, wenn auch viel schwerer, trat Scharon dem Besucher ähnlich wie Rabin mit distanziertem Lächeln entgegen, das etwas Lauerndes haben konnte. Er hatte einen festen Händedruck, aber eine weiche Hand. Bei unserem ersten Gespräch in seinem Büro zeigte mir Scharon gleich nach der Begrüßung die Reliefkarte an der Wand, das Bild seines Israels, das er stets von allen Seiten bedroht sah. Er verwies auch auf die in Leder gebundenen Judaika im Bücherschrank hinter sich. Judentum und Israel seien die Basis seines Lebens, behauptete er. Die Bücher sahen allerdings ungelesen aus.

Wie Rabin war auch Scharon kein Visionär. Rabin musste von Peres zum Dialog mit der PLO und zum Oslo-Vertrag gedrängt werden.

Scharon wurde erst ein Mann der Realpolitik, als er erkannt hatte, dass die dauerhafte Besetzung der palästinensischen Gebiete Israels Zukunft gefährden könnte. Bei der absehbaren demografischen Entwicklung der einzelnen Bevölkerungsgruppen können die Juden schon in den nächsten Jahren zur Minderheit im eigenen Land werden, falls sich Israel nicht von den arabischen Gebieten trennt. Der Staat kann seine jüdische Identität verlieren und müsste womöglich auch die demokratische Verfassung opfern, wollte eine jüdische Minderheit weiter die Herrschaft in Israel, dann aber über eine arabische Mehrheit, ausüben. Diese drohende Gefahr erkannte Scharon schon 2005 deutlicher als der heutige Regierungschef Benjamin Netanjahu zu Beginn des neuen Jahrzehnts. Der Abzug aus dem Gazastreifen konnte dabei nur ein erster Schritt sein, um die Zukunft Israels zu sichern.

Olmert, Premierminister ohne Fortune

Scharon lag noch immer im Koma, als die Ära seines Nachfolgers Ehud Olmert im September 2008 schon wieder beendet war. Der 1945 in Benjamina geborene Olmert gehörte zum selben politischen Lager wie Ariel Scharon. Er studierte Jura an der Hebräischen Universität von Jerusalem und demonstrierte als Studentenführer lautstark gegen die israelisch-deutsche Annäherung. Mit 28 Jahren wurde er 1973 als jüngster Abgeordneter in die Knesset gewählt. Ich lernte ihn kennen, als er von 1990 bis 1992 Gesundheitsminister war und nach jeder Kabinettssitzung vor dem Amt des Ministerpräsidenten die Politik der Regierung erklärte, nüchtern wie ein Anwalt und zugleich darauf aus, im Rampenlicht zu stehen. Schon bei seiner Kandidatur für den Posten des Bürgermeisters von Jerusalem 1993 war wohl den meisten Wählern klar, dass Olmert in dieses Amt strebte, um später eine höhere Aufgabe im Staat zu übernehmen. Olmert löste den populären, aber alternden Teddy Kollek ab, eine Symbolfigur für die ehrwürdige Stadt und das alt gewordene Israel der ersten Generation.

Olmerts Amtszeit war kein Erfolg beschieden. Ihm wird nur die Anlage eines aufwendigen Straßenrings rund um die Stadt zugutegehalten. Unter dem von ihm initiierten Bau einer S-Bahn leiden die Bürger Ende

2010 noch immer. Und gegen den erklärten Willen der amerikanischen Regierung wurde mit der Errichtung einer Siedlung auf dem Har Homa begonnen, einem teils palästinensischen, teils in jüdischem Eigentum befindlichen Berg zwischen Jerusalem und Bethlehem, der bis dahin wegen seines Pinienwäldchens als grüne Lunge für die beiden Städte gedient hatte und als Picknickplatz genutzt wurde. Nun verschwanden mit den Bäumen auch die Ruinen byzantinischer Einsiedeleien sowie jordanische Schützengräben. In Har Homa werden aber bis heute offenbar mehr Wohnungen gebaut, als es für sie Mieter oder Käufer gibt.

Olmert schaffte es nicht, die Qualität der städtischen Dienste für die Bürger im arabischen Osten an die der jüdischen Stadtteile anzugleichen. Und er fand auch keinen Weg, die Verarmung der gesamten Stadtbürgerschaft Jerusalems aufzuhalten. Immer mehr Menschen verließen aufgrund des Mangels an Wohnraum, wegen zu hoher Mieten oder Arbeitslosigkeit die Stadt, Säkulare wie Religiöse. 1998 gab er, nochmals zum Bürgermeister gewählt, seinen Knessetsitz für den Likud zurück. Ein neues Gesetz verbat es, ein öffentliches Amt innezuhaben und gleichzeitig Abgeordneter zu sein.

Es wurden aber auch erste ideologische Unterschiede zu seiner Partei, dem Likud, sichtbar. Olmert bewegte sich in Richtung Oslo. Er widersprach dem Vorwurf des Likud, der Kandidat der Arbeiterpartei für das Amt des Ministerpräsidenten bei den anstehenden Wahlen 1999 wolle Jerusalem teilen. Damit half er Ehud Barak und widersetzte sich seinem Parteichef Benjamin Netanjahu, der diese Parole vertrat. Erstmals deutete sich an, dass Olmerts Denken nicht nur in den Bahnen der rechten Parteidoktrinen verlief. Oder ging es ihm darum, seinem Konkurrenten Netanjahu zu schaden?

Schon bevor Olmert Anfang 2006 Premierminister wurde, hatte es gegen ihn Korruptionsvorwürfe gegeben. In seiner Zeit als Industrie- und Handelsminister unter Scharon zwischen 2003 und 2005 habe er Bekannten zu höheren Ämtern verholfen; außerdem soll er Investitionen von Freunden begünstigt haben. Auch der Kauf eines Hauses in der Cremieux-Straße in der deutschen Kolonie neben unserem früheren Wohnhaus, dem ehemaligen Heim des Malers Bauernfeind, wurde gerichtlich untersucht. Es bestand der Verdacht, ein Investor habe Olmert das Gebäude unter Wert verkauft. Das Verfahren wurde mittlerweile eingestellt. Darüber hinaus soll Olmert den Wahlkampf im Jahr 2003 mit illegalen Mitteln finanziert haben. Er habe Gelder eines amerikanischen Finanziers erhalten und weitergegeben.

Wegen der drohenden Anklage trat Olmert im Herbst 2008 zurück, nachdem ihn seine innerparteiliche Rivalin, Außenministerin Tzippi Liwni, schon bei den Vorwahlen im Kadima-Bündnis als Parteichefin abgelöst hatte. Ob alle Vorwürfe gegen Olmert berechtigt sind? Erst Ende August 2009 wurde einer der gegen ihn angestrengten Prozesse eröffnet: Es geht dabei lediglich um die illegalen Gelder des amerikanischen Finanziers aus New York, die bar und im Kuvert an Olmert direkt oder über einen Mittelsmann übergeben wurden. Es kann übrigens nicht behauptet werden, dass Olmert ein für die israelischen Verhältnisse besonders korrupter Politiker sei. Der frühere Parteichef der ultraorthodoxen Schas-Partei, Arieh Deri, hatte vor ihm einen Prozess verloren und musste ins Gefängnis. Scharons Sohn Omri saß ebenfalls wegen illegaler Parteienfinanzierung in Haft. Olmerts Finanzminister Abraham Hirchson trat, kaum im Amt, wegen persönlicher Bereicherung zurück. Ähnliche Vorwürfe werden auch gegen den Außenminister unter Ministerpräsident Netanjahu, Avigdor Lieberman, erhoben, der es aber bisher verstand, alle Schuld auf seine Tochter abzuwälzen. Er selbst will nie etwas von unredlicher Bereicherung gewusst haben. Auch ihm droht aber ein Prozess. Die dunklen Kanäle, die Ben-Gurion und Teddy Kollek dazu nutzten, den Aufbau des Staates zu finanzieren und das Gemeinwohl zu fördern, nutzen Politiker heute offenbar lieber, Geld in die eigene Tasche fließen zu lassen.

War Olmert zumindest ein außenpolitischer Reformer? Wollte er wirklich den Weg zum Frieden gehen, wie er in den letzten Tagen seiner Amtszeit unermüdlich beteuerte? Jahre zuvor hatte Scharon seinen getreuen Minister Olmert dazu benutzt, die zunächst nur in Erwägung gezogene Politik des Abzugs aus den besetzten Gebieten in der Öffentlichkeit zu testen. So warnte Olmert Ende 2003, also zwei Jahre vor dem Abzug, immer mehr Palästinenser gäben zu, von Israel besiegt zu sein. Die Zwei-Staaten-Lösung sei damit hinfällig, aber eine größere Gefahr drohe. Die Palästinenser würden sich zwar damit zufriedengeben, keinen eigenen Staat zu bekommen, aber sie würden nun das israelische Wahlrecht auch für sich fordern und könnten damit bei ihrer

Anzahl Israels jüdische Identität zerstören, sagte Olmert. »An dem Tag, an dem das Wahlrecht zur allgemeinen Forderung wird, verlieren wir alles.« Auch wenn sie weiter Terror gegen uns ausüben werden, wird es schwierig sein, die Welt davon zu überzeugen, dass unser Weg gerecht ist; zumal dann, wenn ihre einzige Forderung das Wahlrecht«, die Teilhabe an Demokratie ist, erklärte Olmert. Monate später wurde die Räumung des Gazastreifens angekündigt. Seine Einschätzung von 2003 hat bis heute nichts von ihrer Brisanz verloren.

Im Sommer 2005 wurde Olmert Scharons Finanzminister, nachdem der bisherige Amtsinhaber Netanjahu den Abzug aus Gaza zwar im Haushalt eingeplant und zunächst im Sicherheitskabinett abgesegnet, dann aber kurz vor dem Rückzug dagegen protestiert hatte und aus dem Kabinett ausgeschieden war. Netanjahu hatte sich wie ein Aal gewunden. Als er erkannte, dass er mit seiner Verweigerung den Likud für sich gewinnen und damit die Macht über seine Partei zurückerobern konnte, stellte er sich gegen Scharon. Olmert dagegen schloss sich Scharon an, als dieser den Likud wegen der Proteste gegen den Abzug verlassen musste, und wurde so einer der Mitbegründer der Kadima-Partei. Als sein Stellvertreter erbte Olmert Anfang Januar 2006 Scharons Amt, nach dessen Erkrankung, die die Nation wie ein Schock traf.

Olmert aber konnte weder diesen Schock noch den Scharon-Bonus nutzen. Er gewann die Wahlen im März 2006 viel zu knapp, um einen mutigen Schritt nach vorn machen zu können. Stattdessen verstrickte er sich im Sommer jenes Jahres mit den beiden anderen Zivilisten in der Regierung, dem Sozialpolitiker Amir Peretz als Verteidigungsminister und Tzippi Liwni als Außenministerin, in einen Krieg gegen die schiitische Hizbullah im Südlibanon, den Israel mehr schlecht als recht gewann, weil der Armeeeinsatz von politischen, strategischen und militärischen Fehlentscheidungen geprägt war. Eine Untersuchungskommission zu diesem Feldzug wurde einberufen, den Vorsitz übernahm der frühere Oberrichter Elijahu Winograd. Noch bevor der vorläufige Abschlussbericht im April 2007 veröffentlicht wurde, hatten Peretz und der Generalstabschef Dan Halutz die Konsequenz gezogen und ihren Rücktritt erklärt. Aber auch Olmert regierte danach nur noch auf Zeit.

Ein letzter Höhepunkt seiner Amtsperiode war die Annapolis-Konferenz Ende November 2007, mit der der amerikanische Präsident

George W. Bush, der bis dahin in seiner gesamten Amtszeit wenig für den Frieden im Nahen Osten getan hatte, doch noch versuchen wollte, es seinem Vorgänger Clinton gleichzutun. Zwar nicht in Camp David, aber auf dem Marinestützpunkt Annapolis bei Washington rief er nicht nur Israelis und Palästinenser, sondern auch die gemäßigten arabischen Staaten zu einem Treffen zusammen und versuchte so, den Stillstand zu überwinden und substantielle und formelle bilaterale Verhandlungen einzuleiten. Tatsächlich gab es danach Gespräche, aber es bewegte sich wenig. Im Nachhinein sagen viele, Olmert habe nur versucht, dem amerikanischen Druck auszuweichen. Auch wenn sich ein gutes Verhältnis zu dem palästinensischen Präsidenten Abbas und zu dessen Ministerpräsidenten Fajad entwickelt hatte, der palästinensischen Autonomiebehörde insgesamt habe Olmert nie vertraut.

Ich habe Olmert als kühlen Rechner kennengelernt, der es nur unzureichend verstand, zu seinem Gegenüber eine persönliche Beziehung herzustellen. Er argumentierte wie ein Anwalt mit Konstrukten aus Recht und Ordnung, ideologischen und politischen Zielen. Aber es fehlte ihm das Verständnis für die sozialen Bewegungen in der israelischen und der palästinensischen Gesellschaft. Das ganze Gegenteil war seine Frau Aliza, eine begnadete Künstlerin mit deutschem Hintergrund. Zu Hause war Olmert der liebevolle Vater von vier Kindern, die wie ihre Mutter liberaler und weltoffener waren als er. Nie vergessen habe ich eine Bemerkung Scharons über seinen Parteifreund Olmert. Als ich nach einem Gespräch mit Scharon sein Büro verließ, bekam ich noch mit, wie er einem Mitarbeiter nach der Lektüre eines Spickzettels etwas zuzischte; es ging um »den Ehud«, »den Kleinen, der sich wohl groß vorkommt«.

Olmert stoppte auch die Siedlerwalze nicht. Dabei hatte er mir als Bürgermeister Jerusalems – ohne mit der Frage bedrängt worden zu sein – schon gesagt, es sei der größte Fehler von Ministerpräsident Rabin gewesen, nach dem Attentat des Arztes Baruch Goldstein auf betende Muslime im Februar 1994 nicht sofort alle Siedler aus Hebrons Mitte herausgeholt zu haben. Olmert hatte auch Scharon darin bestärkt, den Gazastreifen zu verlassen. Und in einem letzten Gespräch als Ministerpräsident mit der Zeitung *Yediot Ahronot* hatte er dann im Herbst 2008 sogar zugegeben, in den letzten dreißig Jahren die Probleme des

Landes »nicht in ihrer vollen Tiefe erkannt« zu haben. Israel müsse sich aus dem »arabischen Jerusalem zurückziehen«, wolle es nicht 240 000 Araber in seiner Mitte behalten, meinte er. Doch in der bald zweijährigen Amtszeit Olmerts wurde nicht ein einziger der größeren »Außenposten« der Siedler in den besetzten Gebieten geräumt – und die sieht selbst Israel als illegal an. Der größte dieser Außenposten, Migron, sollte zwar in ein oder zwei Jahren abgebaut werden, aber am Rande einer anderen Siedlung, nämlich Adam, die auch östlich der Trennanlage, also auf palästinensischem Gebiet liegt, neu und größer wiedererrichtet werden. Und so geschieht es.

Nur Israel selbst kann Frieden schaffen

Die immer aggressiver werdenden Siedler halten die politische Klasse in ihrem Bann. Das Militär scheut die Auseinandersetzung mit ihnen. Es herrscht längst Furcht vor Meuterei; längst gehören viel zu viele Siedler selbst der Armee an. Die Polizei allein wird niemals stark genug sein, um einen Abzug aus dem Westjordanland absichern zu können und die Verweigerer aufseiten der Siedler zu evakuieren. Benjamin Netanjahu, der seit Februar 2009 wieder Premier ist, scheint vor unlösbaren Aufgaben zu stehen. »Bibis« Positionen bei Amtsantritt waren zunächst anachronistisch. Wie Begin vor mehr als dreißig Jahren wollte Bibi den Palästinensern bis Mitte 2009 nur eine »persönliche Autonomie«, aber kein Land zugestehen. Von Oslo war in den ersten Monaten seiner neuen Amtszeit keine Rede mehr, und nur mühsam ließ er sich davon abbringen, die Siedlungen jenseits der Trennanlage weiter auszubauen. Doch in Ostjerusalem sollen auf jeden Fall noch mehr Israelis inmitten der Araber angesiedelt werden.

Präsident Obama erreichte es nur nach langem Drängen, dass Netanjahu wieder von einer Zwei-Staaten-Lösung spricht. Netanjahus Außenminister aus Russland, Avigdor Lieberman, der frühere Türsteher und Siedler aus Tekoah südlich von Bethlehem, argumentierte sofort dagegen und wusste die Front der Siedler hinter sich. Gleichwohl setzte Netanjahu gegen ihn und die Seinen zumindest ein zeitweiliges Siedlungsmoratorium durch. Das hatte Palästina schon unter Rabin einmal erlebt. Es wurden in dieser Zeit lediglich bei schon stehenden Rohbauten die Arbeiten fortgeführt. Die Kräne standen nie still. Zumal in Ostjerusalem wurde weitergebaut. Gleichwohl könnte dieses Moratorium die Palästinenser zu Gesprächen bewegen; erst zu indirekten, dann zu direkten.

Gerne heißt es, nur die Rechte in Israel könne Frieden schaffen. So war es der Likud-Ministerpräsident Begin, der 1979 den Friedensvertrag mit Ägypten unterzeichnete. Auch ist bekannt, dass Netanjahu Macht und Einfluss wichtiger sind als die Ideologie, die ihm freilich – gegen Scharons Pragmatismus – zur Macht verhalf. Er sei mithin kompromissbereit. Zudem hat es bisher noch kein israelischer Politiker vermocht, dem geballten internationalen Druck, vor allem dem amerikanischen Drängen zu widerstehen. Die jüdische Lobby in Amerika, die es als einheitlichen Meinungsträger nicht gibt, ist heute mehrheitlich nicht für die Politik von Netanjahu. Die meisten Gruppen setzen sich nicht für eine bestimmte Regierung ein; sie wollen Sicherheit für Israel, auf diesem oder jenem Wege. Die meisten Vereinigungen unterstützen wohl eher den Kurs des amerikanischen Präsidenten. Zudem vertritt heute das politische Quartett aus Washington und Europäischer Union, Moskau und Vereinten Nationen eine gemeinsame Linie. Obama distanziert sich nicht mehr wie sein Vorgänger Bush von der Nahostpolitik Europas. Aber gibt es dieses Quartett überhaupt noch? Fehlt nicht jeder »geballte internationale Druck«?

Netanjahu operiert derweilen nach wie vor mit der politischen Vorstellung eines schwachen und von allen Seiten bedrohten Staates Israel. Er begann seine politische Karriere mit einer Konferenz über die Gefahr des Terrorismus, nachdem sein Bruder Jonathan bei der Entebbe-Operation 1976 ums Leben gekommen war. Nicht zuletzt sein Vater, ein angesehener konservativer Historiker, hatte Bibi immer wieder klargemacht, dass dieser Bruder sein Maßstab sein müsse. Aus dessen Schatten vermag Netanjahu bis heute kaum herauszutreten. Natürlich gibt es Terror und Gefährdung. Aber Israel ist längst nicht mehr der Staat, der wegen dieser Feinde um seine Zukunft bangen muss. Das Bruttosozialprodukt pro Einwohner in Israel ist das höchste der Region. Israel exportiert mehr, als es importiert. Es hat eine stabile Währung. Das Gerede von der Abhängigkeit von den USA klingt nach Israel-feindlicher

Propaganda. Allein das Militär braucht den amerikanischen Nachschub. Washington liefert günstig, und Israel muss für die Ersatzteile zahlen. Es bleibt damit von der amerikanischen Militärindustrie abhängig. Im Übrigen aber ist Israel wirtschaftlich und politisch ein unabhängiger und starker Staat – selbst wenn Washington weiter auch politisch Israels wichtigster Partner bleibt, dessen Gunst sich Ministerpräsident Netanjahu nicht verscherzen sollte.

Die eigentliche Gefahr für Israels Zukunft liegt in Israel selbst, in seiner Unfähigkeit, beherzte Schritte in Richtung Frieden zu gehen. Mit seiner Neigung, schnell zu den Waffen zu greifen, verspielt der jüdische Staat seinen Einfluss in der Welt. Netanjahu treibt Israel wie schon in seiner ersten Amtszeit in die Isolation. Anstatt die Abschottung des Gazastreifens aus politischer Einsicht in das Notwendige und Gebotene von sich aus zu vermindern, bedurfte es im Frühsommer 2010 einigen politischen Drucks von außen, der Israel nach der misslungenen Marineoperation gegen »pazifistische« türkische Hilfslieferungen an Gaza, nach neun Toten und vielen Verletzten dazu brachte, endlich die Blockade zu lockern. Israel gab nach, anstatt selbstbewusst und eigenständig zu agieren. Erzwungene Schritte in Richtung Ausgleich aber haben keine bleibende Wirkung. Israel kann sich so keinen Freiraum verschaffen. Das dürfte genauso für die neue Verhandlungsrunde ab September 2010 gelten, zu der die Regierung in Washington Israel wie die Palästinenser drängen musste.

Es sieht nicht gut aus für das auf einer düsteren Ideologie beruhende Politikverständnis Netanjahus. Die iranische Gefahr, die Bibi für seinen Kurs der Angstmache braucht, löst sich allmählich im internen Kampf der Mullahs auf. Die iranische Atombombe wird offenbar nicht gebaut. Der antisemitische Diktator Mahmud Ahmadinedschad wird nicht versuchen, seine Macht dadurch zu stabilisieren, dass er tatsächlich auf Israel eine Bombe wirft. Er hat längst andere, näher liegende Sorgen. Die Schwäche Irans wirkt sich auch auf die Hamas im Gazastreifen und auf die Hizbullah aus, die bei den letzten Wahlen im Libanon im Juni 2009 deutlich an Einfluss verlor. Netanjahu könnte seine bisherige starre Verweigerungshaltung nur dann aufrechterhalten, wenn das Argument weiter zutreffend wäre, Israel könne sich keinen Frieden leisten, weil es von Feinden umgeben sei.

Es schwächeln aber nicht nur das Regime in Teheran, die Hizbullah und die Hamas. Die sunnitischen Staaten vom Golf bis nach Ägypten wollen den Ausgleich mit Israel. Syrien wird nicht mehr lange auf den Iran bauen können, sondern sich nach Westen orientieren müssen. Für die Christen und Sunniten im Libanon gilt das schon seit Langem. Beirut will den Dialog mit Israel. Und die Palästinenser waren noch nie Kämpfer, sie sind Händler wie die Israelis – und müde. Da erscheint es an der Zeit, dass Netanjahu mutig da ansetzt, wo sein Mentor Scharon aufhören musste. Bibi müsste zum Staatsmann werden. Die bilateralen Verhandlungen mit den Palästinensern, die auf Initiative der Obama-Regierung im September 2010 aufgenommen wurden, eröffnen ihm noch einmal eine Chance. Die Welt wartet gespannt auf eine Regierungserklärung, die weniger Israels von Angst und Gefährdung erfüllte Geschichte im Blick hat als Israels gesicherte Zukunft. Israels Regierung muss sich davon befreien, entweder von den Siedlern oder dem Ausland geschubst zu werden. Israel muss endlich souverän werden, oder es steht in der Gefahr, alles zu verlieren – einschließlich Land und Staat.

Der ewige Schatten der Schoah

In meinen achtzehn Jahren in Israel ist es mir nach meiner Erinnerung nur einmal passiert, dass mich ein Tischnachbar bei einem Essen verwundert, wenn nicht erschrocken ansah und gestand, er habe noch nie mit einem Deutschen, dazu Nichtjuden gesprochen und an einem Tisch gegessen. Das war Ende der neunziger Jahre. Neben mir saß ein etwa zwanzig Jahre alter Jude aus Detroit, bei dem zu Hause »kein deutsches Küchengerät steht« und dessen Eltern »nie einen deutschen Wagen fahren würden«. Da wir uns aber zuvor schon ein wenig beim Kiddusch — dem Frühschoppen nach der Synagoge am Schabat — unterhalten hatten und er bereits einige Worte mit meiner Frau Christiane gewechselt hatte, da wir uns zudem, und das war wohl das Wichtigste, bei konservativen religiösen, für ihn also koscheren Juden trafen, wandte er sich nicht mehr ab von mir.

Es kam vielmehr zu einem angeregten Gespräch zwischen Mitgliedern zweier Generationen, die beide die Schoah nur aus den Erzählungen der Älteren oder aus dem Geschichtsbuch kannten. Er gestand mir, dass für ihn »der Deutsche« ein Feind geblieben sei. Das sei nun einmal so, und es werde darüber in seiner Familie auch nicht gesprochen: »Wahrscheinlich gehört dieses Feindbild irgendwie zu unserer jüdisch-amerikanischen Identität.« Ich äußerte Verständnis für diese Haltung, bat ihn aber, mir die Chance zu geben, mich ihm als ein »neuer Deutscher« zu präsentieren, für den die Schoah ein prägendes, unerträgliches Geschehen sei, auch wenn meine Familie darunter nicht gelitten habe. Sie sei nur durch den Krieg zu Teilen aus ihrer östlichen Heimat vertrieben worden.

Mein Tischnachbar ging auf diese Bitte ein. Rasch einigten wir uns, stets von Schoah zu sprechen und nicht von Holocaust, denn es habe sich schließlich nicht um ein rituelles »Ganzkörperopfer« im Feuer gehandelt, sondern um eine Katastrophe schlechthin. In unserem Gespräch erfuhr ich, dass amerikanische Juden den Deutschen gegenüber weit skeptischer waren — und vielleicht noch sind — als die Israelis.

Die amerikanische Gesellschaft braucht nicht den Kontakt nach außen. Man kann dort sich selbst genug sein. Das neue Deutschland bleibt dann weitgehend unbekannt, und die alten Bilder bleiben lebendig. Das ist das eine.

Israel hingegen war stets auf Hilfe und Austausch angewiesen und musste sich so auch mit dem Faktum auseinandersetzen, dass es ein neues, demokratisches Deutschland gibt. Dabei wiederum war für die Israelis hilfreich, Bürger eines eigenen jüdischen Staates zu sein, in dem »auch die Straßennamen und Tankstellen jüdisch« sind, wie es hieß. Diesen Rückhalt einer jüdisch-israelischen Identität hat der amerikanische Jude nicht. Der Israeli ist stolz auf seinen Staat; selbstbewusst verwirklicht er den Zionismus, dem zufolge sich der Jude nicht mehr als Opfer der Geschichte von Vertreibung und Tod begreift. Er ist ein aktiver Mensch mit einer gestärkten Identität. Der amerikanische Jude hingegen muss womöglich begründen, warum er trotz der Schoah weiter im Galut, im Exil, leben will und sich nicht in den einzigen jüdischen Staat auf der Welt begibt, sich also zur Alija entschließt und »hinauf« nach Zion zieht.

Es treibt mich nicht nur journalistische Neugier, wenn ich mit mir zunächst unbekannten Gesprächspartnern über die Geschichte spreche. Meine Hoffnung ist auch, »das Thema« hinter mich zu bringen und im bisweilen schweren Dialog darüber auch ein wenig zu wachsen. Schon in Polen wollte ich möglichst am Anfang eines Treffens über die historische Hypothek, die auf meinen Schultern lastet, sprechen und sie womöglich überwinden. Dort erzählte man mir von der Vertreibung durch die Russen in das früher deutsche Schlesien oder nach Ostpreußen. Oder ich erfuhr, wie Menschen von den Nazis verfolgt und in Lager gebracht und getötet wurden. In Israel nannten die Überlebenden bei ihren Berichten meist ein Datum: »Meine Familie verließ Deutschland glücklicherweise bald nach Hitlers Machtergreifung 1933.« Länger wurden die Schilderungen, wenn es einer Familie erst kurz vor dem Krieg gelungen war, »mit dem letzten Schiff« oder im »letzten Zug« dem Nazistaat zu entkommen: »Der letzte Kindertransport rettete mich. Ich habe meine Eltern und Geschwister nie wieder gesehen.« Ich kann es bis heute kaum ertragen, solche Berichte anzuhören, über die Toten in der Familie, über das Leid, die Trauer und die Einsamkeit nach dem

Verlust der Liebsten, auch über das Gefühl der Schuld, als Einziger überlebt zu haben. Immer streift dann ein dunkler Schatten die Augen meines Gegenübers, ein Schatten, der sich jedes Mal auch auf mich legt. Ich muss es gestehen, und ich habe es dem Direktor von Yad Vashem, Avner Schalev, auch einmal gesagt: Ich ging so selten wie möglich in die »Holocaust-Gedenkstätte« am Stadtrand von Jerusalem. Ich habe die originären Lager Auschwitz und Majdanek, Buchenwald und Dachau besucht, und die Schoah hat sich so auch in mein Gedächtnis schmerzvoll eingeprägt. In der Yad-Vashem-Halle der Erinnerung werden mir die Kränze der Staatsgäste oft zu routiniert abgelegt, wird zu Belangloses ins Gästebuch geschrieben.

Die Last der Geschichte gemeinsam tragen

Die Kontakte zu den Jekkes, den aus Deutschland stammenden Juden in Israel, waren mir immer besonders lieb. Bei Uzi Werner und seiner Frau wurde Wert auf die deutsche Kaffeestunde und auf deutsche Pünktlichkeit gelegt. Zu den Festtagen im christlichen Kalender rief Uzi Werner an, um Glückwünsche zu übermitteln. Der fast blinde Mann war ein wichtiger Vertreter in der jüdischen Loge und in verschiedenen Gremien von aus Europa stammenden Juden. Seine Wohnung gegenüber dem Theater war eine feste Adresse in Jerusalem für meine Frau und mich.

Einen freundschaftlichen Kontakt hatten wir auch zu Marianne Karmon. Die Fotografin gehörte seit der Gründung 1979 zur Israelisch-Deutschen Gesellschaft in Jerusalem und war lange Jahre ihre Chefin. Ihr Mann, ein bekannter Kartograf, schrieb ein herausragendes Buch über die Geschichte der Johanniter- und Malteserorden. Gern, wenn auch zu selten war ich mit Esther Golan zusammen, einer kleinen umtriebigen Frau, die in Deutschlands Schulklassen am Beispiel des Schicksals ihrer Familie über die Schoah aufklärte. Frau Karmon und Frau Golan sind häufig zu Gast in unserer deutschen evangelischen Erlöserkirche in der Altstadt gewesen.

Unvergessen sind mir die alljährlichen Vorträge im Moses-Elternheim im Jerusalemer Stadtteil Baka. Zuerst gab es immer um genau 16.15 Uhr einen Kaffee und ein Stück Kuchen in der Caféteria und dazu die jüngsten Neuigkeiten aus dem Altersheim der Jekkes, die nach ihrer Einwanderung aus Deutschland wohl so genannt wurden, weil sie in ihrer neuen Heimat mit Schlips und Jacke so jeckisch korrekt und fremd erschienen. Trude Frenkel aus Mainz, die diese Kulturnachmittage noch über ihren hundertsten Geburtstag hinaus organisierte, berichtete mir, wie einst der Kaiser auf seinem Pferde an ihrem Hause in Mainz vorbeigeritten sei und nach oben zum Balkon hin gegrüßt habe, wo der Vater von Trude sich das kaiserliche Aufgebot anschaute. Mindestens einmal im Jahr lud sie mich ein, nach dem Kaffee über die politische Situation zu sprechen; ich habe aber auch Gedichte vorgetragen, von Goethe bis Brecht. Im Publikum saß dann auch immer Frau Weinberger, eine Freundin meiner Frau, angetan mit feinstem Spitzenkragen und einer goldenen Brosche am Hals.

Henny Weinberger war eine Mandantin meiner Frau. Christiane, die sich in Deutschland als Juristin auf Steuerrecht spezialisiert hatte, erhielt bald nach unserer Ankunft in Jerusalem die Möglichkeit, einen israelischen Anwalt in Fragen des Restitutionsrechts zu beraten. Dabei ging es um Grundstücke oder anderes Vermögen jüdischer Familien, die ihr Eigentum unter den Nazis verloren hatten und nach dem Zweiten Weltkrieg nicht zurückerhalten konnten, weil die Werte im Rechtsbereich der DDR lagen. Erst nach dem Fall der Mauer 1989 und der Verabschiedung eines »Gesetzes zur Regelung offener Vermögensfragen« konnten diese Juden ihre Ansprüche in den neuen Bundesländern anmelden. Viele von ihnen hatten bis in die Nazizeit hinein in Berlin-Mitte, in Leipzig oder in irgendeiner Kleinstadt gelebt. Jetzt endlich bestand begründete Aussicht auf Rückübereignung ihres Besitzes. Christiane hat bis heute Kontakt zu diesen Mandanten, und ihre anfängliche Scheu gegenüber den Schoah-Opfern wurde schnell durch deren Offenheit und Vertrauen überwunden. Sie war zum Schluss beliebter als manch israelischer Anwalt und konnte ihre Mandanten auch beraten, wenn diese mit einer jüdischen Hilfsorganisation zu tun hatten, die, was zuweilen durchaus vorkam, weniger an die Opfer als an den eigenen Vorteil dachte.

Auch die Schriftstellerin Angelika Schrobsdorff gehörte zu den Mandanten meiner Frau. Da wir schon in Deutschland ihre Bücher gern gelesen hatten, rief ich sie bald nach unserer Ankunft in ihrem Haus im Niemandsland auf der Grenze zum palästinensischen Ostjerusalem an.

Zunächst war ich erschrocken über die kühle verrauchte Stimme auf der anderen Seite der Leitung. Sie schien Distanz wahren zu wollen. Doch schon beim ersten Treffen, an einem Abend mit Wein und Nüssen auf ihrer Terrasse, nahm mich der zerbrechliche Trotz dieser schönen alten Dame gefangen. Wir lernten einander kennen und schätzen. 1993 widmete sie ihre Liebesnovelle *Jericho* unserem Fritzi, »der im Jahr der Autonomie Jerichos in Jerusalem geboren wurde«, zur Taufe. Die 1927 in Freiburg geborene Schriftstellerin stammt aus einer wohlhabenden Berliner Familie. Ihre jüdische Mutter, eine aufregende Personifizierung der zwanziger Jahre in Berlin, ein »Vulkan vor dem Ausbruch«, ging 1938 eine Scheinehe in Bulgarien ein, um die Zeit der Nazis zu überstehen. So entkamen Angelika und ihre Schwester der Verfolgung. Das bulgarische Dorf Bukowo, wo sie in bescheidenen Verhältnissen lebten, ist seither der Ort, aus dem Angelika alle Träume einer heilen, überschaubaren Welt saugt. Nach Stationen in München und Paris an der Seite des Filmemachers Claude Lanzmann kam die Autorin 1983 nach Jerusalem, um sich dort für immer niederzulassen; so dachte sie jedenfalls. Dort wollte sie in dem Licht leben und sterben, von dem ihr der im Krieg gefallene Bruder vorgeschwärmt hatte.

Verzweifelt hing sie an diesem Jerusalem, wie sich in ihren Büchern nachlesen lässt. Dann aber löste sich doch der Anker dieser Stadt. Während Israel ihr einerseits »die Wiedergeburt ihrer Kritikfähigkeit« verschafft hatte, wie sie einmal sagte, ihr die Kraft gab, »sich nicht mit der chauvinistischen Hybris der israelischen Staatsführung zu identifizieren«, nicht mit der »xenophoben Nabelschau des Judentums« und auch nicht mit den Strukturen der israelischen Gesellschaft, in denen schon ihre Mutter eine »jüdische Enge« ausgemacht hatte, zerrte gerade diese Kraft mit zunehmendem Alter an ihrer Geduld und Leidensfähigkeit. Sie konnte den Dissens zwischen ihrer eigenen Haltung und der israelischen Wirklichkeit, die Spannung dieser Jahre zwischen Barak und Scharon nicht mehr ertragen, aber auch nicht »mit einem Dämmerschlaf der Kritiklosigkeit oder Altersweisheit betäuben«. So kehrte sie Anfang 2006 in ihre Vaterstadt Berlin zurück, weil es sich dort »bequemer sterben lässt«, wie sie in einem Interview sagte. Ihr Leben symbolisiert den Ausnahmezustand des 20. Jahrhunderts: Verfolgung, Krieg, Vertreibung und stete Heimatlosigkeit. Ihre Bücher berichten über den

Kampf mit diesem Ausnahmezustand und sind dabei zugleich die offene Beichte einer leidenden, aber starken, das Leben – mit herben Opfern – meisternden Frau, die zum Glück mit bissigem Humor schreiben und damit auch ein wenig loslassen kann. Angelika sprach ungern über die Schoah, verabscheute das professionelle »Holocaust-Greinen«, wohl gerade deshalb, weil sie selbst ein Opfer war.

Da niemand die Last der Schoah allein tragen kann, konnte ich Angelika und den vielen anderen Überlebenden durch einfaches Zuhören vielleicht einen Hauch der Last abnehmen. Darüber hinaus entstand dabei so etwas wie eine Vertrauensgrundlage, was sich am Ende auch bei allen anderen Gesprächsthemen positiv bemerkbar machte. Hohles Gerede verbietet sich nach der Erinnerung an die Schoah. Das gereichte mir bisweilen sogar zum Vorteil, denn so kam ich mit manchem Israeli wahrscheinlich schneller zu einem ernsthaften Gespräch als jemand aus einer anderen Nation, der zunächst über Alltägliches den Zugang zu seinem israelischen Gesprächspartner finden musste. Was hier für die individuelle Erfahrung gesagt wird, lässt sich zum Teil auf die Beziehungen zwischen Israel und Deutschland übertragen. Es seien »besondere und darum auch besonders enge Bande«, sagte der erste Botschafter Israels in Bonn, Asher Ben-Natan, häufig.

Auch im Kontakt mit Palästinensern waren die Erfahrungen in der Begegnung mit der deutsch-jüdischen Geschichte bisweilen von Nutzen. Wenn die israelische Besatzung die Palästinenser wieder einmal besonders bedrängte, kam es gelegentlich zur gemeinsamen Klage über die aktuelle Situation und zu kritischen Worten über die sogenannte Sicherheitspolitik der Israelis, die sich zu einer Kritik an Israel ausweiten und bei den palästinensischen Gesprächspartnern zur Ablehnung »der Juden« insgesamt führen konnte – zumal im arabischen Sprachgebrauch der Region nie von Israelis, sondern von Juden die Rede ist, wenn die israelische Regierung oder ihre Armee gemeint sind. Wurde dann vom arabischen Gesprächspartner geäußert, die Juden täten den Palästinensern heute das an, was einst die Deutschen an den Juden verbrochen hatten, dann ließ sich dieser törichte Vergleich mit historischen Fakten leicht korrigieren und mit klaren Worten die besondere deutsche Verantwortung für Israel wegen der Gräueltaten der Nazis in der Schoah begründen.

Nur selten aber traf ich Palästinenser, die die Schoah als »Erfindung des Weltjudentums« bezeichneten oder mir hinter vorgehaltener Hand sagten, »ihr Deutschen habt das damals schon ganz gut gemacht«. Dabei gibt es anderswo in arabischen Staaten viele, besonders islamistische Gruppen, für die die Leugnung der Schoah ein Instrument ihrer Politik gegen den »Satan« in Amerika und Israel ist. Das gilt nicht nur für den Iran; ich traf auch in Ägypten, Jordanien und Syrien auf Araber, die so denken. Im Gazastreifen, wo die Hamas regiert, wurde im Herbst 2009 die Holocaust-Leugnung sogar Regierungsprogramm. Die Schüler dürften der israelischen »Propaganda« der »Geschichtsfälschung« nicht ausgesetzt werden, ließ die Regierung im Sommer 2009 verlauten. In den UN-Schulen war die Schoah offenbar nie Thema gewesen, was allerdings erst nach der Hamas-Entscheidung auffiel. Nun wurden die verbliebenen privaten Bildungseinrichtungen in Gaza zum Schweigen verurteilt.

Die Palästinenser dagegen, ob in Gaza oder im Westjordanland, sind in der Regel zu sehr mit den Israelis und ihrer Geschichte verbunden, um die Hamas-Propaganda ernst zu nehmen. Freilich sind die Kenntnisse der meisten Palästinenser über die Schoah gering. So war es eine gute Idee des griechisch-katholischen Erzbischofs Elias Chakour in Galiläa oder von Henning Niederhoff, dem ersten Repräsentanten der Konrad-Adenauer-Stiftung im palästinensischen Ramallah, etwas gegen diese Unkenntnis zu tun. Der Bischof veranstaltete und leitete Reisen nach Polen zu den Konzentrationslagern. Niederhoff hingegen lud Palästinenser zu einem Besuch in die Holocaust-Gedenkstätte Yad Vashem ein. Das war vor etwa zehn Jahren. Noch heute sind jene Israelis mit den Palästinensern im Kontakt, die sie nach den Besuchen in Yad Vashem zu einem Gespräch trafen. Und es ist unverzeihlich, dass die israelische Regierung die Fortsetzung dieser Initiative nicht nur nicht unterstützt, sondern sogar inzwischen für Gruppen von Arabern aus den besetzten Gebieten, die in Yad Vashem die Geschichte ihrer israelischen Nachbarn kennenlernen wollen, keine Ausreisegenehmigungen mehr erteilt.

Was eigentlich selbstverständlich sein sollte, wurde zum Beispiel im Frühjahr 2009 ein Zeitungsthema: Ein Chor junger Palästinenser aus Dschenin sang auf Einladung einer reichen israelischen Familie in einem Altenheim in Tel Aviv. Die jungen Araber trafen sich anschließend mit den dort untergebrachten Überlebenden der Schoah. Nach Auskunft der Chorleiterin Wafa Younis singen die jungen Leute, um sich vom Trauma des Krieges und der Gewalt zu befreien. Nach dem Treffen erklärte einer von ihnen, er sei schockiert über das, was er von der Schoah gehört habe.»Ich habe großes Mitgefühl für diese Leute. Nur wer selbst gelitten hat, kann das Leid anderer verstehen.« In dem Heim sagte danach einer der Alten:»Die Araber denken, wir sind Fremde, weil wir von anderswo kamen. Ich gebe ihnen recht, es ist auch ihr Land. Aber wir hatten nach dem Holocaust keine andere Wahl.« Die Aktion war nur möglich geworden, weil die Mitglieder des Chors jünger als vierzehn Jahre waren. Sie durften die Grenzanlagen passieren.

Wenn es in der Region je zum Ausgleich kommen soll, dann müssen zuvor beide Völker mehr voneinander erfahren. Sie müssen bereit sein, die Geschichte des anderen zu akzeptieren, selbst wenn deren Versionen auf den beiden Seiten unvereinbar zu sein scheinen. Es hilft nichts, wenn Israel von den jungen Palästinensern in den Schulen verlangt, den Unabhängigkeitskrieg Israels als zionistischen Heldensieg über die Araber hinzunehmen. Denn das ist nur die israelische Version. Daneben steht die»Nakba«, die palästinensische Katastrophe, die arabische Niederlage in jenem Krieg. Doch dieser Begriff soll nach israelischen Vorstellungen nicht mehr im Geschichtsunterricht fallen dürfen. Dabei müsste ein kluger Unterricht auf beiden Seiten die Historie auch aus der je anderen Sicht vortragen.

Die Pflicht zur seriösen Berichterstattung

Mir hat es stets eingeleuchtet, dass für Juden und Deutsche die Schoah ein historisch einzigartiges Ereignis ist. Aber kann man von Russen, die unter Stalin gelitten haben, oder von Armeniern, die von den Jungtürken in den Genozid getrieben wurden, erwarten, dass sie dieses Geschichtsbild teilen? Wie sollen die Menschen in Ruanda, wo viele Tausende in Stammeskämpfen zwischen Tutsi und Hutu umkamen, mit der Schoah umgehen? Es erscheint mir verständlich, dass für sie der Genozid an diesen afrikanischen Völkern der Schoah nahekommt; aber die Einzigartigkeit des rassistischen, politisch motivierten und gerecht-fertigten und kaum verbrämten mechanisierten Mordes an den euro-päischen Juden bleibt doch bestehen.

Dieser Genozid prägt mittlerweile die gemeinsame oder zumindest eng miteinander verwobene Geschichte Europas und des Nahen Os-tens. Die jüdische Bibel, in der Abraham die individuelle Beziehung zwischen Gott und Mensch erfährt und diese Erfahrung an uns weiter-gibt, ist auch christliches Erbe. Die Legende von Abraham ist in unserer christlichen Kultur der Beginn der Wertschätzung für den Einzelnen, die Basis für Renaissance, Reformation und Aufklärung. Kann man von einem Chinesen erwarten, dass er mit seinem völlig anderen religiös-historischen Hintergrund ähnlich empfindet? Ein Chinese kann natür-lich rational unser europäisches Denken nachvollziehen und bewerten; emotional geprägt aber dürfte er doch von seinem eigenen Kulturkreis und dessen Historie sein, in der das Individuum und das Menschen-leben anders bewertet werden. Die Schoah ist Teil der europäischen Geschichte.

Es war darum Unsinn, wenn Zeitungen nach dem blutigen Anschlag von Bombay/Mumbai, bei dem Ende November 2008 zweihundert Menschen und darunter auch sechs Juden in einem Missionshaus er-mordet wurden, schrieben, der »alte Antisemitismus« habe nun auch in Ostasien zugeschlagen; auch wenn der dann meist folgende Satz stim-men mochte, dass »Juden überall auf der Welt bedroht« sind. Dieser traurige Umstand rechtfertigt jedoch nicht, dass der Mord an einem Rabbinerehepaar und seinen Freunden in Indien in den Kontext des europäischen Antisemitismus gestellt wird, wie das nicht nur in Israel in manchen Zeitungen geschah. Das Missionshaus gehörte zu den An-schlagsorten, die die Attentäter ausgespäht hatten, war aber nach den dicht bevölkerten Hotels, die gesprengt werden sollten, »nur« ein Ne-benziel.

Immer wieder wird zu leichtfertig mit den vertrauten und schlagkräf-tigen Begriffen umgegangen. Wer übereilt ein Wort wie Antisemitismus gebraucht, würdigt womöglich die Sache nicht, die er beschreiben will. Eine vordergründig zusammengekleisterte Begrifflichkeit weckt vor allem Emotionen und lenkt so vom Begreifen dessen, was geschieht, ab. Das gilt auch für die Wortkeule des Apartheidstaates, mit der vermeintliche Freunde Palästinas auf Israel einschlagen. Wem hilft dieses Schlagwort aus der südafrikanischen Geschichte, das »Israels Schuld« anprangern soll? Ist es nicht nützlicher, akribisch die Lebensumstände in den besetzten Gebieten zu beschreiben und deutlich zu machen, wo sich Israel mit seiner Politik der etwa fünfhundert Kontrollsperren und separaten Straßen für Siedler und Araber mehr schadet, als dass es seine Sicherheit erhöht?

Ich habe selbst erlebt, wie Kritiker über mich herfielen und mir eine Mischung aus Israelfeindlichkeit und Antisemitismus vorwarfen. Oft genug erging sich die Kritik in Allgemeinplätzen. »Es gibt keine engelhaften Palästinenser und bösen Israelis, wie Bremer sie mit Vorliebe immer wieder darstellt«, hieß es in einem Leserbrief, der mir ein faktenfernes Pauschalurteil unterstellen wollte. In solchen Sätzen zeigt sich zumeist eine Verwundung; der Leserbriefschreiber sieht sein Israelbild verletzt und reagiert darum getroffen. Gefühle der Verletzung mögen eine Ursache haben, die es zu respektieren gilt. Doch genauso besteht die Pflicht zur seriösen Berichterstattung. Die hat Vorrang. Mir ging es stets um die differenzierte Beschreibung eines Sachverhaltes.

So habe ich mich letztlich bestätigt gefühlt, wenn beide Seiten, Israelis und Araber, mit mir unzufrieden waren. Den Einschüchterungsversuchen, die es in den achtzehn Jahren immer wieder gab, habe ich meines Erachtens nie nachgegeben. Zum Glück arbeite ich für eine Zeitung, die Rückendeckung gewährt. Sie hat es nie zugelassen, dass ein Keil zwischen den Redakteur im Außendienst und der Redaktion in Frankfurt am Main getrieben wurde. Israelische Botschafter, die sich in der Redaktion über mich beschwerten, wurden an mich zurückverwiesen. Die Botschafter Benjamin Navon, Avi Primor und Yoram Ben-Zeev gingen übrigens nie diesen Weg. Mit ihnen hatte ich fruchtbare und freundschaftliche Gespräche. Mit Primor und seiner Familie hatten wir auch privat Kontakt. Gerade weil sich Primor auch kritisch zur Politik seines Landes äußert, ist er stets ein glaubwürdiger Botschafter Israels geblieben.

An den Debatten in Deutschland über Deutschlands Haltung zu Israel, bei denen immer wieder die unterschiedlichsten Weltsichten aufeinanderprallen und immer dieselben Wortführer aufeinanderstoßen, habe ich selten teilgenommen. Nur einmal fühlte ich mich dazu pro-

206

voziert. Im August 1999 trauerte ich nicht nur um Ignatz Bubis, den wohl bedeutendsten Vorsitzenden des Zentralrates der Juden, sondern mich bekümmerte auch sein ausdrücklicher Wunsch, auf dem Friedhof Kiryat Schaul in Tel Aviv beerdigt zu werden. Ich war dabei, als die sterbliche Hülle dieses deutschen Staatsbürgers jüdischer Religion in israelische Erde gelegt wurde, und hatte das Gefühl, dass dies der falsche Ort sei. Warum hatte Bundespräsident Johannes Rau nach Israel kommen müssen? Gewiss, Bubis war oft in Israel gewesen, hatte in Tel Aviv gern Gäste in seiner Suite auf dem Dach seines Hotels empfangen, wo auch ich seine Gastfreundschaft genießen durfte. Aber für mich war Bubis hier stets ein Deutscher auf Besuch im Land seiner Glaubensbrüder gewesen. Bubis war ein heiterer, weltoffener Mann. Wir deutschen Staatsbürger christlicher Religion müssen ihn tief verletzt und für sein Leben gekränkt haben, dass er seine letzte Ruhestätte nicht in seinem Heimatland haben wollte. Für Deutschland ist das eine Schande.

Israel braucht den Einspruch seiner Freunde

Heute werden die Wortgefechte zwischen einer vermeintlichen Achse des Guten und einer des Bösen mit Eifer vor Gerichten ausgefochten. Da steht zum Beispiel Henryk M. Broder, früher ein häufiger Gast bei uns, auf der einen und die Tochter des früheren Vorsitzenden des Zentralrats der Juden, Evelyn Hecht-Galinski, auf der anderen Seite. Jeder will die Meinung des anderen rechtskräftig verurteilt sehen. Es geht dabei aber meines Erachtens zumeist weniger um Israel oder um den Antisemitismus als vielmehr um das Ego der Streitenden. Daran mögen Rechtsanwälte gut verdienen, aber Israel und seinen Menschen dient das kaum. Oft durfte ich Vertreter jüdischer Organisationen im »King David Hotel« in Jerusalem oder in den Nobelherbergen am Strand von Tel Aviv begrüßen! Nur selten aber verirrte sich ein solcher Gast nach Sderot, das in Reichweite der Kassam-Raketen liegt, oder nach Hebron.

Wer von diesen Besuchern musste je einen Zusammenstoß von israelischen Siedlern und Arabern während der Olivenernte miterleben – ein nahezu alltägliches Ereignis, das sich bei jeder Novemberreise nach Israel, natürlich in Absprache mit dem Militär, als Programmpunkt einplanen lässt. Wer von diesen Lobbyisten ging je das Risiko ein und hat sich, wie immerhin einige Bundestagsabgeordnete, in Hebron von Siedlern mit Farbbeuteln und Stöcken bewerfen lassen? Es mag verständlich erscheinen, dass sich ein sogenannter Israel-Fürsprecher sein Bild von dem Land nicht selbst zerstören will. Aber es liegt auch auf der Hand, dass sich nach nur zwei, drei Hintergrundgesprächen in israelischen Ministerien und einem Campari-Orange auf der Terrasse des weit von der Konfliktzone entfernten »King David Hotel« der Nahostkonflikt nicht beurteilen lässt. Jeder dieser Lobbyisten sollte vor einer Stellungnahme beide Seiten kennengelernt und am besten selbst die Wirklichkeit von Sderot und Jerusalem, von Hebron und Nablus erlebt haben.

Zugegeben, es wäre schön, parteiisch sein zu dürfen! Es schmerzt, Israel zu lieben und zugleich über die israelische Besatzungspolitik in den palästinensischen Gebieten berichten zu müssen. Es ist unerträglich, an dem einen Tag im Krankenhaus meist israelische Opfer von Selbstmordanschlägen zu sehen oder in Sderot zwischen Raketeneinschlägen zu stehen und am nächsten mit den Opfern einer israelischen Militäroperation in den besetzten Gebieten konfrontiert zu werden. Es trifft vor allem die Zivilisten zweier wunderbarer Völker. Seit Jahren beobachte ich die wachsende Rechtlosigkeit im »Wilden Westen der Westbank«, wie es die Politikerin Tzippi Liwni noch als Außenministerin einmal ausdrückte; dort, wo Siedler alles und Araber nichts dürfen und das Militär am liebsten wegsieht. Dabei ist es wenig hilfreich, wenn gesagt wird, »die Israelis würden nur reagieren«; wenn Palästinensern vorgeworfen wird, die Terroristen kämpften im Schutz der Zivilisten; wenn behauptet wird, Araber verstünden nur Gewalt. Die berühmte Frage nach Henne und Ei wird naturgemäß auf beiden Seiten unterschiedlich beantwortet.

Eine differenzierte Berichterstattung zeigt auch das Leid des Einzelnen. Sie ist nicht zynisch und besserwisserisch, sondern nimmt leidenschaftlich Partei für beide Seiten. Sie dient als Medium zwischen dem Geschehen und dem Leser; in dieser Funktion muss sie fair, aufrichtig und umfassend sein. Deshalb geht auch die Kritik der vorgeblich »ehrlich betroffenen« Internet-Blogger in die Irre, die den Spiegel zerschlagen, weil ihnen das Spiegelbild unerträglich erscheint. Der Reporter ist nicht schuld daran, dass die Botschaft so ist. Sein Bericht sollte die Freunde Israels in der Welt nicht gegen den Journalisten aufbringen, sondern sie zum Nutzen Israels alarmieren. Die Botschaft sollte die Freunde Israels aufrütteln, damit sie sich in ihren Reden bei den Solidaritätskundgebungen nicht untereinander befehden, sondern auf Israel besinnen. Sie sollten Israel dabei unterstützen, Staat und Demokratie zu bewahren. Israel braucht den Einspruch seiner Freunde.

Von den israelischen Regierungen werden meist diejenigen als Freunde bezeichnet, die den aktuellen politischen Kurs uneingeschränkt unterstützen. Darum war der amerikanische Präsident Bush jun. in Israel beliebt. Half aber Washingtons Politik dem Staat Israel? Bush schadete ihm und dem Nahen Osten insgesamt acht Jahre lang durch Wegsehen und Verschweigen. Bush nahm lieber in Kauf, dass seine Außenministerin Condoleezza Rice bei den häufigen Besuchen im Krisengebiet durch die leeren Beteuerungen von Premier Olmert und anderen Politikern gedemütigt wurde, als Israels Weigerung anzuprangern, endlich seiner Selbstverpflichtung nachzukommen und zumindest nach dem Novembertreffen in Annapolis 2007 den internationalen Friedensplan auch umzusetzen. Und dieser sah den Baustopp in den Siedlungen, den Abbau der illegalen Siedlerposten und die Auflösung der nicht der Sicherheit dienlichen inneren Sperrpunkte vor, die die Palästinenser beim Aufbau ihrer Wirtschaft behindern.

Die politischen Entscheidungen der Bush-Regierung verbesserten keineswegs die Situation Israels. Der von den USA und ihren Verbündeten geführte Krieg gegen Saddam Hussein destabilisierte nicht nur den Irak, sondern stärkte zugleich auch die Schiiten in Teheran. Der als regionale Macht gefestigte Staat der Mullahs half seinerseits den Schiiten im Süden Iraks und unterstützte die Hizbullah im Libanon und die sunnitischen Islamisten der Hamas in den palästinensischen Gebieten. Der Libanonkrieg 2006 wäre Israel mit einem anderen Präsidenten als Bush vielleicht erspart geblieben. Es gelang dem Führer der größten Militärmacht auch nicht, die iranische Atomgefahr zu bannen. Mit seinem vor Jahren einmal verkündeten Programm, die »Demokratie im Nahen Osten stärken« zu wollen, lud Bush jun. in den palästinensischen Gebieten die rassistische und undemokratische Hamas zur Beteiligung an Wahlen ein, anstatt dafür zu sorgen, dass diese Partei verboten wurde.

Als die Mehrheit der palästinensischen Wähler vor allem aus Zorn über die korrupte Fatah und nicht etwa aufgrund eigener islamistischer Überzeugungen der Hamas ihre Stimme gab, ging Washington auf Gegenkurs und unterstützte Israels Boykott der Hamas in Gaza. Washington stärkte damit wider Willen nicht Israel, sondern einmal mehr den Gegner, der sich nun erst recht als »Opfer der Demokratie« und der »zionistischen Teufel in Tel Aviv und des Satans in Washington« gebärden konnte. Anfang 2009 ging Israel militärisch gegen die Hamas im Gazastreifen vor und zerstörte einen großen Teil ihrer Infrastruktur. Daraus ergab sich eine Chance. Der Westen hätte mit eigenen Wiederaufbaumaßnahmen das entstandene Vakuum füllen und der Bevölkerung eine neue Perspektive eröffnen können, hätte die auf demokratische Strukturen drängende Wirtschaft im Gazastreifen ankurbeln und für Exportgeschäfte sorgen können. Ein wohlhabendes Gaza wäre die beste Waffe gegen die Islamisten. Diese Chance aber wurde nicht genutzt. Israel dachte nicht daran; und der Westen drängte nicht. Die Menschen im Gazastreifen blieben in der Abhängigkeit von der Hamas und ihrer rassistischen und militanten Politik.

Die schwerste Hypothek der Bush-Jahre ist dabei noch nicht benannt. Dem amerikanischen Präsidenten ist auch der Vorwurf zu machen, zur Verschleierung seiner eigentlichen Ziele – Gewinn eines politischen Vorteils und sicherer Zugriff auf wichtige Ressourcen – ehrwürdige Begriffe wie Religion und Demokratie missbraucht zu haben. Freiheit, Ehre und Menschenrechte wurden unter Bush geschändet. Der angeblich »neu erweckte« Christ Bush schadete massiv dem Christentum im Nahen Osten, wo viele Muslime heute den Christen vorwerfen, sie wollten eine Politik im Sinne Bushs machen, also in einen Kreuzzug gegen den Islam ziehen. Die Vereinigten Staaten, die als ein Grundpfeiler der Demokratie in der Welt gelten, büßten viel von ihrem Vorbildcharakter ein. Die Verwahrlosung der politischen Kultur in Washington blieb nicht ohne Auswirkungen auf Israel. Politiker in Jerusalem konnten es sich unter dem Schutz dieses amerikanischen Präsidenten leisten, opportunistisch und eigensüchtig kurzsichtige Machtziele zu verfolgen und damit Israels Zukunft zu gefährden: kein Freundesdienst für Israels Sicherheit, Identität und Demokratie.

Visaformalitäten

Ankunft am Flughafen von Tel Aviv. In der Abfertigungshalle stellen sich in langer Kette kleine Kabinen mit Glasfenstern den Reisenden in den Weg. Dahinter lauern junge Frauen in blauen Uniformhemden. Man sieht ihre Gesichter und Schultern; ihre Hände sieht man nicht. Die hantieren im Geheimen auf Computertasten. Während viele israelische Fluggäste an einigen Computern rasch ihre Einreiseformalitäten regeln und davoneilen, stehen die Ausländer in Reih und Glied vor diesen Glaskästen. Oft sind die Schlangen davor so lang, dass die Freude über die Ankunft schnell verfliegt. Man ist eben doch noch nicht angekommen. Misstrauen gegen jeden Fremden schwebt über der Ankunftshalle. Darüber können auch die prächtigen Mosaike aus dem 5. und 6. nachchristlichen Jahrhundert im sonnendurchfluteten Gang davor nicht hinwegtäuschen. Sie zeigen, trotz aller Vorbehalte gegenüber solchen Darstellungen in der jüdischen und muslimischen Religion, Menschen und Tiere. Das verspricht Offenheit und erinnert daran, dass dieser Landstrich am östlichen Mittelmeer einmal Teil eines römisch-byzantinischen Reiches war, das keine Grenzen kannte. Israel hingegen ist von Grenzen umgeben, hat seinen gesicherten und friedlichen Platz in der Region noch nicht gefunden.

Bisweilen baten mich Betroffene, in einem Artikel darüber zu berichten, wie israelische Sicherheitskräfte ihre Reise erschwert hatten: Wie zum Beispiel das Mitglied einer ausländischen Friedensgruppe in Gespräche verwickelt und dann in einen geschlossenen Raum gebracht wurde, weil es seine Absicht kundgetan hatte, nach Ramallah oder Nablus in die besetzten Gebiete zu reisen. Oder welche Probleme es bei der Abreise gab: lange Befragungen; nicht nur die Durchleuchtung der Koffer oder eines Rucksacks, sondern auch Körpervisitationen; die Wiederholung derselben Kontrollen, bis das Flugzeug schließlich ohne den Fluggast abhob. Ein Nachbar, der zu einer messianisch-christlichen Bewegung gehörte, verschwand bei seiner Einreise für eine Woche in einer Zelle am Flughafen, obwohl man ihm bei seiner Ausreise zugesichert hatte, er dürfe wiederkommen. Man erlaubte ihm nur einmal, aus dem Gefängnis seine Ehefrau in Jerusalem anzurufen. Frau und Tochter wurde deutlich gemacht, dass sie das Land sofort verlassen müssten. Das war die Bedingung für die Entlassung des Mannes. Die drei reisten ab, ohne ihre Wohnung auflösen zu können. Man warf den Eheleuten Missionierung von Juden vor – und das war und ist verboten.

Der israelische Sicherheitsdienst hat auch Israelis auf seiner Liste, die vernommen und nach eigenem Bekunden auch immer wieder schikaniert werden. »Wir linke Juden gelten für die Staatsorgane als besonderes Sicherheitsrisiko«, sagen sie, »als gefährlich naive Nestbeschmutzer.« Wegen Hochverrats kann verurteilt werden, wer ohne Genehmigung ein feindliches Territorium wie Syrien oder den Libanon besucht. Ein solches Urteil wurde wohl noch nie gesprochen. Aber aus Furcht vor einer Anklage kehrte der israelisch-arabische Abgeordnete Azmi Bischara von einer Reise nach Syrien nicht mehr zurück. Er soll die Absicht gehabt haben, die Hizbullah finanziell zu unterstützen. Ich habe über diese Fälle kaum geschrieben. Es gibt meist nur die Darstellung von einer Seite; denn die Behörden bleiben in ihren Angaben unklar oder schweigen. Meist heißt es nur gebetsmühlenartig, der Besuch bzw. die Person sei ein Sicherheitsrisiko.

Letzthin kam eine Debatte darüber auf, ob man das israelische Befragungssystem an Flughäfen weltweit einführen sollte, um Terroristen herauszufiltern. »Gut ausgebildete« Sicherheitsleute an den Flughäfen könnten an den Augen der Reisenden, an besonderen Bewegungen, Stress oder Aggression bei ihnen erkennen; sie könnten aus bestimmten Formulierungen heraushören, ob sie einen Terroristen vor sich haben. Ich habe selten eine dieser »gut ausgebildeten« Personen getroffen. Nach meiner Erfahrung sind es vielmehr Studenten, die diese triste und langweilige Aufgabe für einige Zeit und ohne besondere psychologische Ausbildung übernehmen – besonders gerne im Ausland. Und mehrfach traf ich auf müde Mädchen und desinteressierte Männer, die sich nur in Routine übten. Man hätte sie nach Hause schicken müssen; Israels Sicherheit dienten sie nämlich nicht. Zwei Stunden wurde ich einmal nach der Rückreise aus Jordanien in Eilat mit dem Kollegen Alexander von Sobeck vom ZDF durch den Sicherheitsdienst ohne eine Begründung aufgehalten. Wir waren das Opfer eines jungen Mädchens mit zerzausten Haaren und unendlich traurigen, leicht geröteten Augen geworden. Ihre Kollegen spielten viel zu lang ihr ausdauerndes Spiel mit, um nicht das Gesicht zu verlieren. Erst nach bald zwei Stunden schritt ein Vorgesetzter ein, der offenbar die Anmeldung unserer Gruppe verschlampt hatte. Wir gehörten nämlich zu einer offiziellen Pressegruppe aus Israelis und Ausländern, die zu einem »Friedenstreffen« zwischen Ministerpräsident Barak und dem jordanischen König Abdullah nach Akaba gereist waren: Wir wurden gemeinsam bei den israelischen Behörden als Gruppe angemeldet und am selben Tag bei der Ausreise kontrolliert. Die Gruppe mit den vielen Israelis, die eine solche Verzögerung noch nie erlebt hatten, sah sich schikaniert; wir zwei Deutschen fühlten uns nur belästigt. Es folgte eine Beschwerde aller beim Außenministerium, und von dort kam tatsächlich eine Entschuldigung zurück. Geändert hat sich seither nichts. Das in Israel geübte Befragungsverfahren hält kaum, was es verspricht. Es ist aufwendig, teuer und führt vor allem zu Ärger und Kritik. Es entfremdet mehr die Freunde Israels von diesem Land, als es seine Feinde abwehren kann. Es muss genügen, das Gepäck und die Reisenden technisch zu kontrollieren.

Vergebliche Behördengänge

Aber zurück zu dieser Vorsicht gegenüber jedem Fremden. Zwei unserer drei Kinder, Friedrich und Anna, wurden in Jerusalem geboren. Aber da wir Christen sind, bot Israel den beiden und uns als Eltern nie die Staatsbürgerschaft an. Im Gegenteil, wir mussten uns jedes Jahr um neue Visa bemühen. In der Regel waren es sechs: ein Visum, das es mir erlaubte, in Israel zu arbeiten, und fünf Visa für die mehrfache Ein- und Ausreise der gesamten Familie. Schon der Versuch, für die Antragstellung einen Termin im Innenministerium zu bekommen, glich einem nahezu aussichtslosen Ringen. Es galt, Geduld zu üben und zusammen mit den vielen Leidensgenossen in einer langen Reihe zu warten.

Visa für Journalisten aber waren etwas ganz Besonderes. So erhielt ich in den letzten Jahren vom Amt des Regierungssprechers (GPO), das nicht mehr wie in der Vergangenheit die Visa für uns im Ministerium beantragen und abholen wollte, eine Telefonnummer, über die ich einen persönlichen Termin im Innenressort vereinbaren sollte. Diese Nummer aber muss zu einem Telefon gehört haben, das an einer Stelle stand, an der niemand es hörte. Vielleicht war es auch abgeschaltet. Ich hatte Kontakt zu einer Sprecherin im Innenministerium, rief sie an und erhielt zehn weitere Nummern. »Versuchen Sie es bei denen«, meinte sie freundlich. Meine Frau, eine Freundin und ich versuchten dann einmal zwei Stunden lang, irgendjemanden in der Visaabteilung an den Apparat zu bekommen. Einmal hob jemand ab, legte aber sofort wieder mit dem Hinweis auf, es handele sich um die falsche Stelle.

Schließlich half nochmals die Sprecherin des Ministeriums. In einer Dreiecksschaltung mit einer führenden Beamtin des Hauses erhielt ich Datum und Uhrzeit genannt, um meine Angelegenheiten regeln zu können. Am vereinbarten Tag landete ich im Büro der Chefin der Abteilung. Sie hatte es mit Aquarellen der Malergruppe »Die Brücke« geschmückt, es wirkte bunt und heiter. Auf der Fensterbank aber standen Topfblumen, die unter grober Missachtung litten und verkümmerten. Mein Besuch bei dieser Beamtin wurde mindestens zwanzig Mal von Anrufen oder von in das Büro kommenden Kolleginnen unterbrochen, die sich nicht trauten, ein Visum auszustellen oder es zu verweigern. Mein Gegenüber reagierte jedes Mal souverän und löste die Probleme meist mit einem Lächeln. Mir gegenüber bedauerte sie, dass Ausländer wegen der Warterei in der Telefonschleife oder vor den Schaltern einen schlechten Eindruck von ihrem Amt erhalten müssten: »Diese Art von Behandlung ist ein miserables Aushängeschild für Israel. Aber es wird an allen Ecken und Enden gespart.«

Tatsächlich aber mischten sich hier wohl schlechte Organisation und Unwille. Auch kam es immer wieder zu Unstimmigkeiten zwischen den verschiedenen Ministerien, wenn es um Visa für Journalisten ging. Das Außenministerium wollte mehr Visa, das Innenressort war dagegen. Als es noch ein Religionsministerium gab, war der dort für die Christen Zuständige der bemitleidenswerteste Beamte in seinem Haus. Nicht nur, dass man ihm nicht einmal ein eigenes Büro zugestand. Als er mehr Visa für seine christliche Klientel forderte, brachte er auch noch die ultraorthodoxe Führung im Innenressort gegen sich auf. Das Amt des »Beauftragten für christliche Belange« bedeutete eine nervliche Zerreißprobe, die jeden Beamten in die Knie zwingen musste. Solange das

Innenministerium in den Händen der ultraorthodoxen orientalischen Schas-Partei war, wurden immer wieder neue Regeln erfunden, um die Vergabe von Visa für geistliche Mitarbeiter in sozialen Institutionen und für Freiwillige, die Volontäre, zu erschweren.

In Israel nimmt in den letzten Jahren zum Ärger der argwöhnischen Orthodoxie die Zahl jener Juden zu, die Christus als ihren Messias annehmen. Während die Mission des »älteren jüdischen Bruders« von den großen Kirchen abgelehnt wird, gibt es immer mehr selbst ernannte Judenmissionare aus anderen Glaubensvereinigungen. Gegen die will sich Israel schützen. Dabei kennt man sich im Judentum kaum mit dem Christentum aus. Heiligabend wird zum Beispiel von vielen Juden als exotische Fete verstanden. Zu diesem Ereignis kamen übrigens jedes Jahr mehr Menschen in unsere evangelische Erlöserkirche in die Altstadt von Jerusalem, um, zwischen einigen Gesprächen am Mobiltelefon, Choräle zu singen und Weihnachtsbaum und Kerzen zu bestaunen. Auch die Unterschiede zwischen Katholiken und Protestanten oder gar den anderen christlichen Glaubensvereinigungen sind kaum bekannt. Nur auf diese Unwissenheit lässt sich zurückführen, dass das spezielle Visum für einen Geistlichen, der in seiner Gemeinde arbeitet, den Vermerk trägt »kein Arbeitsvisum«.

Diplomatische Verwicklungen

Es gibt in Israel eine Regelung, nach der kein Ausländer länger als fünf Jahre im Land arbeiten darf. Auch Journalisten waren zunächst davon betroffen. Es war am 19. September 2006, als ich wieder die fälligen Visa für mich und die Familie beantragen wollte. Ich brachte der Sachbearbeiterin im GPO, im Presseamt der Regierung, das zum Amt des Ministerpräsidenten gehört, einen Blumentopf mit, nichts Großes, nur eine kleine Aufmerksamkeit. Ich hatte gehofft, dass sie die lästige Angelegenheit mit den Visa doch noch einmal für mich im Innenministerium erledigen könnte. Zudem fand ich sie nett.

Aber sechs Tage später gab sie mir die fünf Pässe zurück und erklärte, mein Antrag müsse erst vor die Kommission des Innenministeriums, denn ich sei länger als fünf Jahre im Land. Die Regel war schon einige

Jahre in Kraft und offenbar auch immer auf Journalisten angewandt worden; nur eben nicht auf mich. Ich war schon fünfzehn Jahre in Israel gewesen, hatte aber von der Vorschrift noch nie etwas gehört. Freundlich und kollegial gestimmt, suchte ich den Chef des GPO, Danny Seaman, auf. Der junge Mann, nicht gerade ein herausragender Diplomat seines Landes, versicherte mir, dass ein Visum für mich eine reine Formsache sei: »Natürlich bekommt die FAZ ein Visum. Das weißt du.« Dann zog er mich ins Vertrauen. Es gebe eine Reihe von Journalisten, die man gern los wäre. Dafür biete sich die Regel geradezu an. Er könne dann einfach auf sie verweisen und trage nach außen hin keine Verantwortung für die Ablehnung eines Antrags.

Ich ließ mir noch erläutern, dass es sich bei diesen Journalisten vornehmlich um arabische Kollegen handele, aus den benachbarten Ländern ebenso wie aus den palästinensischen Gebieten. Aber auch bei anderen Personen, die man wegen ihrer Berichterstattung nicht unbedingt länger im Land haben wolle, sei die Regelung sehr nützlich. Da er sich gerade am Telefon mit einem Kollegen der britischen BBC gestritten hatte, ließ er sich ausführlich über die Unverfrorenheit von Journalisten aus, die ihr Gastrecht missbrauchten und nicht verstünden, dass sich Israel gegen den Terror zur Wehr setzen müsse. Wie könne zum Beispiel die BBC erwarten, dass ihr gepanzerter Wagen im Gazastreifen nicht auch für ein verdächtiges Objekt gehalten werde? Viele Reporter würden sich zu Helfern des Terrors machen, wenn sie ihre Wagen in den besetzten Gebieten arabischen Mitarbeitern überließen. Der BBC-Wagen war offenbar von den Israelis beschossen worden.

Ich bedankte mich für diese Informationen und wies darauf hin, dass ich verpflichtet sei, meine Zeitung in Frankfurt, die deutsche Botschaft in Tel Aviv, das Auswärtige Amt und das Bundeskanzleramt in Berlin auf diese Fünf-Jahres-Regelung hinzuweisen. Daraufhin belehrte Seaman mich: »Das Amt hier mag keinen politischen Druck.« Das könnte als Einmischung in innere Angelegenheiten aufgefasst werden. Für mich hingegen klinge das nach Zensur, gab ich zurück. Immerhin vertrugen wir uns noch so gut, dass wir beim Abschied unserem Bedauern Ausdruck gaben, aus Zeitmangel nicht noch zusammen zu Mittag essen zu können. Am 27. September schickte mir seine rechte Hand ein Fax, in dem stand, meine Zeitung solle nicht nur wie in jedem Jahr bestätigen, dass ich weiter ihr Korrespondent in Israel sei. »Der Brief soll auch erklären, warum Du so lange hier bist und warum es so wichtig für Deine Organisation ist, dass Du hier noch ein weiteres Jahr bleibst.«

Frankfurt reagierte mit Verwunderung. Einer der beiden politischen Herausgeber der *FAZ*, Günther Nonnenmacher, schrieb an den damaligen israelischen Botschafter Schimon Stein in Berlin. Er sei ratlos, wie die Zeitung in dieser Angelegenheit weiter verfahren solle. »Sie werden Verständnis dafür haben, dass ich nicht bereit bin, Gründe, die mit unserer internen Personalplanung zusammenhängen, vor einer israelischen Behörde auszubreiten.« Am 29. September 2006 sprach Staatssekretär Georg Boomgarten in Berlin mit Botschafter Stein. Der Staatssekretär machte dem Botschafter »sehr deutlich, dass dieser heute noch seine Regierung von unserem Befremden unterrichten möge«, wurde mir vom Auswärtigen Amt in Berlin mitgeteilt. Um die Sache nicht zu einer ausschließlich persönlichen Angelegenheit werden zu lassen, erwähnte ich gegenüber den deutschen Stellen, dass knapp fünfzig weitere Kollegen auch auf ein Visum warteten und sich zwischenzeitlich mit Touristenvisa für jeweils drei Monate im Lande aufhielten – nicht zuletzt meine Kollegin Inge Günther von der *Frankfurter Rundschau*, mit der wir seit Jahren befreundet waren. Hier sei nur am Rande erwähnt, dass wir deutschen Kollegen im Ausland uns nicht als Konkurrenten sahen, sondern gute Kontakte pflegten und oft zu Freunden wurden. Das galt nicht nur für Inge, sondern zum Beispiel auch für die Kollegen Annette Großbongardt und ihren Nachfolger Christoph Schult vom *Spiegel* oder Paul Badde von der *Welt*, der heute wie ich aus Rom berichtet.

Am 4. Oktober traf ich dann bei einer Pressekonferenz die israelische Regierungssprecherin Miri Eisin und erstattete Bericht. Sie bat mich, auf dem Laufenden gehalten zu werden. Der damalige Sprecher des Außenministeriums, Mark Regev, riet mir gar, einen Anwalt einzuschalten. Immerhin gegen seinen eigenen Staat. Konnte das GPO völlig autonom handeln? Wenige Tage später wollte Botschafter Stein mir die Verantwortung für den Vorfall zuschieben. Das Problem bestehe doch nur darin, dass ich nicht willens sei, vor der Kommission zu erscheinen, ließ er meinen Herausgeber Nonnenmacher wissen. Stein hatte offenbar den Brief Nonnenmachers missverstanden. Warum sollte man sich vor einer Kommission dafür rechtfertigen, wenn man als Korrespondent einer Zeitung länger in Israel blieb? Stein hielt die Arbeitsweise dieser Kommission offenbar für gängige Praxis. Mittlerweile war die »Verweigerung eines Visums für die FAZ« zum öffentlichen Thema geworden. Die Zeitung *Haaretz* interessierte sich dafür und machte am 11. Oktober mit mir ein Interview. Danach reisten meine Frau Christiane und ich für einen Kurzurlaub nach Portugal. Wir hatten schon seit Langem eine Radtour dort geplant. Jetzt aber sah es ungewollt so aus, als müssten wir wegen der fehlenden Visa ausreisen.

Am 15. Oktober 2006 erschien unser Gespräch über die »Machenschaften« des GPO im Zusammenhang mit der Fünf-Jahres-Regelung für Journalisten auf der ersten Seite von *Haaretz*. Der Kollege Shahar Ilan hatte zu diesem Geschehen auch den GPO-Chef Seaman befragt. Bei seinen Antworten sparte dieser nicht mit Vorwürfen gegen mich und auch nicht mit Schmähungen. Er hätte mich aufgefordert, kein Aufsehen zu erregen, sagte er in dem Interview. »Ich mag die versteckte Drohung einer Intervention« durch die deutsche Regierung nicht, fuhr er fort. Überhaupt sei es eine Frechheit der Deutschen, sich in Israels innere Angelegenheiten einzumischen. »Was unterscheidet denn einen Journalisten von anderen ausländischen Arbeitnehmern?« Der GPO-Chef wies jeden Vorwurf zurück, bei der Vergabe von Visa würden politische Überlegungen eine Rolle spielen. Und er setzte hinzu: Bremer »ist ein widerlicher Lügner, ein Stück Scheiße«. Das las sich auf Hebräisch und in der englischen Ausgabe der Zeitung gleichermaßen drastisch. Später warf der GPO-Chef *Haaretz* vor, die Zeitung hätte die gedruckte Fassung des Gesprächs autorisieren lassen müssen. Entschuldigt hat sich der GPO-Mann bei mir bis heute nicht. In Lissabon, wir besichtigten gerade die Kathedrale, rief mich der *Haaretz*-Kollege Ilan an und bat um einen Kommentar zu den Äußerungen des GPO-Chefs, woraufhin ich sagte: »Der möchte wohl, dass Journalisten seine Füße lecken. Er freut sich über seine Macht und nutzt sie aus, anstatt zu helfen. Er schadet Israel.«

Am Tag darauf, wir waren mit unseren Fahrrädern auf dem Weg von Alentejo nach Evora, erfuhr ich per Mobiltelefon von der deutschen Botschaft in Tel Aviv, dass mein Visum »eingetroffen« sei. In weiteren Telefonaten informierte man mich über die Reaktionen auf die Äußerungen des israelischen Beamten. Zeitungskommentare geißelten den GPO-Chef; der Beitrag »Israels Sprecher, Israels Feinde« in *Haaretz* nahm die Vorgehensweise verschiedener israelischer Sprecher und Diplomaten kritisch in den Blick. *FAZ*-Herausgeber Nonnenmacher bekundete sein »äußerstes Befremden« gegenüber Botschafter Stein: »Ist das die Art und Weise, wie hohe israelische Beamte mit Ausländern oder ausländischen Journalisten umgehen?« Stein konnte die Schmähungen »nur bedauern und hoffen, dass solche oder ähnliche Aussagen eine einmalige Erscheinung gewesen sind«. Er entschuldigte sich auch ausdrücklich bei Staatssekretär Boomgarten in Berlin.

Es dauerte noch einen Monat, bis das Visum, das das Außenministerium offenbar »ganz oben« für mich eingefordert hatte, auch unten am Schalter im Innenressort in Jerusalem ankam. Und es gab noch ein weiteres Nachspiel. Regierungssprecherin Eisin rief eines Tages an und bat mich, vor einer Regierungskommission auszusagen, die Vergehen im Beamtenapparat untersuchte und sich offenbar auch den GPO-Chef vorgenommen hatte. »Du brauchst keine Angst zu haben. Personen, die vor dieser Kommission aussagen, sind besonders geschützt«, erklärte sie mir am Telefon. Der Satz ist mir unvergessen, denn er implizierte, dass ich auf irgendeine Weise gefährdet sei. Ich antwortete ihr, Israel sei eine Demokratie und freie Meinungsäußerung doch garantiert. Wovor sollte ich Angst haben? Im Übrigen erinnerte ich sie daran, dass sie im Amt des Ministerpräsidenten die Vorgesetzte des GPO-Chefs sei. »Warum entlasst ihr den Mann nicht einfach?« Das sei nicht so leicht, antwortete Miri Eisin. Mir war es zunächst nicht recht, als Ausländer vor einer solchen Kommission auszusagen und mich damit dann tatsächlich in innere Angelegenheiten Israels einzumischen. Ich sei Beobachter, sagte ich, nichts mehr.

Letztlich erklärte ich mich dann doch bereit, wenn ich nicht als erster oder einziger Zeuge auftreten müsste. Anfang 2007 erstattete ich der sogenannten Hollander Kommission Bericht. Mir wurde dort der Eindruck vermittelt, in spätestens einem Jahr werde der GPO-Chef seinen Posten geräumt haben. Der Mann versehe sein Amt nur kommissarisch, hieß es. Tatsächlich blieb er bis 2010 auf seinem Posten. Er musste mächtige Freunde haben. Bisweilen sorgte er übrigens für Heiterkeit bei den Journalistenkollegen. So hatte er im Jahr davor ein Video verbreitet, welches das trotz Israels Boykott üppige Leben der Menschen in Gaza zeigen sollte. Dummerweise war auf dem Video auch Präsident Abbas zu sehen. Der aber konnte seit dem Hamas-Putsch 2007 nicht mehr nach Gaza gereist sein. Der Film musste folglich aus der guten alten Zeit stammen. Der GPO-Chef half also keineswegs der israelischen Aufklärung oder Hasbara, wie die Informationspolitik des israelischen Staats sich auf Hebräisch nennt.

Das Video war nur eines von mehreren Eigentoren dieses GPO-Direktors. Im Sommer 2010 wurde dann erstmals seit mehreren Jahren der Posten des GPO-Direktors vom Informationsministerium intern ausgeschrieben. Das hatte die Hollander Kommission durchgesetzt, und der seit bald zehn Jahren »kommissarisch amtierende« Held der israelischen Gegen-Hasbara fiel durch. Dann folgte eine externe Ausschreibung. Das alles muss den bisherigen GPO-Chef sehr gewundert haben. Bisher hatte er schließlich den Kollegen klargemacht: »Ich habe keinen Boss. Ich bin niemandem gegenüber verantwortlich. Ich setze die Regeln«, wie er einmal in einem Brief an die Kollegin Lisa Goldman geschrieben hatte, eine freie Journalistin aus Kanada. Lisa hatte er ihrer Auskunft nach angedroht, den Sicherheitsdienst Schin Beth auf sie zu hetzen, sollte sie weiter darauf bestehen, dass ihre Akkreditierung erneuert werde. »Allein weil du danach fragst, bekommst du sie nicht«, beschied sie der GPO-Chef. Lisa hatte dann vor mir in der Hollander Kommission ausgesagt und so den Prozess ins Rollen gebracht.

Mittlerweile hat sich das Antragsverfahren für ein Visum geändert. Die Kommission im Innenministerium kann Journalisten nicht mehr ablehnen, auch wenn sie formell noch jede Aufenthaltserlaubnis verlängern muss. Das dauert bisweilen immer noch Monate, und jedes Mal stellt sich die Frage: Schlampigkeit oder Schikane? Dem jeweiligen GPO-Chef bleibt eigentlich nur die Aufgabe, dem Innenministerium zu bestätigen, dass der Antragsteller auch wirklich Journalist ist. Zunächst hielten wir Korrespondenten diese Änderung für einen Erfolg. Tatsächlich aber nutzte der bisherige GPO-Chef – er versuchte mittlerweile vergeblich, sich ins Parlament wählen zu lassen – auch diesen Weg, um unliebsame Reporter loszuwerden. Auf folgende Fragen muss sich ein Antragsteller gefasst machen: Warum braucht Ihr Sender, Ihre Agentur zwei Mitarbeiter? Von Ihrer Agentur hat noch niemand etwas gehört. Gibt es sie wirklich? Beweisen Sie, dass dieses Bestätigungsschreiben authentisch ist. Sind Sie wirklich Journalist? Und wenn ein Ehepaar für dieselbe Einrichtung arbeitet, gibt es für beide nur einen Presseausweis. Für Palästinenser ist es ohnedies so gut wie unmöglich, eine israelische Pressekarte zu bekommen.

In jedem Fall fehlt es an Transparenz. Die ausländischen Reporter kennen die Entscheidungskriterien der Behörde nicht. Sie sehen sich als Opfer im Kompetenzgerangel zwischen dem GPO, dem Innenministerium und seinen Sicherheitsapparaten, dem Außenamt und dem Amt des Regierungssprechers beim Ministerpräsidenten. Wer als Journalist neu ins Land kommt, mag noch gut empfangen werden. Je weiter man aber die Fünf-Jahres-Grenze überschritten hat, desto schwieriger kann es werden, bleiben zu dürfen. Es entsteht der – natürlich nicht zu beweisende – Eindruck, dass zumindest das GPO den mittlerweile zu einem »Kenner der Lage« gewordenen Reporter gern wieder loswerden würde, weil er »zu gut Bescheid« weiß und lästig sein kann.

Die Welt braucht ein starkes und mutiges Israel

Bleibt die Frage, was eigentlich in den Köpfen jener Israelis vorgeht, die in einem Korrespondenten aus Deutschland, einem Araber oder jedem anderen ausländischen Reporter eine Bedrohung sehen? Der sie beherrschende Eindruck ist offenbar: »Die ganze Welt ist gegen uns.« Menschen mit dieser Einstellung sind sich einig in der Ablehnung der stets »besserwisserischen Staatenwelt« bei den Vereinten Nationen oder in Europa, »die keine Ahnung von der Israel existenziell bedrohenden Gefahr« habe und sowieso »im Grundsatz antisemitisch« eingestellt sei. Israel sah sich über Jahrzehnte schwach und von Feinden umringt. Und das stimmte. Aber diese Tatsache verstärkte auch das Misstrauen gegen jeden Fremden und mündete in die Vorstellung, Israel könne sich kein Vertrauen in andere leisten. Allein die jüdische Perspektive zähle.

Likud-Chef Netanjahu gewann 1996 seinen Wahlkampf mit dem Motto, seine Politik sei »gut für die Juden.« Allein die israelische Insel interessierte; nicht Israel in der Welt. Netanjahu gewann damals die Wahl, weil der Oslo-Prozess auf Hindernisse gestoßen war, zu denen an erster Stelle der palästinensische Terror zählte. Für viele Parteigänger

Netanjahus aber war der ganze Friedensprozess nicht akzeptabel; für sie bedeutete er eine viel zu riskante Öffnung gegenüber den Fremden. Der Vertrag von Oslo wurde als Abkehr von der jüdischen Perspektive begriffen. Anstatt gegen den palästinensischen Nachbarn eine eiserne Mauer zu bauen, sollte der plötzlich als Partner gelten? Der anhaltende palästinensische Terror machte es in der Tat schwer, diesen Nachbarn als möglichen Vertragspartner zu akzeptieren. Denn gerade die Öffnung infolge der Vereinbarungen von Oslo hatte es ja nicht geschafft, den Terror zu überwinden. Israels Mehrheit vermochte aber nicht zu sehen, dass dieser Terror das letzte Mittel jener politischen Kräfte war, die auch den Oslo-Prozess zum Scheitern bringen wollten – sie sind genauso Feinde des Ausgleichs wie Israels Rechte. Israels Mehrheit übersah die fatale Interessengemeinschaft von Politikern der Netanjahu-Fraktion und Oslo-Gegnern im arabischen Lager.

Aus Sicht seiner Befürworter dagegen war der Oslo-Prozess vor allem das Zeichen einer neu erwachsenden Stärke, die Israel aus seiner Insellage befreien und ihm einen Platz in der Welt einräumen konnte. Und das würde die Chance bieten, aus Gegnern Partner zu machen. Politiker wie Jitzchak Rabin, Schimon Peres, Ehud Barak oder Tzippi Liwni sehen ihr Israel als selbstbewusstes und attraktives Land und wollen mit der Welt kooperieren. Die jüdische Perspektive ist für sie eine von mehreren. Sie scheuen nicht den Dialog oder einen internationalen Streit über Israels Politik und wollen auch auf politischer Ebene erreichen, was Israel wirtschaftlich längst ist, nämlich ein weltweit anerkannter verlässlicher Partner und keineswegs ein Land, das nur überlebt, weil es hohe Mauern baut.

Im Kern geht es in Israel also immer noch um die Frage, ob sich das Land abschotten und die Angst ums Überleben schüren will, womit die zweite Amtszeit von Ministerpräsident Netanjahu begann, oder ob Israel den Mut findet, sich der Welt zu stellen. Zum Beispiel indem es auf die arabische Initiative aus Staaten der Arabischen Liga eingeht, die seit 2002 im Kern für einen Ausgleich mit den Palästinensern auf der Grundlage von Oslo einen Frieden mit der gesamten arabischen Liga anbietet und so gut sechs Jahrzehnte nach dem Teilungsvertrag der Vereinten Nationen vom November 1947 ihre Ablehnung dieses Vertrages revidiert. Natürlich müsste über weite Passagen dieses Angebots verhandelt werden. Jeder Frieden muss ausgehandelt werden. Und Frieden ist auch ein Wagnis, das, zumal nach den Problemen beim Oslo-Prozess, viele Israelis aus verständlichen Gründen weiterhin scheuen. Aber was ist die Alternative? Der Likud-Vorsitzende Netanjahu und seine Parteigänger haben bis heute für ihr zukünftiges Israel keinen überzeugenden Entwurf vorgelegt. Sie verkaufen Stagnation als Programm und verbrämen damit ihre Hilflosigkeit. Sie schaffen ein Vakuum und offenbaren Schwäche. Darüber kann bisher auch der Dialog mit den gemäßigten Palästinensern nicht hinwegtäuschen.

Salem Fajad und die Autonomiebehörde

In den palästinensischen Amtsstuben hängt weiter das Porträt vom einstigen PLO-Chef Jassir Arafat; wahrscheinlich mehr zur pietätvollen Erinnerung als zur Motivation der Staatsangestellten. Immerhin ist Abu Amar seit zehn Jahren tot. In vielen Büros ist der Rahmen um das Foto verstaubt. Arafat führte die palästinensische Nation 1993 in die Autonomie, aber er regierte nicht nach zuverlässigen, rechtlich verankerten Normen. Arafat wandelte auch seine PLO, den Dachverband, und die darin stärkste Fraktion, die Fatah, nicht in eine staatstragende Partei um. Selbst nach dem Oslo-Abkommen trug Arafat weiter eine Pistole am Gürtel. Er hatte die Fatah 1959 als Guerillaorganisation gegründet. Der bewaffnete Kampf sollte zur Unabhängigkeit der Palästinenser führen, was nie gelungen war. Weder im Krieg noch im Frieden erreichte die Fatah unter Arafat ihr Ziel. Seit der Einsetzung der Autonomieregierung nach dem Oslo-Vertrag 1993 verkam die Bewegung zum Versorgungsverein für treue Mitarbeiter. Sie verteilte Ämter und Privilegien.

Als die Europäische Union Mitte der neunziger Jahre in Nablus, im nördlichen Westjordanland, Reihenhäuser für besonders arme Flüchtlinge baute, zogen dort verdiente Mitarbeiter der Fatah ein. Als die Häuser am Philadelphi-Korridor zu Ägypten, im Gazastreifen in Rafah, zur Kampfzone wurden, weil Palästinenser auf die israelischen Soldaten im Korridor geschossen hatten und die Israelis daraufhin die Häuser der Palästinenser zerstörten, baute die Fatah vielen ihrer Leute im Inneren des Landes neue Wohnungen.

Dagegen ging zum Beispiel Mahmud Sedach aus Rafah, eine Zufallsbekanntschaft von mir, leer aus und blieb ohne Dach über dem Kopf, nachdem israelische Bulldozer sein Haus niedergewalzt hatten. »Ich wollte nie Politik machen, auch nicht gegen Israel. Immerhin habe ich viele Jahre in einer Restaurantküche in Tel Aviv gearbeitet. Nun hilft mir Israel nicht mehr, und meine eigene Autonomieregierung auch nicht«, sagte er mir im Herbst 2002. Ich weiß nicht, was aus Mahmud geworden ist. Wahrscheinlich spielt er inzwischen an einem anderen Ort im Gazastreifen den treuen Muslim und lässt sich von der islamistischen Hamas helfen, die heute genau dieselbe Klientelpolitik betreibt wie einst die Fatah. Mahmud wird auch nichts anderes übrig geblieben sein. Er muss an seine Frau und die Kinder denken. Der älteste Sohn, den meine Frau damals bei einem Besuch mit Spielzeug versorgte, dürfte vor dem Schulabschluss stehen. Die Mutter geht gewiss verschleiert auf die Straße. Damals war von einem Vetter die Rede, der einen Tunnel nach Ägypten betrieb. Wenn das stimmt, es den Tunnel noch gibt und Mahmuds Familie inzwischen mitarbeitet, dürfte es den Sedachs heute – mit der Hilfe der Hamas – recht gut gehen.

Mahmud Abbas, Präsident im Hintergrund

Auch wenn Arafat kein Segen für seine Nation war, so sehr hinterließ er doch ein Machtvakuum, das sein Nachfolger Mahmud Abbas nicht füllen konnte. Jetzt hängt sein Porträt neben dem von Arafat in den Amtsstuben. Aber beachtet wird auch dieses zweite Foto wenig. Das liegt an der Person des abgebildeten schmächtigen Herrn, der mit seinem unruhigen Blick und seinem weichen Händedruck nicht den Eindruck einer verlässlichen Stetigkeit vermittelt. Der 1935 im heute israelischen Safed in Galiläa geborene Abbas wurde nur deshalb Nachfolger Arafats, weil der ihn jahrelang an seiner Seite geduldet hatte – als einen für sich selbst ungefährlichen zweiten Mann. Seine Gesprächspartner gewinnt Abbas mit Charme und einem feinen Lächeln. Aber hat das, was dann mit ihm besprochen wird, viel mit der Wirklichkeit zu tun? Die Antworten sind diffus wie seine Taten.

Für die westlichen Geberstaaten war Abbas der beste Mann; denn er war der Einzige in Arafats unmittelbarer Nähe, der sich nicht scheute, seinen Chef bisweilen zu kritisieren oder unvermittelt aus Protest gegen ihn für unabsehbare Zeit »auf Urlaub« an den Golf zu reisen. Zudem war er finanziell unabhängig und galt nicht als korrupt. Unter dem Druck der Vereinigten Staaten setzte Arafat seinen Vize 2003, ein Jahr vor seinem eigenen Tod, als Ministerpräsidenten ein, als neuen Partner für den Dialog mit Israel und den Geberstaaten, der zugleich eine zuverlässige Polizei, Verwaltung und Finanzstruktur aufbauen sollte.

Im Januar 2005 wurde Abbas schließlich mit großer Mehrheit zum Präsidenten der Autonomiebehörde gewählt. Hatte er schon im Schatten von Arafat nicht recht wirken können, so zeigte sich jetzt schnell, dass er auch als sein Nachfolger nicht stark genug war und den Vorgänger nicht überzeugend ersetzen konnte. Er galt als zu kompromissbereit. Von manchen Palästinensern wurde ihm angekreidet, er habe schon während des Studiums, als er sich mit dem Zionismus befasste, seinen Frieden mit der Existenz des Staates Israel gemacht. Ihre Argumentation stützte sich auf seine Dissertation, die er in Moskau über *Die Kontakte zwischen Zionismus und Nazismus 1933 bis 1945* geschrieben hatte. Der Westen hingegen würdigte, dass er in dem Buch die Ermordung eines jeden »einzelnen Juden als inakzeptables Verbrechen« bezeichnete.

Präsident Abbas ist nicht häufig in Ramallah. Und seine Besuche anderswo im besetzten Land sind so rar, dass über sie in der palästinensischen Presse jedes Mal berichtet wird, als handle es sich um eine Sensation. Als er im Sommer 2009 in Ramallah eines Tages ohne besonderen Personenschutz durch die Straßen ging, machte das Schlagzeilen. Im Frühsommer 2010 reiste er nach Istanbul, Washington, Madrid und Paris. Viele Orte und Plätze im Westjordanland hat Abbas dagegen nie gesehen, und in den Gazastreifen kann er spätestens seit dem Putsch der Hamas Mitte Juni 2007 nicht mehr. Doch in der Welt bleibt Abbas ein gesuchter Gesprächspartner. Präsident Barack Obama empfing ihn im Frühsommer 2010, während er damals Ministerpräsident Netanjahu lieber aus dem Weg ging. Als die israelische Marine türkische Schiffe mit Hilfslieferungen in internationalen Gewässern vor der Gaza-Küste enterte und dabei neun Menschen ums Leben kamen, weilte der israelische Ministerpräsident gerade in Kanada und wollte nach Washington weiterreisen. Doch Obama ließ den israelischen Botschafter wissen, dass eine eilige Rückkehr Netanjahus nach Jerusalem auf »vollstes Verständnis stoßen« würde. Es gebe derzeit im Weißen Haus wenig zu besprechen. Eine Woche später war hingegen Abbas im Oval Office.

Nach seinem Wahlsieg 2005 hatte Abbas das Volk aufgefordert, den bewaffneten Widerstand gegen Israel zu beenden. Das konnte er in den eigenen Reihen auch allmählich durchsetzen. Nie aber bei den Islamisten, auch wenn die Hamas seine Wahl zum Präsidenten aus blankem Opportunismus unterstützt hatte. Im Jahre 2005 fühlte sich die Hamas noch nicht so stark wie die Fatah. Ein Jahr später änderte sich das mit dem Putsch im Gazastreifen. Die israelischen Regierungen, ob unter Scharon, Olmert oder Netanjahu, taten damals wenig zur Unterstützung von Abbas. Im Gegenteil, Olmert zog Abbas – nach dem von Präsident Bush geleiteten Treffen Ende November 2007 auf dem Marinestützpunkt Annapolis bei Washington – in bilaterale Gespräche hinein, die ihn gegenüber Israel binden sollten, der palästinensischen Nation aber nichts einbrachten. Der schwierige Alltag in den palästinensischen Gebieten änderte sich nicht spürbar.

Als bisher wohl wichtigstes Verdienst von Abbas kann gelten, dass er seinem Ministerpräsidenten den Rücken freigehalten hat. Salem Fajad, seit Juni 2007 im Amt, ist der Motor der Autonomieregierung. Mit seinem Namen sind alle Reformen der letzten Jahre verknüpft. Aber weil mit der Etablierung eines verbindlichen Rechts- und Sozialsystems individuelle Privilegien wegfallen, wehren sich die alten Fatah-Eliten immer wieder gegen seine Politik. Fajad wird angefeindet, und selbst heute, da es langsam eine funktionierende Polizei gibt, da Renten- und Krankenversicherungen eingeführt werden, hält die Mehrheit der Palästinenser das überkommene Klientelsystem, die persönlich gewährte Gunst noch immer für »sicherer« als den modernen Sozialstaat. Die Erfahrungen von einigen wenigen Jahren zählen nichts gegen Traditionen, die in den letzten Jahrhunderten unter osmanischer Herrschaft gewachsen sind.

Reformpolitik mit Hindernissen

Fajad, im Mai 2009 von Abbas ein zweites Mal zum Notstandsministerpräsidenten der Autonomieverwaltung bestimmt, ist kein typischer Berufspolitiker. Er gehört auch nicht der Fatah an, was die Karriere erleichtert hätte. Zeitweise versuchte er, eine eigene Partei mit dem Namen »Dritter Weg« aufzubauen; aber dabei hatte er keinen Erfolg. Wir kennen uns recht gut, weil wir uns immer wieder mit unseren Frauen an Elternabenden in der gemeinsamen Schule unserer Kinder trafen. Unser ältester Sohn Philipp und Iman, die Tochter Fajads, waren vom ersten Schultag bis zum Abitur 2008 in derselben Klasse. Sie spielten gemeinsam Klavier oder Theater, und wir Eltern rühmten die Erfolge

des jeweils anderen Sprösslings. In einem Jahr war Iman Schulspreche-
rin und unser Philipp ihr Stellvertreter, »ein starkes Team«, hieß es. Die
Verbindung zur Familie Fajads riss nie ab.

Es war also nicht schwer für mich, einen regelmäßigen Kontakt zum
Ministerpräsidenten zu halten. Bald aber merkte ich, dass er nicht gern
über Politik sprach, wenn sich andere Themen anboten. In den Interviews mit ihm, manchmal am Telefon geführt, war letztlich auch immer
von unseren Kindern die Rede. In der Schule, es war der 14. Juni 2007,
hatte Fajad die Nachricht von seiner Ernennung erhalten. Gerade hatte
er auf dem Podium vor dem alten Haupteingang der Schule, die einst
als Krankenhaus der britischen Judenmission gedient hatte, seine Fest-
rede auf die Abschlussklasse beendet, in der Khaled, der ältere seiner
beiden Söhne, mit Auszeichnung sein Abitur abgelegt hatte, da war der
entscheidende Anruf von Abbas gekommen. Fajad solle Ministerpräsident werden. Ich sehe noch, wie Salem etwas erbleichte, seiner Frau ein
paar Worte zuflüsterte und eilig verschwand.

Fajad war 1952 in Dir el-Ghussum bei Tulkarem in dem damals von
Jordanien annektierten Westjordanland als Kind einer wohlhabenden
Landbesitzerfamilie geboren worden. Sein Großvater war Wohnungs-
minister in der Regierung von König Hussein, ein Onkel Leibarzt des
Königs und Chef eines Krankenhauses in Amman. Zunächst studierte
Fajad an der amerikanischen Universität in Beirut Chemie. Dann ging
er an die Universität von Austin in Texas, wo er 1986 an der wirtschafts-
wissenschaftlichen Fakultät promoviert wurde. Fajad blieb in den Vereinigten Staaten und arbeitete bis 1995 in Washington beim Internationalen Währungsfonds und der Weltbank. Er wurde amerikanischer
Staatsbürger. 1995 schickte ihn der IWF als seinen Repräsentanten nach
Ramallah. 2002 nahm ihn Arafat auf Drängen der Geberstaaten als Finanzminister in die palästinensische Autonomiebehörde auf. Das blieb
er bis 2005.

Arafat wurde so zwar ein ergiebiges Portefeuille für seine undurch-
sichtige Patronagepolitik entrissen, mit Fajad aber konnte das Überleben
der Autonomiebehörde gesichert werden. Seine solide Haushaltsfüh-
rung schuf Vertrauen, sodass die finanzielle Unterstützung aus Europa
weiter floss. Als Präsident Arafat einmal, entgegen einer Vereinbarung
mit Fajad, die Einstellung von einigen Tausend Sicherheitskräften be-

fohlen hatte, was den Haushalt sprengte, war Fajad kurz entschlossen zurückgetreten. Immer wieder hatte er die Vetternwirtschaft beklagt, nicht zuletzt den Umstand, dass Arafat über knapp zehn Prozent des Haushalts ohne jede Rechenschaftslegung selbst verfügte: »Wo ich hinsehe – Korruption«, schimpfte Fajad damals.

Im März 2007 wurde er neuerlich Finanzminister, nun unter Präsident Abbas und für die Einheitsregierung aus Fatah und Hamas. Als dieses Experiment scheiterte, ernannte ihn Abbas zum neuen Ministerpräsidenten. Fajad ist klein von Gestalt. Bei der Begrüßung irritieren erst seine dicken Brillengläser. Dann aber gewinnt er die Sympathie durch sein freundliches Lächeln. Er tritt bescheiden auf und lenkt seinen Wagen gern selbst. Auf seinen harten Handschlag folgt die einladende Geste, Platz zu nehmen. Im Büro sollte bisweilen eine Duftkerze darüber hinwegtäuschen, dass er, trotz der Kritik seiner Frau, zu viele Zigaretten raucht. Fajad spricht schnell und etwas bürokratisch über seine Reformvorhaben. Sein Büro arbeitet wie jede Chefetage in einem westlichen Unternehmen, still und effizient. Das ist ein Sonderfall in Ramallah.

Fajad unterhielt stets beste Beziehungen zur amerikanischen Regierung; zu Präsident Bush wie zum Clinton-Lager, das heute unter Präsident Obama wieder die amerikanische Politik gestaltet. Fajad kann darauf verweisen, dass sogar die israelische Presse einen seiner jährlichen Haushaltsabschlüsse für transparenter hielt als das Budget der israelischen Regierung, in dem an gänzlich unvermuteten Stellen Gelder für Siedlungsvorhaben versteckt wurden.

In offiziellen Verlautbarungen vertritt Fajad die Auffassung, dass es bald einen palästinensischen Staat geben werde. Im vertraulichen Gespräch aber äußert er sich nicht so zuversichtlich. Er sehe es als seine Aufgabe an, so schnell wie möglich alle staatlichen Institutionen zu schaffen; ganz egal, ob es den eigenen Staat in absehbarer Zeit geben werde oder nicht. Das ist ein Programm, das er von den Zionisten abschaute, die schon eine fertige Regierung, Parteien, Armee und sogar die Gewerkschaft Histradut in petto hatten, noch bevor die britischen Mandatsherren abgezogen waren. Dieses Programm dient jedenfalls dazu, aktiv zu bleiben und Fortschritte für die palästinensische Gesellschaft zu erzielen, selbst wenn der eigene Staat nur eine Hoffnung bleiben sollte.

Offiziell soll Fajad bis zur Bildung einer Regierung der nationalen Einheit sein Amt führen. Im Januar 2010 endete die Legislaturperiode des Autonomierats. Zudem hätte es Wahlen für den Posten des Präsidenten geben sollen. Aber die Spaltung zwischen dem Gazastreifen und dem Westjordanland schloss Wahlen aus. Die Ära Fajad endete mithin nicht. Tatsächlich begann er Monate später, wie im Wahlkampf durch das Land zu reisen. Das tut er bis heute und repräsentiert damit anstelle von Abbas die Regierung von Ramallah in der Region. Fajads Anliegen ist es, endlich die Mehrheit der Palästinenser mit den modernen Sozialstrukturen eines Staates anzufreunden. Ob es dabei hilft, dass sich das Leben trotz allen Drucks ein wenig normalisiert hat, dass es Wachstumsraten gibt und im Juni 2010 in den Straßen von Nablus zum Beispiel ein Autorennen stattfand, sogar mit Frauen am Steuer?

Im Frühsommer 2010 sagte Abbas dann auch die Kommunalwahlen ab. Er tat das auf Geheiß der arabischen Nachbarstaaten. Die Hoffnung auf eine Annäherung zwischen Fatah und Hamas wird noch nicht aufgegeben. Abbas muss sich seiner Bevölkerung nicht zur Wahl stellen; er muss darum nicht präsent sein. Fajad arbeitet unterdessen weiter. Politikmüde gewöhnt sich die Bevölkerung daran, dass im Gazastreifen eine islamistische Diktatur herrscht, während in Ramallah eine zwar demokratisch legitimierte Regierung agiert – dies aber weit über ihr Verfalldatum hinaus.

Überall stößt Fajad an Grenzen, und das auch im wörtlichen Sinne. Das palästinensische Autonomiegebiet ist nicht nur in den Gazastreifen der Hamas und das Westjordanland der Fatah gespalten. Gut fünfhundert Straßensperren und Blockaden anderer Art machen den Palästinensern zwischen Hebron und Nablus das Leben schwer. Auch wenn mittlerweile in Nablus, Dschenin und Bethlehem die palästinensische Polizei gut zu funktionieren scheint, behält das israelische Militär noch immer die Oberhoheit und Kontrolle. In der ersten Jahreshälfte 2010 zählte die Menschenrechtsgruppe »Betselem« 44 besetzte Kontrollpunkte im Westjordanland gegenüber 64 bei einer Zählung 2008, allein 18 Kontrollstationen sind zur Abgrenzung von Israelis und Palästinensern in Hebron eingerichtet, der Stadt der Patriarchen; außerdem gab es 488 durch Erdhaufen künstlich geschaffene Straßensperren statt 537 bei jener Zählung im Jahr 2008. Längs der Grenzanlagen oder der

Grenzmauer bei Jerusalem und in Richtung Israel existieren 39 Kontrollpunkte. Das sind seit 2008 keine großen Entwicklungen in Richtung Freizügigkeit und Frieden.

Das gesamte von Israel aufgebaute Straßensystem im Westjordanland erleichtert nur den Siedlern das Leben sowie dem Militär. Die Palästinenser werden auf eigens für sie gebaute Nebenstraßen abgedrängt, die immer wieder lange Umwege erforderlich machen. Werden für die Siedler Brücken gebaut, gibt es Unterführungen für die Palästinenser, weil man schlecht von unten auf Wagen über sich schießen kann. Offiziell heißt es in Israel stets, eines Tages werde die Besatzung enden. Das vorzügliche Straßensystem vermittelt jedoch den Eindruck, dass sich die israelischen Siedler für immer einrichten. 1991 verband noch eine schmale zweispurige Straße Jerusalem und die Jordansenke bei Jericho, ein romantischer Weg durch die Wüste und an den Zelten der Beduinen vorbei. Auch die Schriftstellerin Angelika Schrobsdorff beschreibt diese Straße, auf der sie in das damals beliebte Oasennest fuhr zum Tanz mit Mandatsoffizieren im britischen Casino, heute eine Ruine am Straßenrand. Aus der Straße wurde eine sechsspurige Autobahn.

Ein Unternehmer in Nablus sagte mir einmal, es sei teurer, eine Lieferung aus der Stadt nach Hebron im Süden des Westjordanlandes zu bringen, als die Sendung per Schiff von Kanada nach Haifa zu transportieren. Die Waren müssten an den Kontrollpunkten immer wieder umgeladen werden. Und während früher mit einem Transport verschiedene Ziele angefahren werden konnten, mit einer Fahrt also das gesamte Westjordanland an einem Tag bedient wurde, müsse er nun jede Lieferung mit der dafür erworbenen Genehmigung von einem eigenen Wagen ans Ziel bringen lassen: einen Tag nach Hebron, den nächsten nach Bethlehem, einen dritten nach Ramallah.

Weil die Zufahrtsstraßen zu den Ortschaften oft von Kontrollpunkten und Barrieren blockiert werden, sind die Zentren von ihrem Umland abgetrennt, der Markt mithin von seinen Konsumenten. In der Regel muss die Autonomieregierung sogar noch als Erfüllungsgehilfe der israelischen Militärverwaltung handeln. Sie sammelt die Anträge für Passierscheine ein und beantragt Genehmigungen bei der »zivilen israelischen Militärverwaltung«. Die zu dieser Verwaltung gehörenden Gerichte sind die wirklichen Rechtsgewalten in den besetzten Gebieten.

Sie urteilen aber nicht nach demokratisch verfassten und kontrollierten Gesetzen, sondern nach Militärverordnungen.

Militärrichter halten Personen über Jahre »aus Sicherheitsgründen« in »Verwaltungshaft« (auf Englisch *administrative detention*), ohne Prozess und Urteil, obwohl das dem Völkerrecht widerspricht. Selten kann sich ein palästinensischer Straftäter einen guten Anwalt leisten. Es gibt also quasi keine Verteidigung. Und es wird geschachert. Als vor fünf Jahren die bedeutenderen Geldwechsler in Ramallah in einer Nacht-und-Nebel-Aktion unter dem Vorwurf verhaftet wurden, sie unterstützten die islamistische Hamas, und man ihr Geld konfiszierte, gab es für diese Verhaftung nicht nur keine Rechtsgrundlage und keine Anklage. Den Händlern wurde bald darauf angeboten, sich wieder freizukaufen: Wenn sie fünfzig Prozent des konfiszierten Geldes an Israel abgäben, dürften sie wieder gehen, hieß es vor dem Militärgericht in Bet El bei Ramallah. Ein Geldwechsler wollte das nicht mitmachen. Er forderte, man solle ihm seine Schuld nachweisen. Aber das versuchte die Militärjustiz erst gar nicht. Die Militärrichter ließen den Händler erst schmoren, dann Monate später wieder laufen. Ohne Anklage und ohne Urteil. Jetzt kämpft der Mann seit bald drei Jahren vor dem Obersten Gericht Israels um die Rückerstattung des gesamten ihm seinerzeit abgenommenen Geldes. Das Verfahren beschämt nicht nur die Militärjustiz, sondern auch die gesamte zivile Gerichtsbarkeit und die Rechtsfakultäten in Israel. Man müsse sich fragen, wo diese Militärrichter Jura studiert haben, kommentierte ein Oberrichter diese »Fälle«.

Man mag Salem Fajad einen Ministerpräsidenten nennen, aber mit den Aufgaben der meisten Regierungschefs auf Erden hat seine Arbeit wenig zu tun. Nur der Titel ist derselbe. Das spürte auch Bassem Khoury, der als Wirtschaftsminister ebenfalls immer wieder an Grenzen stieß, bis er sein Amt aufgab. Dabei steht dieser katholische Unternehmer für eine Erfolgsgeschichte in den besetzten Gebieten. Er baute den Pharmabetrieb von Großvater und Vater in Beitunia bei Ramallah zu einem exportstarken Unternehmen aus. Dafür ging er mit dem deutschen Pharmaunternehmen Grünenthal der Unternehmerfamilie von Michael Wirtz aus Aachen eine Partnerschaft ein. Starke Schmerzmittel sind beider Spezialität. Khourys Betrieb ist auf die Standards der EU und Deutschlands ausgerichtet und kann durchaus mit israelischen Firmen konkurrieren. Als im Juni 2008 die erste Lieferung von Schmerzmitteln aus dem Westjordanland nach Deutschland abgeschickt wurde, kam nicht nur Ministerpräsident Fajad zu einer Feierstunde nach Beitunia, auch Jürgen Rüttgers war angereist, der damalige Ministerpräsident des Bundeslandes Nordrhein-Westfalen, in dem das Partnerunternehmen seinen Sitz hat. Fajad sagte damals, die europäische Lizenz zeige, »dass wir in Palästina Hervorragendes zustande bringen, trotz Besetzung«.

Bassem Khoury stammt aus einem Dorf in Galiläa. Doch nicht ein Mitglied der Familie lebt mehr in jenem Ort. Die Khourys wurden im israelischen Unabhängigkeitskrieg vertrieben und durften nicht mehr zurück. Nur seine alte Kirche kann Bassem seit einigen Jahren wieder besuchen. Sie wurde zu einem Treffpunkt christlicher Israelis aus der früheren Sowjetunion. Nach Jahrzehnten des Verfalls wird in dem Gotteshaus wieder die Liturgie gefeiert; und Bassem kann die Grabstätte seiner Familie pflegen. Auf Drängen von Ministerpräsident Fajad wurde Bassem Khoury im Mai 2009 Wirtschaftsminister. Einige Monate lang versuchte er gegen die Besatzung und das strenge Grenzregime die Kapazitäten der palästinensischen Wirtschaft auszubauen. Zynisch hieß es im Sommer 2009 einmal in einem israelischen Pressebericht, die palästinensische Wirtschaft sei um mehr als zehn Prozent gewachsen. Der Autor hatte freilich vergessen, darauf hinzuweisen, dass dies ein Wachstum etwa vom Punkt Null aus gewesen war.

»Täglich stehen wir vor der Aufgabe, zu arbeiten und zu wirtschaften, als könnten wir unter normalen Rahmenbedingungen operieren. In vielerlei Hinsicht hält uns die Besatzung der Israelis wie einen Tiger im engen Käfig. Wir können unsere Kräfte nicht frei entfalten. Dabei könnten wir so viel erreichen«, sagte mir Khoury einmal bei einem Unternehmertreffen in Bethlehem. Im Sommer 2009 wollte er die Kontakte zu den Israelis durch regelmäßige Treffen mit Entwicklungsminister Silwan Schalom verstärken. Aber aus diesem Plan wurde nichts. Israelische und palästinensische Ideologen argwöhnten, es handle sich um politische Verhandlungen, und kritisierten schon die erste Begegnung. Khoury aber ging es nicht um Politik; er wollte mit Schalom die bürokratischen Hürden im täglichen Wirtschaftsleben abbauen, über den Aufbau einer auch von Bundeskanzlerin Angela Merkel geförderten Industriezone in Dschenin reden. Und er wollte nicht zuletzt dauerhaft den freien Zugang zur traditionellen Taufstelle Jesu am westlichen Jordanufer durchsetzen, den Israel nur einmal im Jahr öffnet; in der übrigen Zeit ist dieser Ort als militärisches Sperrgebiet verriegelt. Wenig später schmiss Khoury seinen Job hin.

Israels Hilfe wider Willen für Hamas

Wenn selbst Fajads Reformpolitik und der Wirtschaftskurs von Khoury trotz aller Bemühungen an ihre Grenzen stoßen und die rigide israelische Besatzungspolitik weiterhin den Alltag der Palästinenser prägt, dann ist verständlich, dass die Islamisten im Westjordanland nur langsam an Zustimmung verlieren. Die Fatah jedenfalls konnte bisher kaum Nutzen aus der Politik von Fajad oder Khoury ziehen, denn die beiden haben der Bewegung nie angehört. Gegenüber der Hamas steht die Fatah deshalb »ohne Errungenschaften« da: Vielleicht gibt es etwas mehr Sicherheit und Normalität, ein bisschen Wirtschaftswachstum – aber im Übrigen kaum Veränderung. Die Zustimmung zur Hamas nimmt gegenüber ihrem Triumph bei den Wahlen von 2006 nur deshalb allmählich ab, weil sie sich selbst unbeliebt macht. Ihre Politik in Gaza ist militant, schürt die innergesellschaftlichen Feindschaften und ist vollends undemokratisch. Das spricht sich herum. Nur noch ungern wollen die Hamas-Führer im Westjordanland in Verbindung mit ihren Freunden in Gaza gebracht werden.

Mich hat in den letzten zwanzig Jahren immer wieder erstaunt, dass Israel zwar ständig behauptete, die Islamisten der Hamas bekämpfen zu wollen, sie im Ergebnis aber stets stärkte. Das begann schon kurz nach der Gründung der Hamas im Jahre 1987 während der ersten Intifada, als die Israelis die Islamisten förderten, um sie als Gegengewicht zur Fatah ausspielen zu können. Israel wurde ein Geburtshelfer der Hamas. Die Organisation durfte Kindergärten im Gazastreifen einrichten – die PLO beziehungsweise Fatah nicht. Bei der Eröffnung eines von Deutschen geförderten Horts in Gaza beklagte sich die säkulare Leiterin Ende der neunziger Jahre bei mir, dass es viel zu wenige solcher Plätze in Gaza gebe. Hamas könne als einzige Organisation frei schalten und walten und so eine ganze Generation zur Intoleranz erziehen.

235

Als im Dezember 1992 in einer Welle der Gewalt Hamas-Terroristen auch einen israelischen Grenzschutzpolizisten erschossen hatten, wies die Regierung Rabin 415 Islamisten, vor allem aus den Reihen der Hamas, in den Libanon aus. Das sollte die Vergeltung sein. Dann aber wurde das »Lager der Rückkehr«, so tauften es die Exilierten, im Grenzgebiet zum Zentrum für die Hamas-Propaganda. Zudem wurden, wie schon an anderer Stelle erwähnt, die Sunniten der Hamas erstmals von den eigentlich verfeindeten Schiiten der Hizbullah unterstützt. Die Exilierten erhielten dabei Kenntnis von der Strategie der Selbstmordanschläge, die bisher bei Sunniten ungebräuchlich war. Als die Israelis aufgrund des internationalen Drucks alle Ausgewiesenen im Herbst 1993 zurückholen mussten, konnte Hamas triumphieren; die Fatah von Arafat sah sich genauso gedemütigt wie Israel selbst. Und die missglückte Vergeltungsaktion Israels hatte neuen Terror zur Folge.

1997 versuchte der Mossad auf Weisung des damaligen Ministerpräsidenten Netanjahu, den bis dahin weitgehend unbekannten Hamas-Führer Chaled Meschal auf einer belebten Straße der jordanischen Hauptstadt Amman mit einer Giftspritze zu töten. Meschal galt den Israelis als Kopf der Terroraktionen. Doch der Anschlag misslang. Zwei israelische Attentäter wurden von der jordanischen Polizei festgenommen und später gegen den in Israel in Haft sitzenden Gründer der Hamas, Scheich Achmed Jassin, ausgetauscht. Dieser missglückte Anschlag machte Meschal bei der Hamas zum Helden. Er stieg rasch in der Hierarchie der Islamisten auf und wurde im Exil in Damaskus einer der Stellvertreter Jassins im Gazastreifen. Mit diesem fehlgeschlagenen Attentat stärkte Israel wider Willen freilich einen besonders gefährlichen Feind, der später auch für die Entführung des israelischen Soldaten Gilad Schalit im Jahr 2005 mitverantwortlich war. Es heißt sogar, die Entführung sei von Meschal angestiftet worden. Während der Gefangenschaft Schalits sollen die Hamas-Leute in Gaza einmal bereit gewesen sein, Schalit ziehen zu lassen; aber Meschal setzte sich mit seiner Weigerung, ihn freizulassen, durch. Im Herbst 2010 war Schalit noch immer nicht frei.

Im Frühling 2004 brachte Israel den Hamas-Chef Jassin um. Die Mehrheit in Israel jubelte: Nun sei ein brutaler Mörder seiner gerechten Strafe zugeführt und der Hamas-Schlange der Kopf abgeschlagen worden. Anders urteilte der aus Hannover stammende Kolumnist Uri Avnery. Die Ermordung »ist schlimmer als ein Verbrechen«, schrieb er, sie sei »ein Akt der Dummheit«. Der tödliche Anschlag habe den Konflikt von der Ebene eines lösbaren nationalen Problems auf die eines religiösen Krieges gehoben und mache ihn allein dadurch schon fast unlösbar. Hamas werde auf diese Weise nicht geschwächt. Damals stand Avnery mit diesem Urteil allein da. Heute schließen sich ihm viele an. Denn er behielt recht. Jassin war der unumstrittene Führer der Hamas und mancher Vertreter eines ausländischen Nachrichtendienstes, vor allem mein britischer Gesprächspartner, der sich »Alistair« nannte, hielt ihn für kompromissbereiter als seine Nachfolger. Nach dem Arzt Abdel Aziz Rantisi übernahm ein Kollektiv die Führung der Bewegung. Diese Gruppe musste allein schon, um sich Legitimität zu verschaffen, aggressiv agieren. Das hätte Jassin nicht nötig gehabt. Mit der Ermordung von Jassin erwuchsen der Schlange, anders als Israel gehofft hatte, viele neue Köpfe.

Vor allem zu Beginn der zweiten Intifada hatte ich nicht den Eindruck gewinnen können, dass die israelische Armee bereit gewesen wäre, in den Islamisten ihren gefährlichsten Gegner zu sehen und danach zu handeln. Sie schlug zunächst auf Institutionen der Autonomiebehörde, auf das Lager der Fatah sowie direkt auf Arafat ein. Die Hamas wurde dagegen geschont. Das gab ihr Zeit, sich auf die späteren Auseinandersetzungen mit Israel vorzubereiten. Aber worauf wartete Israel? Nach der Charta von 1987 war es das ausdrückliche Ziel der Islamisten, Israel zu zerstören. Die zweite Intifada hatte mit dem Terror der Hamas begonnen. Heute mag diese Charta zwar außer Kraft gesetzt worden sein, aber in den Herzen der jetzigen Führungsgruppe ist sie ein gültiges Testament – auch wenn sich einige Hamas-Führer offiziell mit der Zwei-Staaten-Lösung »pragmatisch« oder »auf Zeit« anfreunden können.

Neuerlich half Israel der Hamas, als Ministerpräsident Scharon 2005 den Abzug der Siedler und Soldaten aus dem Gazastreifen um einige Tage vorzog. Es hatte zwar keine endgültige Vereinbarung über einen Termin mit der Fatah gegeben, es sollte sich um einen einseitigen Abzug handeln. Aber die Ägypter und andere Partner wussten von dem vereinbarten Termin, auf den sich die Fatah einstellte, um geordnet den

Gazastreifen zu übernehmen. Als dann Israels Armee die »Dislozierung« früher begann, entstand ein Vakuum, in das die Hamas eindringen konnte. Zudem ließen sich gewalttätige Islamisten als Sieger über die »fliehenden Juden« feiern. Abbas, der israelische Partner, wurde düpiert.

Unverständlich bleibt auch, warum die Hamas im Jahr 2006 an den Wahlen zum zweiten Autonomierat teilnehmen durfte. 1996 hatte sie die Wahl noch boykottiert. Zehn Jahre später sah sie dagegen für sich große Chancen und trat an, obwohl die Gründe für ihren früheren Boykott nicht weggefallen waren: Hamas lehnte weiter den Oslo-Prozess ab, der diese Wahlen erst möglich gemacht hatte. Hamas war weiterhin nicht bereit, Israel und die zwischen Israel und der PLO geschlossenen Verträge anzuerkennen. Zudem wollte Hamas auch künftig nicht auf Gewalt verzichten. Während Israel zumindest versuchte, die Wahlbeteiligung der Islamisten in Ostjerusalem zu verhindern, setzte sich die amerikanische Regierung von Präsident Bush jun. durch. Die Hamas durfte mit amerikanischem Segen an den Start gehen.

Als sie die Wahlen dann gewann, was viele nicht überraschte, machte der Westen einen Rückzieher. Er ging auf Israels Forderung ein und erkannte den Sieg nicht an. Mit Triumph konnte Hamas nun feststellen, dass Israel weder für Frieden noch Demokratie sei. Israel und der Westen wollten der gewählten Hamas nie eine Chance geben, ihre Politik für das Volk umzusetzen, heißt es seither.

Unvergesslich sind mir die Gespräche mit Hamas-Führern oder Politikern des Dschihad, jener kleinen, noch radikaleren islamistischen Gruppe im Gazastreifen. Dabei ging es jedes Mal geheimnisvoll zu. Mein Kontaktmann brachte mich stets an einen anderen Ort. Dort warteten dann meist zwei Gesprächspartner auf mich, von denen der eine auf meine Fragen antwortete, während der andere nur Protokoll führte. Was mit diesen Gesprächsprotokollen hinterher geschah, habe ich nie erfahren. Bei diesen Islamisten, ob von Hamas oder Dschihad, war ein fast messianisch anmutendes Bedürfnis zu spüren, die eigene Überzeugung, die eigene Wahrheit gegen den Westen, gegen »die Teufel in Washington und Tel Aviv« zu vertreten. Manchmal wurde zu bestimmter Zeit das Gespräch unterbrochen. Ich durfte weiter süßen Tee mit Minze trinken, während die Gesprächspartner mit ihren Gebetsteppichen im Nebenzimmer verschwanden. Die Gebetsstunde lässt jede Politik ruhen. Deutsche Politiker durften auf Weisung Berlins und im Einvernehmen mit Israels Regierung nicht mit den Islamisten reden. Bis heute halte ich diese Entscheidung für zweifelhaft. Es gibt kein Beispiel in der Geschichte, wo es nicht genutzt hätte, den Feind kennenzulernen. Das könnte womöglich auch den Feind verändern.

Israel verweigert sich der Realität

Noch heute scheint mir Israel die Hamas weiter zu stärken. Nach dem Gazakrieg zur Jahreswende 2008/2009 hätte eine Chance bestanden, die militärisch besiegte Hamas auch politisch und wirtschaftlich zu bezwingen. Der internationale politische Boykott der Hamas hätte – im Zusammenspiel mit UN, Fatah und mittelständischen Organisationen von Handwerk und Handel – durch massive Aufbaumaßnahmen seitens Israels und des Westens ergänzt werden müssen, um das Machtvakuum im zertrümmerten Gazastreifen zu füllen. Der Westen hätte gemeinsam mit den verbliebenen Fatah-Angestellten in den Gemeinden und den Fatah-treuen Polizisten, die weiter Gehälter von Ministerpräsident Fajad beziehen, ein Wiederaufbauprogramm starten müssen. Stattdessen gab es nur die – gegenüber der Vorkriegszeit etwas umfassendere – Nothilfe von den Vereinten Nationen. Das Bürgertum in Gaza war zur Untätigkeit verdammt. Die Hamas aber betrieb durch die immer noch bestehenden Schmuggeltunnel nach Ägypten ihre Wiederbewaffnung. Israel hatte zwar eine militärische Auseinandersetzung gewonnen, doch den politischen Sieg über die rücksichtslos herrschenden Extremisten verspielte es.

Israel übersah dabei auch, dass es mittlerweile im Gazastreifen viele Menschen gibt, die die Hamas weit mehr hassen als die Israelis. Die auf demokratische Strukturen sinnenden Unternehmer, von vornherein Gegner der Ideologen, dürfen bis heute nicht wirtschaften, wie sie es könnten; und schon gar nicht dürfen sie exportieren. Ihre Waren, hergestellt aus von Israel gelieferten Rohstoffen, sind bisweilen teurer als die von dort importierten Endprodukte. Israel verdient, die Hamas freut sich, und die Wirtschaft in Gaza verliert weiter. Dabei wäre es ein wichtiger Beitrag für die erstrebte nachbarschaftliche Partnerschaft zur Autonomiebehörde und zur Fatah gewesen, hätte Israel mehr dafür getan, die palästinensische Bevölkerung im Gazastreifen von der Unterdrückung durch die Hamas zu befreien. So aber kam alles anders und ist alles anders. Die palästinensische Autonomieregierung kann nur im Westjordanland und auch dort nur mit beschränkten Mitteln agieren. Sie hat keine Macht im Gazastreifen. Hamas hingegen entwickelt in Gaza weiter ihre islamistische Diktatur.

Die jüngste Hilfsaktion der Israelis für Hamas war die gewaltsame Enterung der türkischen Hilfsschiffe für Gaza am 31. Mai 2010. Gewiss, die Türken hatten es auf eine Provokation abgesehen. Sie wollten die Show, die Gewalt und die israelische Erniedrigung. Und die Hamas setzte kühl kalkulierend auf das israelische Versagen. Israelische Marinesoldaten seilten sich achtzig Kilometer vor der Küste in internationalen Gewässern von Hubschraubern auf den türkischen Ausflugsdampfer Mavi Marmara und fünf andere Schiffe ab. Auf der Mavi wurden sie mit Schlagstöcken und Messern empfangen und schossen scharf. Hätten nicht vielleicht Tränengas oder Wasserspritzen von benachbarten israelischen Schiffen genügt, um die Pazifisten ruhig zu stellen? Stattdessen verloren neun Menschen ihr Leben und mehr als zehn wurden verwundet. Hatte der israelische Geheimdienst versagt und nicht über den bevorstehenden »Widerstand« berichtet?

Eine irische Friedensnobelpreisträgerin ließ sich blind vor Hass gegen Israel von der Hamas ehren. Die Islamisten von Gaza bis Teheran jubelten: ein weiterer Erfolg dank Israels Hilfe. Fast fünf Jahre lang ruhten sich Israel und der Westen auf der Politik der Isolierung der Hamas aus. Die hat sich derweilen häuslich im Gazastreifen eingerichtet. Dort ist alles von ihrer Hand. Die Menschen sind abhängig von ihr. Die Tunnel funktionieren bestens und bringen nicht nur Zigaretten und Rinder nach Gaza, sondern auch neueste Automodelle. Die Hamas kassiert die Steuern von den Clans, die die Tunnel betreiben, und von den Konsumenten. Früher drängte die Hamas noch darauf, Israel möge seine Zugänge zum Gazastreifen doch endlich öffnen. Das ist zwar mittlerweile geschehen, aber für die Hamas mehr störend. Israelische Waren durch israelische Hände bringen der Hamas keine Steuergelder ein. Ohnedies sind die Schaufenster und Regale gut gefüllt; die Lieferungen durch die Tunnel erfolgen pünktlich.

Die etablierte Garde der Hamas hat auch kein Interesse mehr daran, Israel mit Raketen zu beschießen. Jede militärische Antwort könnte die islamische Aufbauarbeit in dem »Ribat von Gaza« stören, wie die Hamas ihre Klosterfestung für den Heiligen Krieg nennt. Heute sorgen nur die noch radikaleren jüngeren Kämpfer im Gazastreifen für Unruhe, wollen Israel beschießen und bringen so die von der Hamas angestrebte Ordnung in Gefahr. Langsam rücken junge Hamas-Politiker nach, die das Westjordanland nicht mehr kennen und die Fatah – wie Israel – nur noch aus Geschichten über den Feind. Diese Jungen verlangen dem Vernehmen nach ihren Anteil an der Macht. Sie kennen nur ihr »Kämpfer-Kloster« Gazastreifen.

In dieser Situation ließ Ministerpräsident Netanjahu, gedrängt von der Weltöffentlichkeit, im Frühjahr 2010 mehr Lieferungen in den Gazastreifen zu. Zunächst hatte es eine Liste der Waren gegeben, die in den Streifen eingeführt werden durften. Jetzt ist die Liste kürzer geworden und enthält nur noch jene Produkte, die die Grenze nicht passieren sollen. Wieder darf Hamas jubeln: Israel reagierte, gab dem internationalen Druck nach. Andererseits versucht Israel weiter, die Kontakte der Palästinenser im Gazastreifen zu kontrollieren. Als sich der deutsche Entwicklungshilfeminister Dirk Niebel von der FDP im Juni 2010 anschickte, die Baustelle für eine neue, von Berlin geförderte Kläranlage im Gazastreifen zu besuchen, legte Israel ein Veto ein: »Wenn wir Niebel die Einreise nach Gaza erlaubt hätten, müssten wir sie auch jedem anderen europäischen Minister erlauben. Das würde der Hamas-Regierung zusätzliche Legitimität verschaffen«, sagte der Regierungssprecher meinem Nachfolger Hans Christian Rößler. Niebel ist stellvertretender Vorsitzender der deutsch-israelischen Gesellschaft, zeiht die israelische Regierung eines »großen politischen Fehlers« und versteht seine »Freunde« nicht mehr. Seither verstärkt sich auch bei diesem Thema der Druck von außen. Und eines Tages wird Israel, nach demselben Schema wie bisher, die Reisen internationaler Delegationen wieder zulassen müssen.

Nicht zuletzt geht es bei der neuen Kläranlage, für die Berlin 150 Millionen Euro bereitstellt, um Abwässer aus Gaza, die zurzeit frei ins Meer fließen und die Küste bis zum israelischen Aschkelon verschmutzen. Über jeden Sack Zement, den die Geber zum Bau der Anlage nach Gaza bringen, soll Buch geführt werden, um nicht womöglich der Hamas Zement frei Haus zu liefern. »Dann sollen die Israelis doch jeden Sack selbst zur Baustelle tragen«, kommentiert Niebel ungeduldig. Israel schadet sich neuerlich selbst.

Die wirkungsvolle, wenn auch sicher nicht gewollte israelische Unterstützung der Hamas in den letzten Jahrzehnten ist eine Frucht der Ideenlosigkeit und Selbstblockade. So wie über Jahrzehnte die PLO nicht anerkannt wurde und sich damit der Nahostkonflikt eher verschärfte, so hält sich auch jetzt die israelische Regierung die Augen zu und meint, wie ein Kind, damit die Wirklichkeit ausblenden zu können. Derweilen werden die Spielräume enger, Israel muss reagieren und dann meist klein beigeben. Der israelische Autor David Grossman, der einen Sohn im letzten Libanon-Feldzug verlor, schreibt, die israelischen Führer neigten zu einem »absoluten und grundsätzlichen Nein zur Realität und zu den kleinsten Chancen«. Sie leugneten damit ihre eigene Handlungsfreiheit und machten sich zum Objekt. »Was soll denn noch geschehen, damit wir aufwachen und die Blockade aufgeben, die wir seit vielen Jahren über uns selbst verhängt haben?«, fragt Grossman bitter.

Als ich 1991 in die Region kam, wurden Westjordanland und Gazastreifen als Einheit gesehen. Das ist heute nicht mehr der Fall. Mit jedem Tag driften die beiden Gebiete weiter auseinander. Mit jedem Tag wird es wahrscheinlicher, dass Israel auf lange Zeit mit zwei verschiedenen Nachbarn leben muss, mit gemäßigten Palästinensern im Westjordanland, die sich nach dem Ausgleich sehnen, und mit islamistischen Machthabern in Gaza, die als Handlanger der iranischen Mullahs und der von diesen unterstützten Hizbullah vor allem eines im Sinn haben: Israel sowie die Fatah zu bekämpfen und jeden Ausgleich zu verhindern. Manchmal scheint es freilich auch, als habe Israel gar kein Interesse mehr daran, das Westjordanland und den Gazastreifen als Einheit zu begreifen, und sei dafür sogar bereit, den ständigen Kleinkrieg mit Hamas zu führen.

Und wie sieht es im arabischen Lager aus? Wird von dort Druck auf Fatah und Hamas ausgeübt, damit die beiden Gruppierungen wieder zu einer Einheit zu finden? Entsprechende Signale sind nicht zu erkennen. Ende Juli 2010 taten sich die miteinander meist im Streit liegenden Staatschefs von Saudi-Arabien und Syrien zusammen und reisten in die jordanische Hauptstadt Beirut, um dort gemeinsam die Hizbullah dazu zu bringen, nicht für neue Unruhen in dem vom Bürgerkrieg geplagten Zedernstaat zu sorgen. Der traditionell den schiitischen Islamisten in Iran nahestehende Assad und der Wortführer der Sunniten, der aus Dschidda kommende König Abdullah, könnten ähnlich auch auf die Palästinenser einwirken; sie könnten sie dazu bewegen, ihren Dissens zu überwinden und damit auch die Spaltung zwischen dem Gazastreifen und dem Westjordanland. Aber das geschieht nicht. Wie die israelischen Führer, so verhalten sich auch die arabischen Herrscher passiv. Die Konsequenzen haben die etwa 1,5 Millionen Menschen im Gefängnis Gaza am Mittelmeer zu tragen.

Mein Jerusalem

Heute besteht mein Jerusalem nur noch aus ein paar Menschen, Plätzen, Straßen und Namen. Im Park zwischen dem Schottischen Gästehaus und den Mischkenot Schaananim, den »ruhigen Wohnungen«, einem städtischen Gästehaus für höchste Ansprüche, wo mittlerweile auch die Konrad-Adenauer-Stiftung ein Kongresszentrum unterhält, steht noch die Bank im Grünen, auf der ich vor achtzehn Jahren im Licht der Wintersonne meine ersten israelischen Zeitungen las und mir Gedanken über die ersten Artikel über dieses Land für meine Zeitung machte. Im Übrigen aber scheint das Jerusalem, in das ich vor bald zwei Jahrzehnten kam, weggezogen zu sein – weggezogen wie so viele Freunde von der israelischen oder arabischen Seite, nach Tel Aviv, ins Ausland oder gar ins Grab. Noch immer liegt über der Stadt das gleißende Licht der Sonne, das den hellen Jerusalem-Stein zum Leuchten bringt. Natürlich gibt es weiter die Anziehungspunkte, zu denen Pilger und Touristen streben: so im Herzen der Altstadt die Auferstehungs- und Grabeskirche, die an das Leiden und den Tod Jesu Christi erinnert, eine ewige Baustelle des Glaubens. Sechs verschiedene christliche Gemeinschaften verteidigen hier einen Platz der Anbetung.

Die Grabes- und Auferstehungskirche mag schmutzig sein und es mag hektisch in ihr zugehen – so befanden jedenfalls schon Mark Twain und Wilhelm II. –, aber sie überliefert eine Botschaft, die sich dem leicht erschließt, der mit dem Mütterchen aus Russland oder der Pilgerin aus Zypern, die am Salbungsstein knien, ein Gespräch beginnt. Dann wird von den heiligen Plätzen und ihrer heiligen Kraft die Rede sein, von der Hilfe des Heiligen im profanen Alltag, von Jerusalems Segen für die Menschen. Auch das gehört zu meinem Jerusalem. Nie vergessen werde ich den Augenblick, als ich das erste Mal an die Klagemauer trat, den Kotel der Juden, und einen Hauch von Ewigkeit einatmete. Es war an einem Abend, und die untergehende Sonne schien rotgolden auf die tonnenschweren Quader. Wenn diese Steine sprechen könnten! Sie würden von ihren hasmonäischen, herodianischen Erbauern erzählen, von den Omaijaden, die auf dem Plateau, das einst Salomons Tempel und den des Herodes getragen hatte, ihre Moscheen errichteten; von den Kreuzfahrern, die erst den Königspalast bauten und dann darin das Quartier der Tempelritter unterbrachten und die den muslimischen Felsendom ungeniert Templum Salomonis nannten. Ebendieser Haram as Scharif ist auch mir Heimat geworden, selbst wenn seit Beginn der zweiten Intifada im Jahre 2000 der Besuch dort erbettelt werden musste. Der Ausbruch der al Aqsa-Intifada hat die Muslime noch ungehaltener und die Stadt intoleranter gemacht. Trotzdem duftet auf dem Haram as Scharif weiter göttliche Nähe.

Nur einen Steinwurf von der Anastasis entfernt steht die evangelische Erlöserkirche, ein weiterer heimatlicher Ort in meinem Jerusalem. Dort gehörte meine Frau all die Jahre zum Kirchengemeinderat, wurden unsere Kinder getauft oder konfirmiert. Der letzte deutsche Kaiser, fromm und machtsüchtig zugleich, hatte diese Kirche 1898 eingeweiht. Sie ist das Herz der deutschen evangelischen Gemeinde im Heiligen Land und birgt auch das Erbe des Johanniterordens. Die Kirche wurde nämlich auf dem Fundament von einer der drei mittelalterlichen Kirchen errichtet, in denen für die »Herren Kranken« gearbeitet und gebetet wurde. Der Johanniterorden war wohl schon eine knappe Generation vor der Eroberung Jerusalems durch die Kreuzritter 1099 an dieser Stelle gegründet worden. Seit der Reformation in einen protestantischen und einen katholischen Zweig geteilt, diente er den Bedürftigen damals wie heute und wohl auch in Zukunft, weil es hoffentlich »immer Menschen geben wird, die daran arbeiten wollen, das Leid geringer und das Elend erträglicher zu machen«, wie es Ordensgründer Meister Gerhard einst formulierte. Auch diese Tradition gehört zu meinem Jerusalem; sie schlägt einen Bogen von der Vergangenheit in die Zukunft, verbindet mich mit einer langen Kette von Menschen und macht demütig.

Wer kann schon von seinem Arbeitsplatz sagen, er liege beim Ausgang des Paradieses? Wer verfasst schon seine Artikel in der Nähe des Pfropfens, der das Weltwasser zurückhält, um eine zweite Sintflut zu vermeiden? Auf dem Altarfelsen auf dem heiligen Berg hätte der gottesfürchtige Abraham beinahe seinen Sohn geopfert, heißt es. Bis heute scheint dieses Beinahe eine Bedrohung für die Stadt zu sein. Was würde geschehen, wenn Verrückte oder Fanatiker den muslimischen Felsendom sprengten, diese »gotteslästerliche Verirrung« des Glaubens, wie manche Christen und Juden in ihrer Verblendung zürnen. Bisher standen sich Grabes- und Auferstehungskirche sowie der Haram as Scharif gegenüber und täuschten einen Dialog zwischen Christentum und Islam vor. Diese Konstellation des Schweigens bereichert jetzt eine dritte Kuppel, die der Mutter dieser beiden Religionen gewidmet ist: die Hurva-Synagoge des Judentums. Geschliffen von den Jordaniern während des Unabhängigkeitskrieges der Israelis, ist sie nun wieder aufgebaut.

Das Judentum überwand nicht nur die heidnischen Götter der Zivilisationen am Nil und im Zweistromland. Der Monotheismus forderte die grundlegende Unterscheidung zwischen den falschen Götzen und dem einen richtigen Gott, »meinem Gott«. Darauf folgte später bei Christen und Muslimen der gotteslästerliche Hochmut, die anderen Religionen für minderwertig zu halten und darum für falsch. Es begannen die Kämpfe zwischen den Religionen. Seither ist Jerusalem entweder eine Stadt im Schlaf wie unter den Osmanen, als über Jahrhunderte nur eine Religion herrschte, oder sie ist im Kampf, so wie heute. In dieser erbitterten Auseinandersetzung wird mein Jerusalem immer kleiner, denn es schließt immer mehr Menschen aus. Am Anfang empfingen mich Israelis und Palästinenser mit offenen Armen. Aber als sie begriffen, dass ich als Reporter nicht Partei ergreifen wollte, verloren viele ihr Interesse an mir. Wenn man sich nicht ganz auf die eine Seite schlage, müsse man ja wohl für die andere sein, lautete das Urteil.

Ohne Zweifel aber genossen wir auch viele Momente größter Gastfreundschaft. Gern denke ich an das festliche Abendessen für Bundeskanzler Helmut Kohl in der Residenz von Ministerpräsident Jitzchak Rabin zurück, die, von dem deutsch-jüdischen Architekten Erich Mendelsohn gebaut, in jenem Stadtteil von Jerusalem liegt, wo die meisten aus Deutschland stammenden Juden, die Jekkes, lebten. Die Gastgeberin Leah Rabin kam an unseren Tisch, legte ihre Hand auf meine Schulter und sprach auf Deutsch einige freundliche Worte. Leah Rabin ist im November 2000 gestorben. Mit Premierminister Rabin wurde schon Ende 1995 für viele auch die Hoffnung auf einen Frieden zu Grabe getragen. Rabins Nachfolger in der Residenz waren zurückhaltender. Ministerpräsident Benjamin Netanjahu hielt es mehr mit amerikanischen Gästen. Ehud Barak suchte zwar als Oppositionspolitiker den Kontakt zu uns Vertretern der ausländischen Presse, aber als Premier war er weniger zugänglich.

Vor Jahren war es noch erträglich, einen Termin im Amt des Ministerpräsidenten wahrzunehmen. Es gab natürlich Sicherheitskontrollen, aber sie dauerten nicht dreißig bis vierzig Minuten lang. Später verabredete man sich zum Gespräch mit einem Mitarbeiter aus den streng gesicherten Ministerien lieber in einem der vielen Cafés, die in den letzten Jahren wieder zu meinem Jerusalem gehörten. Hier trafen sich die Menschen, hatten vielfach ihren Laptop dabei, die Frauen häufiger als die Männer, und ließen den Beobachter am Nachbartisch unbekümmert an ihren Plänen teilhaben. Nach den Jahren des Terrors waren die Cafés wieder voll, und es wurde auch wieder gelacht.

Doch mein Jerusalem wurde mit jedem Menschen, der die Stadt verließ, kleiner. Der Vermieter unseres Haus in der deutschen Kolonie, in dem einst der Orientmaler Gustav Bauernfeind gelebt hatte, zog nach New York und wurde amerikanischer Staatsbürger. Unser russischer Hausmeister, der die alltäglichen Reparaturen in der Wohnung vornahm, mochte das »kulturlose Israel« nicht mehr und kehrte zurück nach Odessa: »Ich bin Europäer, was habe ich mit diesen Juden aus Marokko zu tun?!« Der Kollege und Historiker Amos Elon von der Zeitung *Haaretz* ging nach Italien; er ist 2009 in der Toskana gestorben. Mein Freund David Witzthum verließ vor Jahren den mittlerweile vorwiegend von Ultraorthodoxen bewohnten Stadtteil Beit Vagan und zog vor die Stadt nach Mevasseret Zion. Er blieb Mitarbeiter beim politischen Programm seines Fernsehsenders, aber mit mir wollte er lieber über Musik reden. »Lass uns nicht die kostbare Zeit mit Politik verderben.« Der deutsche Archäologe Gunnar Lehmann verließ Zion und übernahm einen Lehrauftrag an der emporstrebenden Universität im Negev. »Vergiss die Uni von Jerusalem. Erst wurde Tel Aviv besser, und nun ist auch die Ben-Gurion-Universität bedeutender geworden.«

Für mich aber gehört die Anhöhe neben der Hebräischen Universität weiter zu meinem Jerusalem, denn da liegt der Ölberg mit dem Areal der Auguste Victoria-Stiftung. Die deutsche Kirche unterhält dort oben auch ein kleines Café, in dem sich an jedem Mittwochabend die Gemeinde mit ihren Freunden trifft. Dann kommen die Diplomaten und Journalisten, die Kirchenvertreter und freiwilligen Mitarbeiter aus der Gemeinde oder von der »Aktion Sühnezeichen« zum Abendbrot, zu einem Wein, oder sie trinken dort das beste palästinensische Bier, Taibeh, aus dem gleichnamigen christlichen Dorf bei Ramallah. Volontäre betreiben dieses »Café Auguste« und werden mit zahlreichem Besuch belohnt. Prinzessin Auguste von Preußen war schon mit ihrem Mann dort zu Gast und verlieh so dem Namen ihrer Vorfahrin, der das Café schmückt, neuen Glanz. Auf diesem Gelände ist neben dem evangelischen Pilgerzentrum auch das archäologische Institut mit seinen Sammlungen zu besuchen. Besondere Aufmerksamkeit gebührt einem Holzmodell der Anastasis, bei dem der Architekt Conrad Schick in der zweiten Hälfte des 19. Jahrhunderts nicht nur den ehrwürdigen Bau, sondern auch die Zisternen darunter nachbildete. Das Institut, in dem auch öffentliche Vorträge gehalten werden, wurde vor gut einhundert Jahren von Gustaf Dalman gegründet, der sich ein Leben lang die Frage stellte, wie Jesus wohl gelebt haben mag. Dalman war Archäologe, Biologe, Völkerkundler und suchte in der Gegenwart die Geschichte, so wenn er etwa aus den Gewändern der Beduinen seiner Zeit Rückschlüsse auf die Kleidung zur Zeit Jesu zog.

Zu meinem Jerusalem gehört natürlich auch die Deutsche Kolonie. Dort zogen wir 1991 hin, dort wurden uns zwei weitere Kinder geboren, dort befanden sich unsere Geschäfte für den täglichen Bedarf, unser Kino. Während unseres Aufenthaltes dort verwandelte sich die Deutsche Kolonie in ein schickes Wohnviertel, das die Reichen aus aller Welt anlockt. Die alten Häuser wurden ein Magnet für Touristen. Zu verdanken ist dies dem israelischen Historiker Alex Carmel aus Berlin, der vor mehr als zwanzig Jahren noch für den Erhalt der Häuser in Presse und Fernsehen kämpfen musste. Er rettete zuerst die Deutsche Kolonie in Haifa, dann die übrigen dieser traditionellen Viertel im Land. Auch Carmel ist längst verstorben.

Mein Jerusalem hat nur ein paar hundert Einwohner, dabei leben in der Stadt mittlerweile etwa 700 000 Menschen. Die meisten von ihnen wohnen aber am Rande, in Satellitenstädten, die meist auf arabischem Grund errichtet wurden und von der Welt als »Siedlungen« bezeichnet werden. In Har Homa zwischen Jerusalem und Bethlehem war ich das letzte Mal vor mehr als zehn Jahren, als der Kampf um die Besiedlung dieses grünen Hügels tobte. Dort hatte es Reste von byzantinischen

Klöstern gegeben, jordanische Verteidigungsanlagen und vor allem einen letzten Wald östlich des Bergkamms von Jerusalem. Dann aber brach eines Tages ein Feuer aus und verwandelte die Bäume in Asche. Der damalige und heutige Ministerpräsident Netanjahu hatte den Berg längst schon bebauen und besiedeln wollen. Das Feuer erleichterte ihm nun die Realisierung dieses Vorhabens. Ich kenne keinen der israelischen Bewohner in Har Homa. Viele Häuser stehen leer.

Im arabischen Teil der Stadt gibt es zumindest eine Familie, die fest zu meinem Jerusalem gehört. Die Familie von Elias Khoury stammt aus Nazareth. Der Vater von Elias kam in den siebziger Jahren bei einem Terroranschlag im Zentrum der Stadt ums Leben; ein Sohn von Elias wurde während der zweiten Intifada von palästinensischen Terroristen erschossen, die ihn für einen Israeli gehalten hatten, »weil doch ein Palästinenser eigentlich nicht in einem jüdischen Stadtteil joggen geht«. Die Freundschaft von Elias und seiner Frau Rima nahmen wir mit nach Rom. Wir haben mittlerweile gemeinsam die Toskana besucht und dort Ferien gemacht. Ihre Tochter wohnte bei uns, um in Rom Anregungen für ihr Studium der Kunstgeschichte zu sammeln.

Zu meinem Jerusalem gehört übrigens auch die Straßenkreuzung, an der unser Wagen hielt, gerade noch geschützt von einer Häuserecke, als einer der letzten Anschläge der zweiten Intifada Jerusalem erschütterte. Wieder starben Menschen. Auf unser Auto aber regneten nur Glassplitter und Asche. Die Familie war davongekommen. Es gibt viele Plätze in der Stadt, die an solche Anschläge während der zweiten Intifada erinnern.

Zum Glück für mich war in unserer Familie die Politik nur ein Thema unter vielen. Bei den Kindern ging es um Schule, Sport und ihre Freunde. Meine Frau nahm mit ihnen zusammen an den nationalen Triathlonmeisterschaften teil und schloss einmal bei den Radfahrmeisterschaften in ihrer Altersgruppe als Drittbeste des Landes ab. Gerade in der ersten, noch ruhigeren Phase unserer Jahre in Jerusalem fuhr ich oft ans Tote Meer zum Tauchen und genoss zwischen Napoleonfischen und Wasserschildkröten den Frieden des Roten Meeres. Später, als die politische Last drückender wurde und die Augen die schönen Seiten Jerusalems schon gar nicht mehr wahrzunehmen drohten, kamen immer wieder Freunde in die Stadt und borgten mir bei meinen Führungen durch Jerusalem ihren frischen Blick. Dann gelang es mir auch, über die widerwärtige Mauer hinwegzusehen, die seit ein paar Jahren quer durch den arabischen Teil der Stadt verläuft.

In solchen glücklichen Momenten konnte ich die umtriebigen Siedler vergessen, die sich zum Beispiel rund um die evangelische Erlöserkirche breitmachen. Erst eroberten sie sich ein leer stehendes Haus, dann bauten sie darauf ein weiteres Stockwerk. Als Nächstes warfen sie ihren Dreck auf das Dach der evangelischen Propstei. Danach wollten sie vor Gericht den Weiterbau des pröpstlichen Gästehauses verhindern, und schließlich sagten sie es offen: Ihr Christen müsst raus aus unserer Stadt. Diese Leute gehören nicht zu meinem Jerusalem, aber sie wohnen in dieser Stadt, genießen alle Freiheiten, und nur das Gericht wagt es, gegen sie zu urteilen. Und auch jene Imame und Muftis gehören nicht dazu, die in Jerusalem nur ihre eigene, die muslimische Geschichte gelten lassen wollen und ihren Kindern nicht verbieten, Kirchentüren in Brand zu setzen.

Mein Jerusalem ist eine greise Stadt, die irgendwann ihre Hoffnung verlor. Sie leidet unter fanatischen Frömmlern, die den Messias mit Terror und Menschenverachtung herbeizwingen wollen. Ich lernte Jerusalem in einer Phase kennen, in der Hoffnung auf Versöhnung und Ausgleich bestand. Heute träumen wir nur noch von der einen offenen Stadt, in der Palästinenser und Israelis gleichzeitig ihre Hauptstadt erkennen können. Selten hatte das Auge Gelegenheit, in dieser Stadt auszuruhen. Es erschrak entweder im gleißenden Licht oder verlor sich im tiefen Dunkel. Es gab entweder glühende Hitze oder feuchtnasse Kälte. Und man findet dort wenige Plätze zum Verweilen, wie wir sie aus Europa kennen. Nach bald zwanzig Jahren nahm ich meine Familie, und wir zogen um. Aber die Stadt reiste mit und wird uns nie loslassen. Ich lebe in ihr nun aus der Ferne und sehe, wie der Regen des Winters frisches Grün über die Stadt legt und neues Leben verspricht; wie die Glut des Sommers die weißen Häuser zu schmelzen scheint und der letzte Grashalm verdorrt. Der Frühling dauert stets nur ein paar Tage.

Personenverzeichnis